江苏省高等教育教改研究课题一般项目(2019JSJG181)资助
江苏高校品牌专业建设工程项目(二期)资助
中国矿业大学教材建设专项资金资助出版教材

矿山虚拟现实系统开发教程

主　编　徐剑坤　王恩元　王　亮
副主编　李小林　王　珂　周　蕊

中国矿业大学出版社
·徐州·

内 容 简 介

虚拟现实技术在高等学校专业人才培养中的应用愈发广泛。本书系统介绍了虚拟现实系统的构成、开发的流程与步骤、常用开发软件的使用等内容，并以矿山开发教育教学为应用背景列举了大量开发案例，以期为高等院校相关专业教师、研究人员提供帮助与借鉴。

图书在版编目(CIP)数据

矿山虚拟现实系统开发教程/徐剑坤，王恩元，王亮主编. 一徐州：中国矿业大学出版社，2021.4

ISBN 978-7-5646-5012-4

Ⅰ. ①矿…　Ⅱ. ①徐…　②王…　③王…　Ⅲ. ①矿产资源开发一虚拟现实一系统开发一教材　Ⅳ. ①F407.1-39

中国版本图书馆 CIP 数据核字(2021)第 072207 号

书　　名　矿山虚拟现实系统丌发教程
主　　编　徐剑坤　王恩元　王　亮
责任编辑　周　红
出版发行　中国矿业大学出版社有限责任公司
（江苏省徐州市解放南路　邮编 221008）
营销热线　(0516)83884103　83885105
出版服务　(0516)83995789　83884920
网　　址　http://www.cumtp.com　**E-mail**:cumtpvip@cumtp.com
印　　刷　苏州市古得堡数码印刷有限公司
开　　本　787 mm×1092 mm　1/16　**印张** 14.75　**字数** 377 千字
版次印次　2021 年 4 月第 1 版　2021 年 4 月第 1 次印刷
定　　价　58.00 元

前　言

数字场景，是综合运用虚拟现实、系统仿真、“互联网+”等实现技术，依据现实世界物理实体创建的存在于数字空间的虚拟模型，可借助数据模拟与推演物理实体在现实环境中的行为，也可借助虚实交互反馈、数据融合分析、决策迭代优化等手段，实现现实世界与数字空间的双向映射，达到数字孪生效果。建构主义学习理论认为知识是学习者主动建构的结果，具身认知观强调人体在认知活动中的作用，这两者共同构成了数字场景体验式教学的理论基础。数字场景与教育教学结合应用极具潜力，主要体现在激发学习动机、增强学习体验、创设心理沉浸感、实现情境学习和知识迁移等方面。《教育信息化 2.0 行动计划》（教技〔2018〕6 号）的实施，加快了新一代信息技术与教育的深度融合，众多教育工作者开展了相关研究与探索，促进了教育教学改革与创新。但须指出的是，虚拟现实、系统仿真、“互联网+”等信息技术在教育领域的应用远远落后于其自身的发展，需要扩展应用范围，创新教育教学应用方法与模式。

基于此，本书作者团队自 2013 年起探索虚拟现实等新一代信息技术与专业教育教学的结合应用，取得了一定成果，积累了一些经验，实践证明这是适应新时代教育特征的教育技术与手段，具有一定的推广应用价值。故本书以矿山资源开发教育教学为应用背景，系统介绍虚拟现实的硬件系统组成、软件系统开发技术、开发环境与开发流程，并列举一些案例，希望对有志于该方向学习、开发与应用的读者有所帮助。

本书的出版得到了江苏省高等教育教改研究课题一般项目（2019JSJG181）、江苏高校品牌专业建设工程项目（二期）、中国矿业大学教材建设专项资金资助。

由于作者水平所限，加之时间仓促，书中不妥之处在所难免，欢迎广大读者批评指正。

编　者

2021 年 1 月

目　录

1 虚拟现实技术概述

1.1 虚拟现实技术简介

虚拟现实(virtual reality,VR),也称虚拟实境或灵境,是一种可以创建和体验虚拟世界的计算机系统。它利用计算机技术生成一个逼真的,具有视、听、触等多种感知的虚拟环境,用户通过使用各种交互设备,同虚拟环境中的实体相互作用,产生身临其境的感觉。这种交互式视景仿真和信息交流,是一种先进的数字化人机接口技术。与传统的模拟技术相比,其主要特征是:操作者能够真正进入一个由计算机生成的交互式三维虚拟环境中,与之产生互动,进行交流。通过参与者与仿真环境的相互作用,并借助人本身对所接触事物的感知和认知能力,帮助参与者认知世界和启发参与者的思维,以全方位地获取虚拟环境所蕴含的各种空间信息和逻辑信息。沉浸、临场感和实时交互性是虚拟现实的实质性特征,对时空环境的现实构想(即启发思维,获取信息的过程)是虚拟现实的最终目的。自从虚拟现实技术诞生以来,它已经在军事模拟、先进制造、城市规划/地理信息系统、医学、生物等领域中显示出巨大的经济、军事和社会效益,与网络技术、多媒体技术并称为21世纪最具应用前景的三大技术。

1.2 虚拟现实技术的发展

虽然虚拟现实技术在20世纪80年代才广泛引起人们的注意,但是在更早之前就已经有人提出了相应的构想,只是限于当时的条件,缺乏相应的能够将设想付诸实践的技术及设备,所以其没有得到广泛的传播。因此,直到20世纪80年代末,随着计算机技术的高速发展和互联网技术的普及,虚拟现实技术才得到应用。一般来说,我们将虚拟现实技术的发展分为四个阶段:1963年以前,虚拟现实思想的萌芽阶段;1963—1972年,虚拟现实技术的初现阶段;1973—1989年,虚拟现实技术概念和理论产生的初期阶段;1990年至今,虚拟现实技术理论的完善和应用阶段。

1.2.1 第一阶段:虚拟现实思想的萌芽阶段

人类针对虚拟现实在很久以前就提出了很多的构想,但是真正实践于1929年,在长期使用教练机训练器进行飞行训练后,Edwin A. Link发明了简单的机械飞行模拟器(the link trainer flight simulator),可利用它在室内某一固定地点训练飞行员,使乘坐者的感觉跟真实乘坐飞机时的感觉一样,从而使得受训者通过模拟器学习如何进行飞行操作,该模拟器在二战期间被大量应用于飞行员的训练。

1935年，著名小说家Stanley G. Weinbaum写了科幻小说*Pygmalion's Spectacles*（皮格马利翁的眼镜），描绘了一个以虚拟现实眼镜为基础能够感受到视觉、嗅觉、触觉等全方位信息的具沉浸式体验特征的虚拟现实概念，被认为是率先提出虚拟现实概念的作品（图1-1）。

图1-1 科幻小说*Pygmalion's Spectacles*

1956年，美国著名电影摄影师Morton Heilig开发出了名为Sensorama Simulator的多通道、多感知的立体电影系统（图1-2），这是历史上第一套虚拟现实系统。在这套系统里面，可以模拟行人在曼哈顿街区行走的效果，观看街道上摩托车等车辆行驶的画面，为观众提供立体图像、立体声音，并产生不同的气味。该系统被美国空军参考引进，用于对飞行员的日常训练。在1960年，Morton Heilig提交了一款便携式的头戴设备（telesphere mask），并申请了专利，尽管这款设备较为久远，但与Oculus Rift、Google Cardboard等当今主流装备仍有很多相似之处。

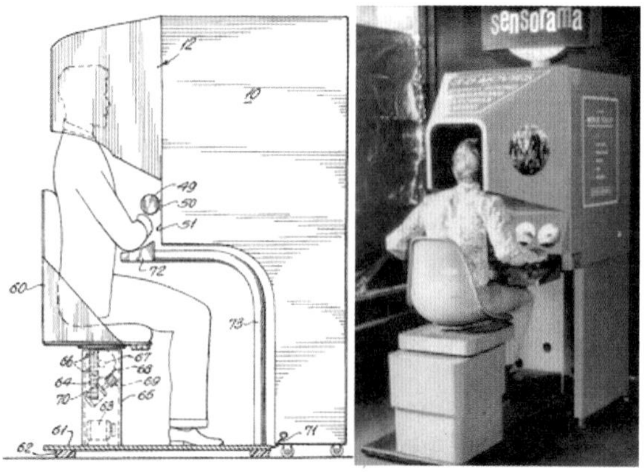

图1-2 Sensorama Simulator

1961 年,PHILCO 公司的两个工程师开发了第一个 HMD 的前驱物——Headsight。它包括视频屏幕和磁力运动跟踪系统,可链接到闭路电视摄像机。实际上,Headsight 没有虚拟现实的应用开发程序,但允许军队对危险情况的沉浸式远程查看,观察者头部移动时将移动远程相机,可以自然地环视环境。Headsight 是 VR 头戴设备演变的第一步,但它缺少将图像和计算机整合的功能。

1.2.2 第二阶段:虚拟现实技术的初现阶段

1965 年,计算机图形学的奠基者美国科学家 Ivan Sutherland 在国际信息处理联合会上发表了一篇名为 *Ultimate Display* 的论文。在这篇论文中,Ivan Sutherland 提出了感觉真实、交互真实的人机协作新理论,使计算机屏幕成为观察利用计算机生成的虚拟世界的窗口,观察者可直接沉浸在计算机生成的虚拟世界中,就跟我们生活在现实世界中一样。在论文描述的这个虚拟世界中,观察者所观察到的画面会跟随观察者头部的转动而改变,可以利用四肢与虚拟世界进行交互。这一理论被公认为在虚拟现实技术中具有里程碑的意义。

为了实现论文中提到的目标,Ivan Sutherland 一直致力于头盔显示器的研发。1966 年,林肯实验室研发出了世界上第一个头盔显示器的实验模型,然后在哈佛大学的组织下,Ivan Sutherland 终于研发成功一个完整的头盔式立体显示器及头部位置跟踪系统——Head-Mounted Display(HMD),也被称为 The Sword of Damocles(达摩克利斯之剑)(图 1-3)。它使用两个可以戴在眼睛上的阴极射线管作为显示屏幕,由电脑软件分别为两个显示器生成两幅基本相似但角度略有差异的图像,通过光学透镜的反射,将其在观察者眼前合成一个立体影像。当用户移动位置或转动头部时,用户在虚拟世界中所在的位置和看到的内容也将随之发生变化,并通过头部运动从不同视角观察三维场景。

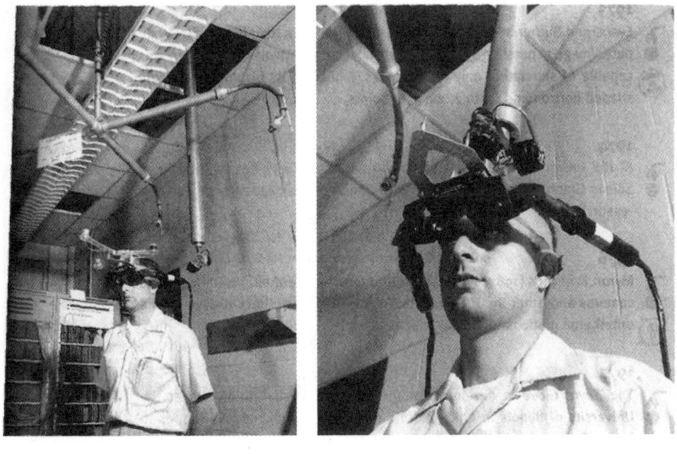

图 1-3 Ivan Sutherland 和他的头盔式显示器

Myron Krueger 是美国计算机艺术家、互动艺术家,是虚拟现实(VR)和增强现实(AR)领域早期阶段的研究员。在威斯康星大学攻读博士学位期间,他参与创作了 GlowFlow,GlowFlow 作为早期虚拟现实环境原型,是一个由计算机控制,以人响应作为输入的环境。在创作完成 GlowFlow 之后,他提出了电脑互动的观念,并于 1985 年创建了第一个可以让用户与虚拟物体进行交互的 Videoplace 系统(图 1-4)。

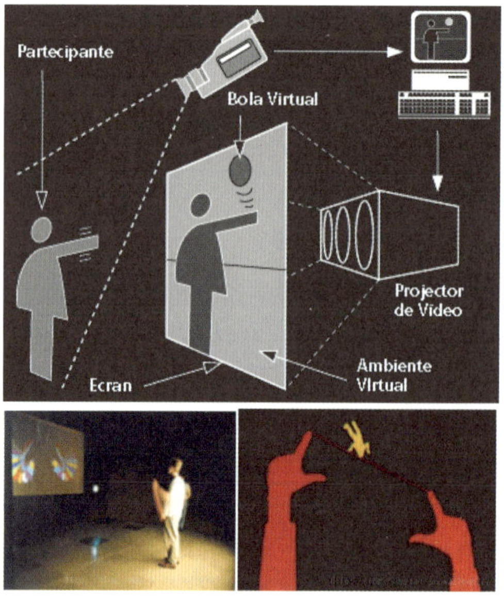

图 1-4 Videoplace 系统及演示

1.2.3 第三阶段:虚拟现实技术概念和理论产生的初期阶段

在这一阶段,虚拟现实技术的基本概念开始逐渐形成和完善,同时踊跃出来一些比较经典的虚拟现实应用系统。

20 世纪 80 年代初,美国国防部先进研究项目局(Defense Advanced Research Projects Agency,DARPA)为坦克编队作战训练开发了一个实用的虚拟现实战场系统 SIMNET,以减少训练费用,提高安全性,另外也可减轻对环境的影响。这一系统通过计算机网络将美国和德国的两百多个坦克模拟器连为一体,并在虚拟场景中模拟协同作战。同时代,美国宇航局(National Aeronautics and Space Administration,NASA)组织了一系列有关虚拟现实技术的研究。1984 年,NASA Ames 研究中心虚拟行星探索实验室的 M. McGreevy 和 J. Humphries博士组织研究了用于火星探测的虚拟环境视觉显示器,它能够将火星探测器发回的数据输入计算机,并构造火星表面的三维虚拟环境。

Eric Howlett 在 20 世纪 80 年代发明了额外视角系统,该系统可以将静态图片变成 3D 图片。1987 年,著名计算机科学家 Jaron Lanier 制造了一款价值 10 万美元的虚拟现实头盔,其被称为第一款真正投放市场的虚拟现实商业产品。

1980 年,Eye Tap 设备出现,看上去和 Hololens 非常相似,能够连接计算机摄像头,可以将数据叠加显示在眼前。1984 年,第一款商业虚拟现实设备 RB2 出现,其设计与目前的主流产品非常相似,并且配有体感追踪手套,可实现操作。

1986 年,Jesse Eichenlaub 提出开发一个全新的三维可视化系统,目标是不依靠那些立体眼镜、头盔等设备也能看到同样的三维虚拟世界。

基于虚拟现实技术发展的成果,VR 先行者 Jaron Lanier 正式提出了"virtual reality"一词,该词得到正式认可和使用。1984 年,Jaron Lanier 创办 VPL Research 公司,随后推出一系列 VR 产品,包括 VR 手套(Data Glove)、VR 头显(Eyephone)、环绕音响系统(AudioSphere)、3D 引擎(Issac)、VR 操作系统(Body Electric)等(图 1-5)。

图 1-5　VPL Research 公司产品

1.2.4　第四阶段:虚拟现实技术理论的完善和应用阶段

1990 年以后,由于迅速发展的计算机硬件技术与不断改进的计算机软件系统相匹配,虚拟现实技术得到高速发展,与虚拟现实密切相关的计算机图形学、数字图像处理、传感技术等学科迅速发展,因此在这一阶段,虚拟现实技术主要从研究转向了应用领域。

1991 年发布的 Virtuality 1000CS 是 20 世纪 90 年代具有影响力的 VR 设备,是消费级 VR 的重大飞跃。它使用头显来播放视频和音频,用户可以通过移动和使用 3D 操纵杆进行虚拟现实交互。该系统使用 Amiga 3000 计算机来处理大多数游戏的运算。

1992 年,Sense8 公司开发了"WTK"开发包,为虚拟现实技术提供更高层次的应用。同一时期,电影 *The Lawnmower Man*(割草人)(图 1-6)的热播让观众广泛熟知了虚拟现实的概念。电影根据虚拟现实创始人 Jaron Lanier 早期在实验室的经历改编,描述了虚拟现实能使人进入一个由电脑创造出来的、想象力无限丰富的虚幻世界。

图 1-6　电影 *The Lawnmower Man*

1993 年,宇航员利用虚拟现实系统训练并成功完成了从航天飞机运输舱内取出新的望远镜面板的工作。波音公司在一个由数百台工作站组成的虚拟世界中,用虚拟现实技术设计出由 300 万个零件组成的波音 777 飞机。同一时期,Sega 公司研发了 Sega VR 耳机。

1994 年,G. Burder 和 P. Coiffet 出版了《虚拟现实技术》一书,书中使用了 3I(Imagination、Interaction、Immersion)来概括虚拟现实技术的 3 个基本特征。

Virtual Boy 是任天堂于 1995 年开发的第一款 32 位游戏机,它搭载了一块 32 位处理器,型号为 NEC V810,主频为 20 MHz,同时集成高性能显卡。Virtual Boy(图 1-7)采用了头戴显示器的设计,内置两块分辨率为 384×224 的红色 LED 单色显示器,可支持 128 级对比度的黑色、红色显示。由于 Virtual Boy 拥有两块屏幕，可模仿人眼视角，即便当时的游戏画面为 2D 的，但也可通过调整视角形成一定的 3D 效果。

图 1-7　Virtual Boy

1996 年 12 月，世界上第一个虚拟现实环球网在英国投入运行。

在 21 世纪的第一个十年里，手机和智能手机迎来爆发，虚拟现实仿佛被人遗忘。尽管在市场尝试上不太乐观，但人们从未停止在 VR 领域的研究和开拓。索尼公司在这段时间推出了 3 kg 重的 VR 头盔，Sensics 公司也推出了高分辨率、超宽视野的显示设备 piSight（图 1-8）。由于 VR 技术在科技圈已经充分扩展，科学界与学术界对其越来越重视，VR 在医疗、飞行、制造和军事领域开始得到深入的应用研究。

在 2006 年，美国国防部就花费 2000 多万美元建立了一套名为“城市决策”的 VR 培训系统，专门让相关工作人员进行模拟训练，目的是一方面提高应对城市危机的能力，另一方面测试 VR 技术的水平。2008 年，美国南加州大学临床心理学家开发了一款“虚拟伊拉克”的治疗游戏，利用虚拟现实治疗创伤后应激障碍，帮助那些从伊拉克回来的军人患者。这些例子都在表明，VR 已经开始渗透到各个领域，并生根发芽。

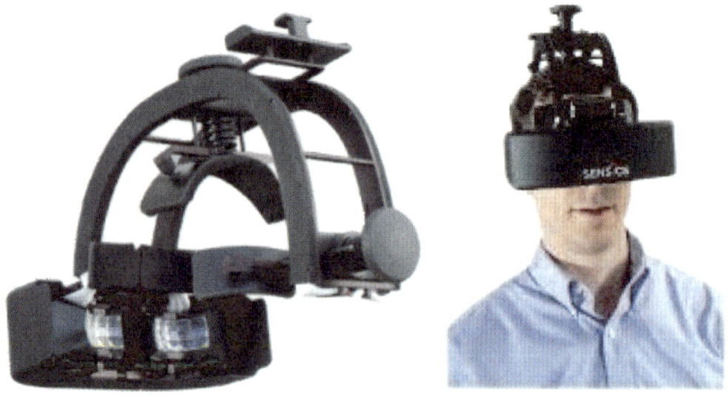

图 1-8　piSight 设备

如今，以 HTC、微软、Facebook 为代表的科技巨头均发展 VR 产业，市场上涌现出了 HTC Vive、Oculus Rift、暴风魔镜等一系列优秀产品，大批中国企业也纷纷进军 VR 市场。据《中国虚拟现实(VR)行业发展前景预测与投资战略规划分析报告》显示，仅 2015 年一年，我国虚拟现实行业市场规模就达到 15 亿元左右，2016 年达到 56.6 亿元，2021 年 VR 市场规模有望接近 800 亿元。巨大的市场潜能让国内资本对 VR 产业趋之若鹜。从 2014 年到 2015 年 6 月 VR 产业的投资情况来看，53%的投资集中在硬件设备的制作上，36%集中在内容制作上，余下的 11%则集中在分发平台上。阿里巴巴、腾讯、百度等巨头纷纷布局 VR 产业链，VR 创业者也大批涌入，据不完全统计，目前国内有超过 150 家的 VR 设备开发公司，而且这个队伍还在不断扩大。

1.3 虚拟现实系统分类

根据功能和实现方式的不同，可以把虚拟现实系统分为 4 类：桌面式虚拟现实系统、沉浸式虚拟现实系统、增强式虚拟现实系统和分布式虚拟现实系统。

1.3.1 桌面式虚拟现实系统

桌面式虚拟现实系统（Desktop VR）也称窗口虚拟现实系统（图 1-9），它主要利用计算机或初级工作站进行虚拟现实工作，用户可以通过追踪球、力矩球、3D 控制球、立体眼镜等外部设备，在计算机窗口上观察并操纵虚拟环境中的事物。由于桌面式虚拟现实系统可以通过桌上台式机实现，所以其成本较低，功能比较简单，主要用于计算机辅助设计、计算机辅助制造、建筑设计、桌面游戏等领域。

图 1-9　桌面式虚拟现实系统

1.3.2 沉浸式虚拟现实系统

沉浸式虚拟现实系统（Immersive VR）又称为可穿戴式虚拟现实系统。人们通过头盔式显示器等设备，进入一个虚拟的空间中，通过追踪器、数据手套等各类传感设备，参与这个虚拟空间的交互。沉浸式虚拟现实系统主要有以下特点：① 高度沉浸感。沉浸式虚拟现实系统使用的设备种类、数量较多，因此会给体验用户更强的沉浸感，更加容易制造虚拟世界。② 高度实时性。由于沉浸式虚拟现实系统能够根据用户的脚步、动作实时地输出相应的场景，所以用户在虚拟世界可以体验到跟现实世界一样的感觉。

沉浸式虚拟现实系统需要用到高技术设备、器材、软件、硬件等，因此它的综合成本比较高，难以普及。

1.3.3 增强式虚拟现实系统

增强式虚拟现实系统（Aggrandize VR）简称增强现实，它既允许用户看到真实的世界，也能让用户看到叠加在真实世界上的虚拟对象。将真实环境和虚拟环境叠加融合，既可以减少构成复杂场景的开销，又可对实际物体进行操作。

增强式虚拟现实系统利用计算机技术等，将虚拟世界的一些信息通过模拟后进行有序的叠加，然后呈现到真实世界，这种新技术使得虚拟信息和真实环境共同存在，大大增强了人们的感官体验。增强式虚拟现实系统主要特点有:真实环境和虚拟环境信息的叠加、三维空间基础上的叠加、实时交互性、定位跟踪虚拟物体等。

增强式虚拟现实系统的实现平台主要有基于通用显示器和通用摄像头的系统、基于单眼显示器的系统、基于透视式头盔显示器的系统。

1.3.4 分布式虚拟现实系统

分布式虚拟现实系统(Distributed VR)又被称为共享式虚拟现实系统,它是虚拟现实技术和网络技术相结合的产物,是一种基于网络连接的虚拟现实系统,将分布在不同地理空间的多个用户通过网络连接起来,共同参与、操作同一个虚拟世界,以达到协同工作的目的。分布式虚拟现实系统的特点主要有:资源共享、虚拟行为真实感、时间和空间的实时交互、与他人共享同一个虚拟空间、允许用户自然操作环境中的对象、用户之间可以通过多种方式进行交流。

1.4 虚拟现实技术在各行业的应用

1.4.1 游戏领域

电子游戏行业迅猛发展,制作技术不断提高,给人们的代入感不断增强,但是之前的游戏设计大多处于 2D 层面,难以满足人们游戏体验时沉浸感的需要,而虚拟现实技术的出现,改变了这一壁垒。利用虚拟现实技术设计 3D 游戏,能够真实地模拟现实世界环境。利用虚拟现实技术及配套装备,游戏玩家可得到沉浸式的游戏体验。例如,意大利健达公司通过 D'Fusion 技术推出了一款 VR 赛车游戏(图 1-10),玩家能够得到与真实世界驾驶赛车一样的感受。冒险类、动作类、角色扮演类等越来越多的游戏在设计中应用了虚拟现实技术。

图 1-10 VR 赛车游戏

1.4.2 医疗领域

在医疗领域,医疗人员接触或实际操作各种手术需要迈过一定的专业技术门槛,而随着虚拟现实技术的应用,即使一般人员也可以置身其中,仔细观看手术操作的全过程,在无风险的环境中进行反复尝试。虚拟现实系统可对手术操作优劣进行评价,有利于医疗人员更加高效地学习与培训,以减少真实手术的失误。如图 1-11 所示,Osso 打造了一个虚拟的手术室,该手术室结合了人体组织动力学、内窥镜装置光学和移动流体的逼真模拟来重建生命周期手术,操作人员按照相应专家或者以往的手术经验在虚拟环境中进行手术,操作对象会对操作人员的操作作出相应的回应，来评价操作的对错。隶属迈阿密儿童健康系统的尼克劳斯儿童医院和 Next Galaxy Crop 公司合作，制作了专用的虚拟现实医疗培训软件，让培训人员沉浸在一个虚拟环境中，帮助医护人员学习和获取信息，培训人员可以模拟心脏复苏、伤口护理等操作。

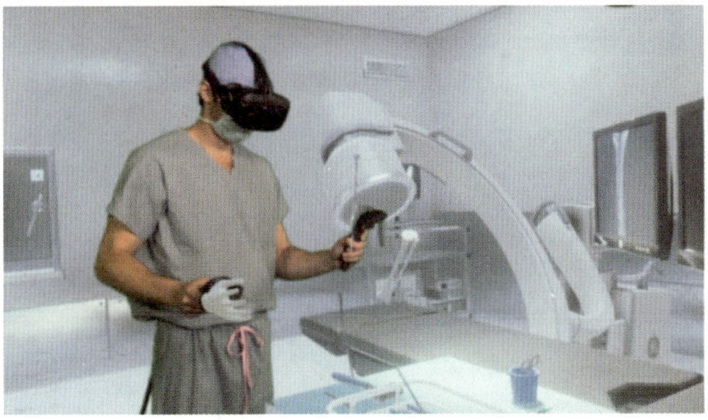

图 1-11 Osso VR

虚拟现实技术还可应用到康复医疗和心理治疗领域。例如，有公司针对飞行焦虑症患者，开发了一款虚拟现实模拟飞行程序。在心理医生的指导下，飞行焦虑者戴上虚拟显示器，通过软件控制虚拟环境中的各种飞行器，直到慢慢适应飞行环境为止，以此来达到克服心理障碍的目的。

除上述以外，虚拟现实技术在医疗领域的应用还可以帮助医生探索一些在现实环境下不容易尝试的新的手术方法，尝试成功后再应用于真实场景，这样在降低失误率的同时还节省了实验经费。当然，VR 还在治疗疼痛、恐惧症、PTSD(创伤后应激障碍)以及戒烟等方面都有成功应用。

1.4.3 军事航天领域

虚拟现实技术在军事航天领域有着广泛的应用，早在 20 世纪 80 年代，美国就开始将虚拟现实技术与军事航天联系起来，投入了大量的人力、物力与财力。目前，在军事航天领域的应用主要集中在以下方面。

(1) 军事模拟：利用计算机生成一种模拟环境，让受训者通过虚拟现实装备沉浸到该环境中，通过人机交互达到受训目的，如单兵模拟训练、联合模拟训练、虚拟战场训练、指挥员训练等。美国海军开发了一套虚拟现实模拟系统——“虚拟舰艇作战指挥中心”，逼真地展现舰艇作战指挥中心的环境，让指挥员沉浸其中进行训练(图 1-12)。

(2) 航天航海：将虚拟现实技术融入航天航海领域，通过模拟航天航海的各个环节、场景、设备，提高航天航海设备的设计效率，降低运营风险。具体应用包括了设计环节、生产环节、营运环节、训练环节、维护环节等。“立方体”公司与洛克希德马丁公司签署了一系列生产和加强 F-35 空战作战训练系统的合同，为参训飞机提供实时空中画面，进行空对空作战训练、空对地作战训练、地对空作战训练。

1.4.4 建筑设计领域

将虚拟现实技术应用到建筑设计领域这一举措一直被看好，原因在于通过虚拟现实三维交互系统，能够实时地体现设计者的设计思想，并以精致的模型细节和优异的画面效果呈

图 1-12　VR 军事训练

现出来。如图 1-13 所示，在建筑设计时，运用虚拟现实技术按照自己的构思去装饰、构建虚拟空间，将自己放置在房间的不同位置去观察设计效果，有助于设计者亲身感受设计优劣，减少决策失误，以视觉形式反映设计者的思想，从而大大提高设计和规划的质量与效率，同时通过虚拟现实技术，能够让人以正常角度，而不是鸟瞰形式感受设计的风格和样式。在房地产行业，利用这种技术可以根据购房者的喜好设计并优化室内虚拟样板间，直到购房者满意为止。

图 1-13　VR 建筑设计

1.4.5　工业领域

虚拟现实技术用交互的方式将虚拟产品情景与人们直观地联系起来，使工业领域的技术手段和设计思想发生了质的飞跃。

(1) 工业仿真设计

工业仿真设计，特别是汽车仿真设计，通过虚拟现实技术和计算机辅助技术，将汽车开发的各个环节置于计算机所构造的虚拟环境中，设计师可以根据需要随时更改各个条件及因素，优化设计，极大地节约了设计成本，如图 1-14 所示。

(2) 虚拟培训

利用虚拟现实技术构建工业场景与装备，使用户在虚拟世界完成操作培训，熟悉操作步骤与流程，了解机器结构及运行状态，能够判别故障及提出应对措施，可以提高现实世界的

图 1-14　VR 工业应用

生产效率，减少生产事故，如图 1-15 所示。

图 1-15　VR 虚拟培训

1.4.6 教育行业

（1）虚拟校园

虚拟校园也称作数字校园（图 1-16），是运用地理信息系统（GIS）、遥感（RS）技术、物联网技术及虚拟现实技术创建的三维场景，能够真实地反映校园实时状态，不仅能直观地展示学校教学楼、食堂、实验室、图书馆、宿舍等建筑风格及人文氛围，营造积极向上的校园文化，也有助于学校管理，及时发现安全隐患。

图 1-16　VR 虚拟校园

（2）高等教育

高等教育主要体现在学习知识和学习探索方面。虚拟现实技术将现实生活中难以观察的事物或现象展现出来以供学习，也能设计并展示日常学习中假设的模型以供学习和探索。

（3）虚拟课件

日常教学只采用平面图或模型，容易限制学生的思考空间，而虚拟现实技术将模型以三维形式展示出来，同时可以进行各种操作，极大地提高了课堂效率，如图 1-17 所示。

图 1-17　VR 虚拟课件

（4）虚拟实验室

通过建立虚拟实验室，学生可随时随地以虚拟形式做实验。虚拟实验可以让学生对实验流程有一个直观的认识，逐渐熟悉各种实验器材及其操作方法。在虚拟实验室中，学生可以在合理的范围内，根据自身所学，试验不同的方法解决相应的问题，降低了实验室事故发生的可能性。

虚拟现实技术在科研领域应用同样广泛。如北京航空航天大学将虚拟现实技术用于模拟分布式飞行。

1.4.7　影视行业

在影视行业，加入虚拟现实技术的 3D、4D 电影（图 1-18），不同于以往 2D 电影，它们可

图 1-18　VR 影视

以给观众带来更加沉浸式的观看体验。虚拟现实技术在影视行业的应用更加多元化，如 Immersive Explorers 项目，采用互动电影的方式，可以让观众参与到电影的情节中。

1.4.8 购物平台

虚拟现实技术逐渐渗透到日常的消费领域，当前已有部分企业采用虚拟现实技术开发虚拟购物平台，在此平台，可以随意挑选服饰试穿或试戴，而后选中商品，加入购物车，进行下单。如 Sixense、SapientNitro 设计的虚拟现实购物平台（图 1-19）。

图 1-19 VR 购物

2 虚拟现实资源开发环境

2.1 虚拟现实软件介绍

2.1.1 虚拟现实技术

虚拟现实技术是以计算机技术为核心的现代高科技手段，可生成具备视觉、听觉、触觉、嗅觉、味觉等一体化的虚拟环境，用户可借助特定的输入/输出设备，采用自然的方式与虚拟世界进行交互及作用，以获得犹如亲临真实环境的感受和体验。一个完整的虚拟现实系统涉及以下多种技术。

(1) 三维建模技术

用户与虚拟现实系统的交互是在虚拟环境中进行的，真实沉浸感取决于虚拟环境的建模效果，三维建模技术是虚拟现实系统开发的基础。开发虚拟现实系统用到的三维建模技术与传统图形建模技术虽有诸多相似之处，但也有不同，前者需要构建虚拟世界，所涉及的物体种类更多、相互关联性更强，需要用到多种建模技术相互配合才可达到效果。当下主流建模技术包括几何建模、物理建模、行为建模等，其中几何建模仅是对三维模型几何形状的建立，而物理建模涉及物体的物理属性，行为建模则涉及物体物理本质及其内在机理与规律。

(2) 立体显示技术

立体显示技术是用来向人体呈现三维视觉效果的成像技术，可以分为立体眼镜、立体头盔、裸眼立体等。如立体眼镜，双目各有一个显示器，用户戴上后，两只眼睛所视图像并不一致，如一只眼睛只能看到奇数帧图像，另一只眼睛只能看到偶数帧图像，奇、偶帧之间画面的不同就使得视觉上产生了差距，从而呈现出立体效果。按画面出现的时间分类，立体显示技术又可以分为同时显示技术和分时显示技术。

(3) 真实感实时绘制技术

虚拟现实系统的吸引力在于真实沉浸感，用户宛如身临其境。而真实感绘制的主要任务是模拟真实物体的视觉属性，包括物体表面的光学性质、纹理、光滑度等，以便最终画面的呈现效果接近真实场景。常用的提高画面真实感的方法包括纹理映射、环境映射、反走样等，有时也会用到各种光照模型如简单光照模型、局部光照模型、全局光照模型等，以改变物体表面呈现效果，此外还可以从绘制算法上进行优化，如模拟光线实际传播过程的光线跟踪算法、模拟能量传播的辐射度算法等。

(4) 三维虚拟声音技术

三维虚拟声音与我们熟悉的立体声音呈现效果是有所差别的，立体声音我们能够感知并大致判断来自面前的某个平面，而三维虚拟声音呈现后，能够使听者感觉到声音来自围绕双耳的球形空间中的任何地方，从而判断出声音声源的具体位置。这种技术有其独特的应用，如战场模拟训练中，当用户听到枪声时，就能像在现实世界一样迅速而且精确地判断出对手的位置。

(5) 人机交互技术

在虚拟现实系统中，人机交互尤为关键。理想状态下，人们可以利用自身感官直接与虚拟世界进行接触交互，并根据感受信息进行决策判断。但现阶段，受制于技术发展，人机交互更多地停留在使用特定的交互设备，如数据手套、手柄、方向盘、控制器等，交互程度与效果也没有达到理想的状态。

(6) 传感反馈技术

传感反馈技术用在虚拟现实系统中，能够提供如同与真实世界交互的身体感受，如触觉、嗅觉、振动、重力等，现今各种主题公园中 4D、5D 体验馆多有这种技术的应用，国内外政府、企业也将这种技术用在航天飞行器、飞机、F1 赛车等驾驶操控人员的培训中。

2.1.2 主流建模软件

目前，商业化的 3D 设计软件大致可以分为两类：通用全功能型 3D 设计软件和行业性 3D 设计软件。

1. 通用全功能型 3D 设计软件

(1) 3D MAX

3D Studio Max(简称 3D MAX)由美国 Autodesk 公司推出，是当前世界销量最大的用于虚拟现实和三维动画建模的工具软件。它集三维建模、材质制作、灯光设定、摄像机使用、动画设置及渲染输出于一身，提供了三维动画及静态效果图等全面完整的解决方案。其应用范围涵盖室内设计、建筑设计、影视制作、工业设计、多媒体制作、游戏制作、辅助教学以及工程可视化等领域。3D MAX 界面如图 2-1 所示。

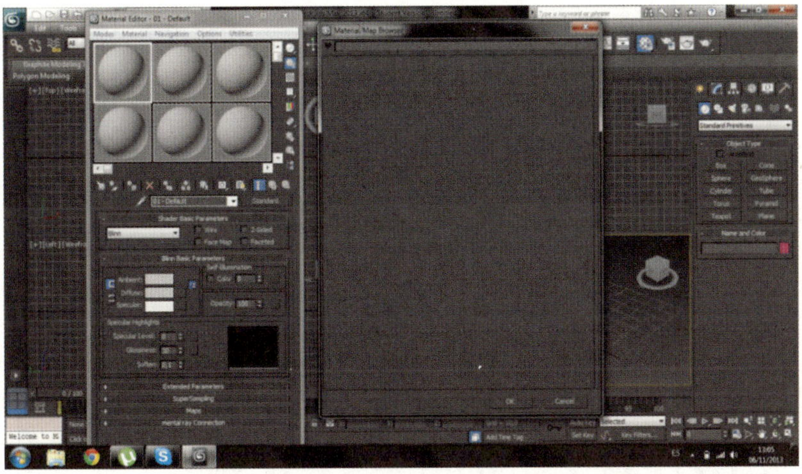

图 2-1 3D MAX 界面

(2) Maya

Maya 也是由美国 Autodesk 公司推出的，是世界著名的三维建模和动画制作软件，广泛应用于电影、电视、广告、电脑游戏和电视游戏、角色动画、电影特技等领域。Maya 功能完善，工作灵活，易学易用，制作效率极高，渲染真实感极强。

虽同为 Autodesk 公司产品，但 Maya 和 3D MAX 各有侧重。Maya 接口开放、自由度更高、平台移植能力更强，更适合群体协作作业，每一个使用者都可以作为流水线上的工序与上下游完美结合，更适合影视业这种大规模生产的需求。而 3D MAX 因其完善、自由的插件系统，更适合于自学或者独立开发者，在数字游戏开发、建筑可视化设计等领域独占鳌头，Maya 界面如图 2-2 所示。

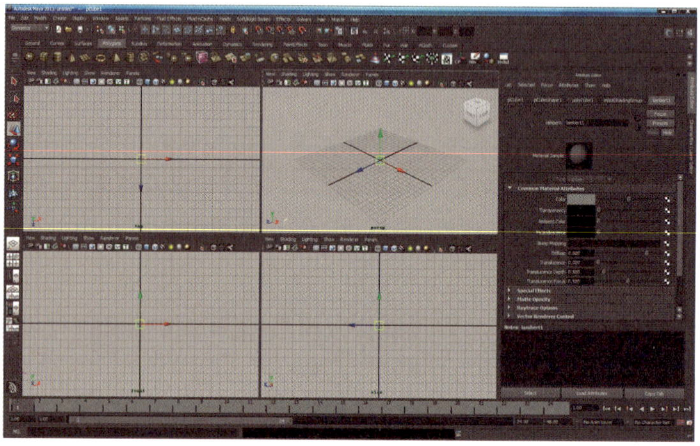

图 2-2　Maya 界面

(3) Rhino

Rhinocero 简称 Rhino，是美国 Robert McNeel & Assoc 公司开发的专业三维建模软件。它整合 3D MAX 与 Softimage 的模型功能部分，对要求精细、弹性与复杂的 3D NURBS 模型，有点石成金的功效，能输出多种文件格式，适用于几乎所有的 3D 软件，尤其对增加整个 3D 工作团队的模型生产力有明显效果，现已广泛应用于三维动画制作、工业制造、科学研究以及机械设计等领域。Rhino 界面如图 2-3 所示。

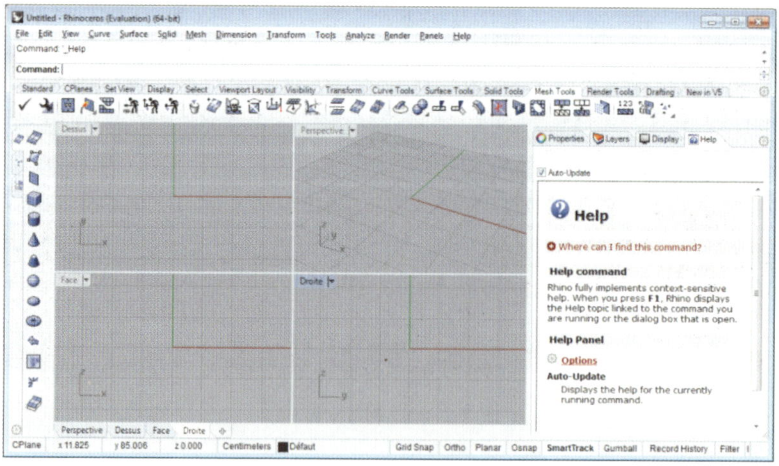

图 2-3　Rhino 界面

(4) ZBrush

ZBrush 是 Pixologic 公司开发的高自由度的 3D 设计工具，主要应用于数字雕刻和绘画领域。它以实用的思路，在一个简洁的界面中，集成了多种功能与组合，功能强大、工作流程直观，为当代数字艺术家提供了先进、方便、快捷的工具，让艺术家无约束地自由创作。ZBrush 界面如图 2-4 所示。

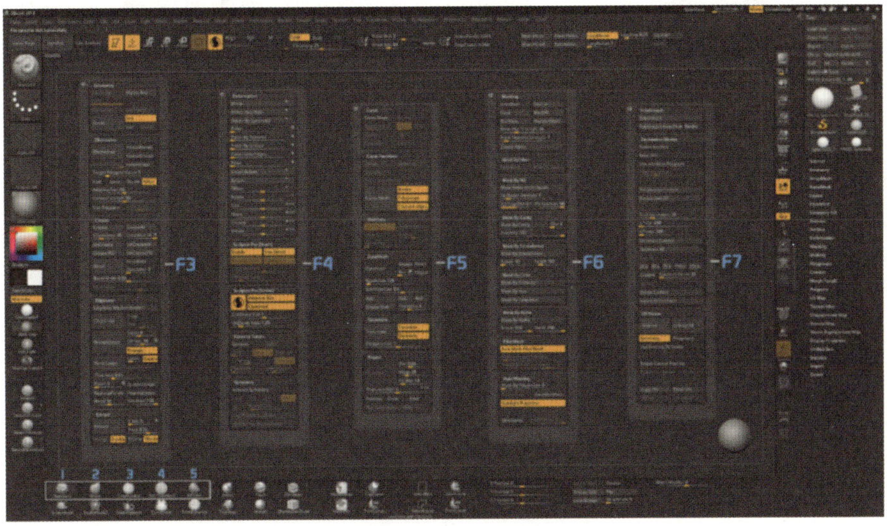

图 2-4 ZBrush 界面

(5) SketchUp

SketchUp 是 Google 公司旗下的产品，是直接面向设计方案创作过程的设计工具。它以简单易用著称，界面简洁，可以让设计师短期内掌握，适用范围广阔，应用在建筑、园林、景观、室内以及工业设计等领域，与 AutoCAD、Revit、3D MAX，PIRANESI 等软件兼容，能快速导入和导出 DWG、DXF、JPG、3DS 等多种格式文件，实现方案构思、效果图与施工图绘制完美结合。SketchUp 界面如图 2-5 所示。

图 2-5 SketchUp 界面

(6) Poser

Poser 是 Metacreations 公司推出的一款用于人体造型设计和人体三维动画制作的软件。它提供了丰富多彩的人体三维模型,使用这些模型可轻松快捷地设计人体造型和动作,免去了人体建模的烦琐工作。Poser 界面如图 2-6 所示。

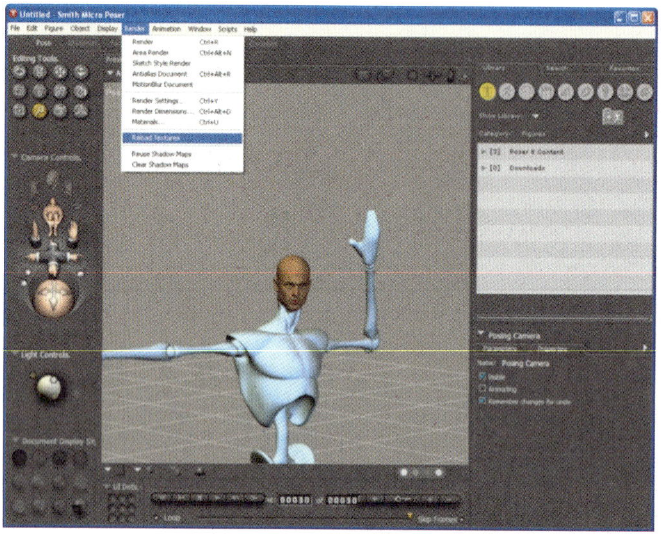

图 2-6 Poser 界面

(7) Blender

Blender 是一款开源的跨平台三维动画制作软件。Blender 集成的创作套件,能够提供全面的 3D 创作工具,包括建模、UV 映射、贴图、绑定、蒙皮、动画、粒子以及其他系统的物理学模拟、脚本控制、渲染、运动跟踪、合成、后期处理和游戏制作等。它基于 OpenGL 的图形界面兼容各个平台,可以部署在 Windows、Linux、OS X 等操作系统上。Blender 界面如图 2-7 所示。

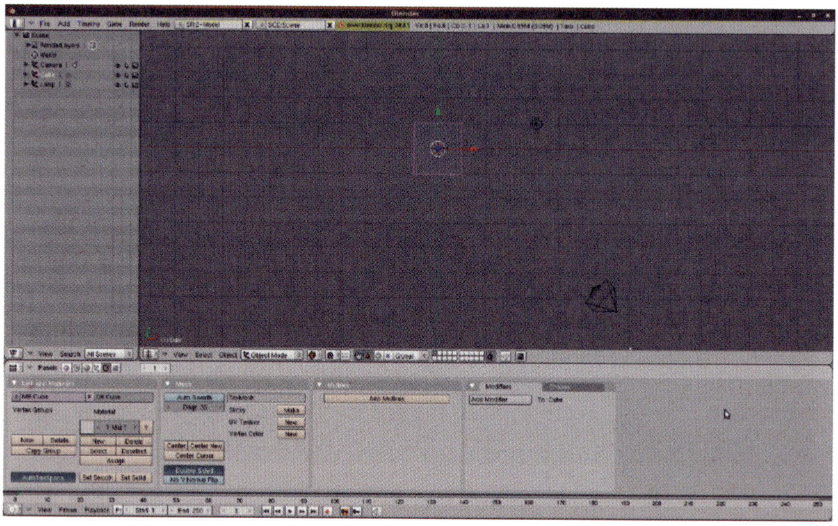

图 2-7 Blender 界面

(8) FormZ

FormZ 是一款具有独特 2D/3D 形状处理以及雕塑功能的多用途建模软件，对于需要频繁处理 3D 空间和形状的专业人士来说是一款高效率的设计工具，适用于建筑设计、景观设计、城市规划、动画和插画制作、工业和室内设计等领域。FormZ 界面如图 2-8 所示。

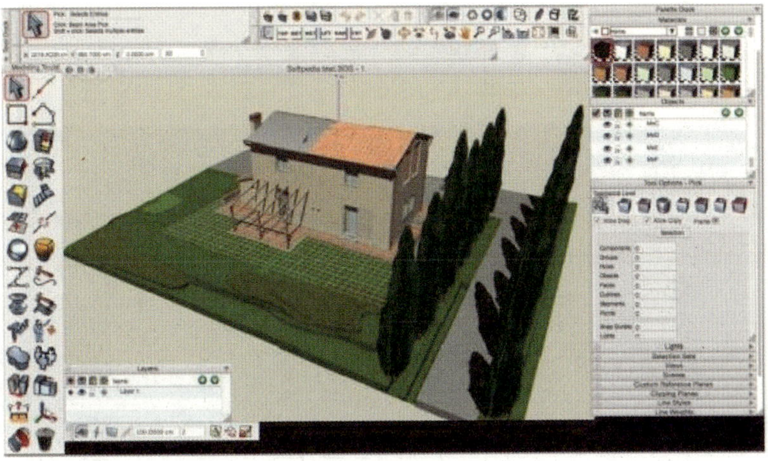

图 2-8 FormZ 界面

(9) LightWave 3D

LightWave 3D 是由美国 NewTek 公司开发的一款高性价比的三维动画制作软件，广泛应用在电影、电视、游戏、网页、广告、印刷、动画等领域。它操作简便，易学易用，在生物建模和角色动画制作方面功能异常强大。它基于光线跟踪、光能传递等技术的渲染模块，使渲染品质几尽完美。LightWave 3D 界面如图 2-9 所示。

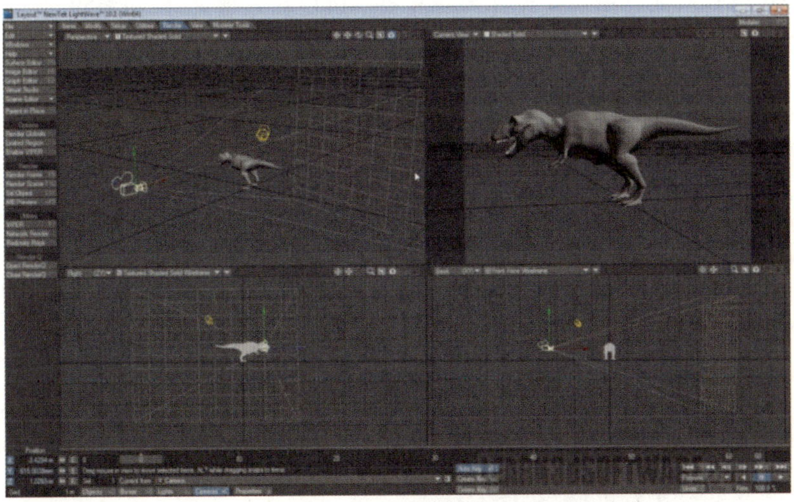

图 2-9 LightWave 3D 界面

2. 行业性 3D 设计软件

(1) AutoCAD

AutoCAD 是 Autodesk 公司于 1982 年开发的计算机辅助设计软件，用于二维绘图、详细绘制、文档设计和基本三维设计，经过几十年的发展与推广，成为世界上使用最为广泛的绘图工具。AutoCAD 是一款可视化的绘图软件，具有丰富的绘图和绘图辅助功能，如实体绘制、关键点编辑、对象捕捉、标注、鸟瞰显示控制等，许多命令和操作可以通过菜单选项和工具按钮等多种方式实现，为用户绘图提供很大方便，非计算机专业人群也能快速入门。AutoCAD界面如图 2-10 所示。

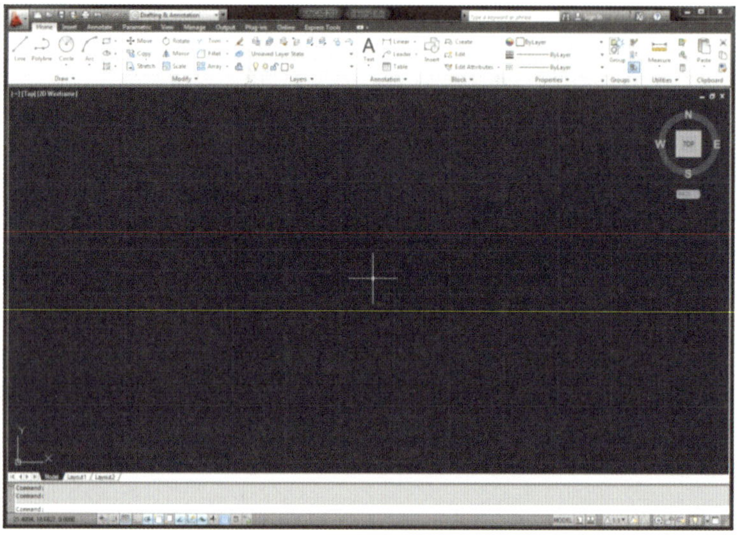

图 2-10　AutoCAD 界面

(2) CATIA

CATIA 是法国达索公司开发的一款 CAD/CAE/CAM 一体化软件。CATIA 基于开放式可扩展的 V5 架构，通过模块化设计为产品提供风格和外型设计、机械设计、机械加工、分析和模拟等功能，为汽车、航空航天、船舶制造、建筑、电力与电子、消费品和通用机械制造等领域提供 3D 设计和模拟解决方案。CATIA 界面如图 2-11 所示。

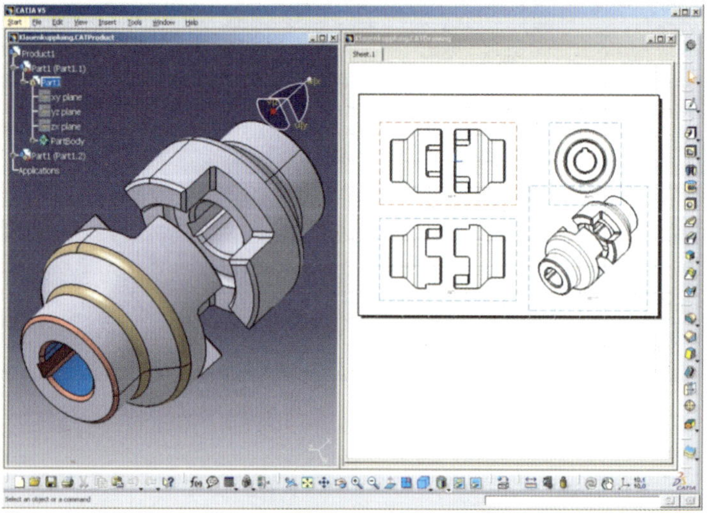

图 2-11　CATIA 界面

(3) UG

UG(Unigraphics NX)是 Siemens PLM Software 公司推出的产品工程解决方案，是一款交互式 CAD/CAM 系统，为用户的产品设计及加工过程提供了数字化造型和验证手段。UG 是一款在二维和三维空间无结构网格上使用自适应多重网格方法开发的灵活的数值求解偏微分方程的软件工具，可以轻松实现各种复杂实体及造型的建构。Unigraphics NX 界面如图 2-12 所示。

图 2-12 Unigraphics NX 界面

(4) Solidworks

Solidworks 是世界上第一个基于 Windows 开发的三维 CAD 系统，Windows OLE 技术、直观式设计技术、先进的 parasolid 内核(由剑桥提供)以及良好的与第三方软件集成技术的使用使其成为极为好用的机械设计自动化软件之一。Solidworks 界面如图 2-13 所示。

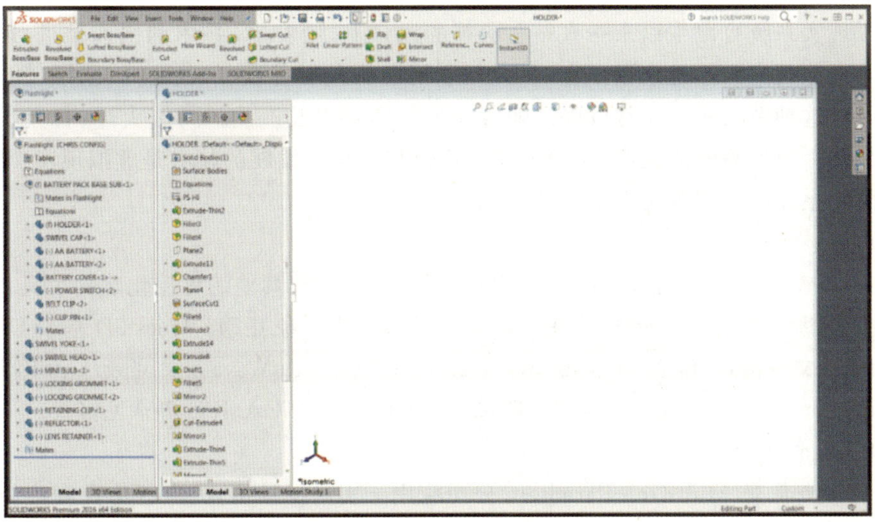

图 2-13 Solidwords 界面

(5) Pro/E

Pro/E,全名为 Pro/ENGINEER,是美国 Parametric Technology Corporation 公司产品,主要用于三维制图、建模。该软件是第一款运用“参数化设计”“实体造型”“特征导向”思想的三维设计软件,即用有限个参数去约束模型,而不用担心模型的复杂程度。该软件在复杂的三维模型设计方面优势显著。Pro/E 界面如图 2-14 所示。

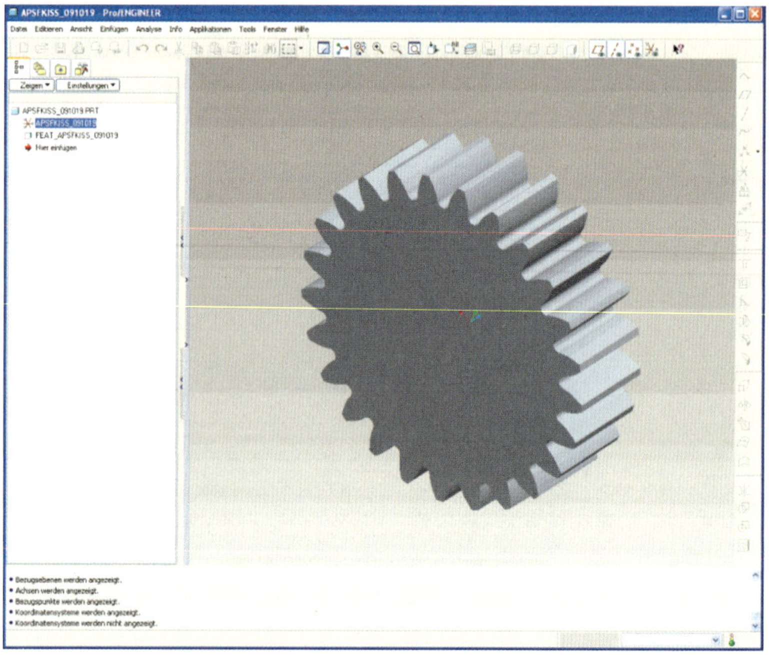

图 2-14 Pro/E 界面

2.1.3 虚拟现实引擎

虚拟现实系统自诞生以来一直站在科技的风口上,随着 5G 技术的快速推进,以内容应用为主的虚拟现实产品越来越丰富,各大互联网巨头包括谷歌、Facebook、腾讯、阿里巴巴、HTC 等,对这种新兴技术非常看好。随着虚拟现实技术及产品的持续火爆,各大引擎也抓住了这个代际技术革命的机会,纷纷入局。虚拟现实技术发展的核心是虚拟现实引擎,下面介绍国内外主流的虚拟现实引擎。

(1) Quest3D

Quest3D 是一个简便且有效的实时 3D 建构工具。相较其他的可视化建构工具,如网页、动画、图形等编辑工具,Quest3D 能在实时编辑环境中与对象互动。Quest3D 基于 DirectX 制作,支持多种文件格式,包括.3DS(for 3D MAX)、.LWO(LightWave 5.x object)、.MOT(LightWave 5.x motion)、.LS(Lightscape)等,还包括 MP3、WAV 、TGA、JPG 等常见格式。

(2) Vega Prime

Vega Prime 是 MultiGen-Paradigm 公司应用于实时视景仿真、声音仿真和虚拟现实等领域的世界领先的软件环境。使用 Vega 可以迅速地创建各种实时交互的三维环境,以满足各行各业的需求。它还拥有一些特定的功能模块,可以满足特定的仿真要求,例如,船舶、红外、雷达、照明系统、人体、大面积地理信息和分布式交互仿真等。Vega Prime 附带的

Lynx 程序，是一个用来组织管理 Vega 场景的 GUI(图形用户界面)工具。

(3) Virtools

Virtools 是由法国达索集团出品的 3D 环境编辑软件。Virtools 具备丰富的互动行为模块，可以将常见的档案格式整合在一起，如 3D 模型、2D 图形或音效等，并且可以让没有程序基础的美术人员利用内置的行为模块快速制作出许多不同用途的 3D 产品，如网际网络、计算机游戏、多媒体、建筑设计、交互式电视、教育训练、仿真与产品展示等。

(4) WTK

WTK(World Tool Kit)是由美国 SenSe8 公司开发的虚拟环境应用工具软件。其简洁的软件开发系统，可以为科学和商业领域建立高性能的、实时的综合三维工程。WTK 具备完善的硬件兼容能力，兼容键盘、鼠标等普通桌面设备，同时支持各种身体追踪器、数据手套等高自由度输入设备。它的绘图软件接口为构造虚拟环境提供了层次多边形的数据库结构。WTK 在常见平台上使用 OpenGL 语言进行图形绘制；在其他小部分特殊平台上，使用图形加速硬件进行绘制。

(5) Unreal Engine

Unreal Engine(简写为 Unreal)由 Epic Games 公司开发，是一个面向 PC、Xbox 360、iOS 和 PlayStation 3 等多平台的完整开发框架。Unreal 具体功能包括管道集成、世界场景构建、动画渲染、光照和材质、模拟和效果、游戏性和交互性编写、集成的媒体支持等。同时它通过 Epic Games 的集成合作伙伴计划集成了大量领先的中间件技术。Unreal 高度成熟的工具、支持浩大世界的功能及多处理器性能正在进行不断的优化。虚幻引擎高级工具集是专门为加速程序员构建复杂的、次时代内容而设计的。

Unreal 各方面功能的设计思想都是使内容创建和编程变得更加方便，其设计目标是赋予美工人员及游戏设计人员尽可能多的控制权来开发可视化环境中的资源，最小化程序员的协助，同时为程序员提供一个高度模块化的、可升级的、可扩展的架构。目前它已成为世界上授权最广的顶尖游戏引擎，占全球商用游戏引擎市场份额的 80%。UE4 渲染效果强大并采用 PBR 物理材质系统，可以达到类似 Vray 静帧的效果，成为开发者喜爱的引擎之一。

(6) Unity3D

Unity3D 是由 Unity Technologies 开发的一款囊括创建三维视频游戏、建筑可视化、实时三维动画等类型互动内容的多平台综合型游戏开发工具，是一个整合多领域内容的专业游戏引擎。它对功能复杂、场景切换较多的产品易于编写和呈现，其渲染效果出色，画质细腻优美，数据调用快捷，交互功能突出。

Unity3D 的可视化编程界面能完成各种开发工作，脚本编辑高效，支持 Java Script、C#、Boo 脚本语言，开发方便，支持大部分 3D 模型、骨骼和动画直接导入，贴图材质自动转换为 U3D 格式，一键完成作品的多平台开发和部署，底层支持 OpenGL 和 Directll，支持从单机应用到大型多人联网游戏开发。

2.1.4 国内开发平台简介

现今，虚拟现实开发引擎很多，竞争激烈，其中两大主流引擎为 Unity 和 Unreal Engine，这两种引擎支持的 VR 平台最为广泛，如 Oculus Rift、HTC Vive、Gear VR 和 Playstation VR 等。Unity 相对轻便，可编程性好，开发者适应性强，更适合开发轻量级应用或

Demo,能更好地支持 VR 功能;而 Unreal Engine 的优势更多地体现在动画、美术的设计等方面。

(1) VRP 虚拟现实平台

VRP(Virtual Reality Platform)是由中视典数字科技有限公司独立开发的具有完全自主知识产权的直接面向三维美工的一款虚拟现实软件。VRP 适用性强、操作简单、功能强大、高度可视化、所见即所得,其所有的操作都是以美工可以理解的方式进行的,不需要程序员参与,用户结合 VR-PLATFORM 平台可以很快制作出自己的虚拟现实场景。

(2) InVision 虚拟现实平台

InVision 是北京黎明视景科技开发有限公司自主研发的虚拟现实平台。该平台以三维开源图形库 OpenSceneGraph 为基础,使用"微内核+插件化"的架构思想,采用 C/C++面向对象语言开发,界面使用 QT 开发,可以实现跨平台移植。InVision 提供二次开发接口,支持用户在现有基础上,面向自身业务进行定制化的扩展开发。

2.2 虚拟现实硬件介绍

虚拟现实硬件是指与虚拟现实技术领域相关的硬件产品,是虚拟现实解决方案中用到的硬件设备。要实现虚拟现实交互性、沉浸感等特点,需要诸多外部设备的配合,现阶段虚拟现实中常用设备分为以下四类。① 图像生成设备:虚拟现实工作站、三维扫描仪等。② 显示设备:虚拟现实投影显示系统、头盔显示器等。③ 声音设备:环绕立体声响系统等。④ 交互设备:5DT 数据手套、运动捕捉系统、力(触觉)反馈系统、6 自由度位置跟踪系统等。

2.2.1 虚拟现实工作站系统(VR Workstation)

虚拟现实工作站系统是整个系统的核心部分,负责整个 VR 场景的生成和显示的同步输出,同时装载了各种应用功能软件,是整个软件系统(VR 开发平台和 VR 系统软件)的核心物理平台。工作站负责连接和协调各个子系统之间的运转,与各子系统组成完整的虚拟现实系统。虚拟现实工作站如图 2-15 所示。

图 2-15 虚拟现实工作站

2.2.2 三维扫描仪

三维扫描技术能够将实物的立体信息转换为计算机能直接处理的数字信号，为实物数字化提供了相当方便快捷的手段。三维扫描仪速度快，精度高，在 CAD、CAM、CIMS、GIS 等情景中具有广泛的应用。

三维扫描仪总体可分为拍照式三维扫描仪、激光三维扫描仪。拍照式三维扫描仪采用的是白光光栅扫描技术，是一种非接触式扫描仪，其特点是扫描精度高，稳定性强，广泛应用于产品的质量检测、快速建模等。但由于白光抗干扰能力弱，对环境光线等要求较高，其存在扫描操作标定麻烦、扫描速度较慢等缺点。

激光三维扫描仪以线激光为光源，初期大多都是单线激光，扫描速度快，操作方便，质量轻，便于携带，适用于各种复杂场景，但其精度不如拍照式三维扫描仪，不适用于要求精度太高或者被扫描工件太小的场景。随着技术的发展成熟，市面上出现了 7 线、14 线等多激光线扫描仪，其精度也能与拍照式三维扫描仪媲美，已经逐步替代拍照式三维扫描仪。

在测绘领域，大空间三维激光扫描系统是指通过发射激光来扫描并获取物体表面三维坐标和反射光强度的仪器，是一种无接触式主动测量系统，又被称为实景复制技术，是继 GPS 技术之后的一次技术革命。

三维扫描技术通过快速获取被测对象表面的三维坐标数据，在物体的几何表面形成点云(point cloud)，可快速复现被测目标的三维模型及线、面、体等各种图件数据，形成三维重建。若扫描仪能够获取表面颜色，则可进一步在重建物体的表面上粘贴材质贴图，即所谓的材质印射(texture mapping)。

以加拿大形创 Creaform 公司的 Go! SCAN 3D 三维扫描仪为例，设备如图 2-16、图 2-17所示。

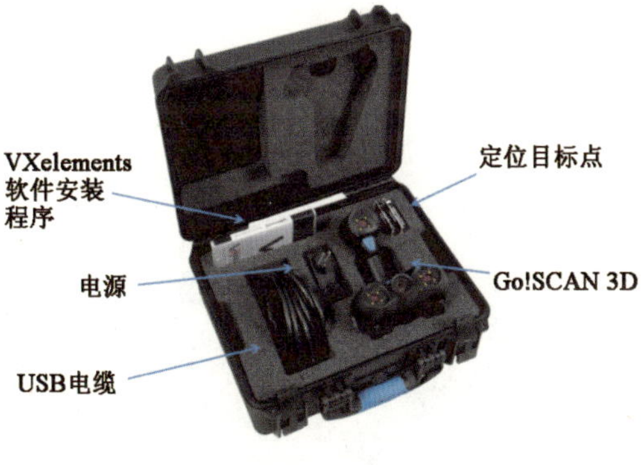

图 2-16 Go! SCAN 3D 三维扫描硬件设备

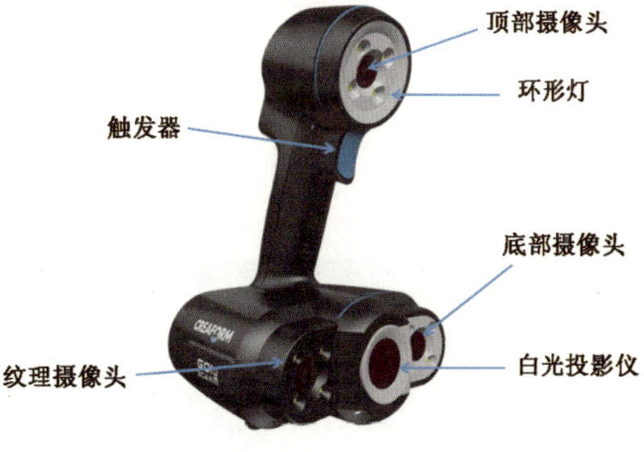

图 2-17 Go! SCAN 3D

扫描仪工作流程如图 2-18 所示。扫描仪系统连接过程为：电源插入插座→将电源连接到 USB 电缆→将 USB 电缆插入计算机的 USB 端口→将 USB 电缆接头插入扫描仪，如图 2-19 所示。

扫描仪扫描后模型效果如图 2-20 所示。

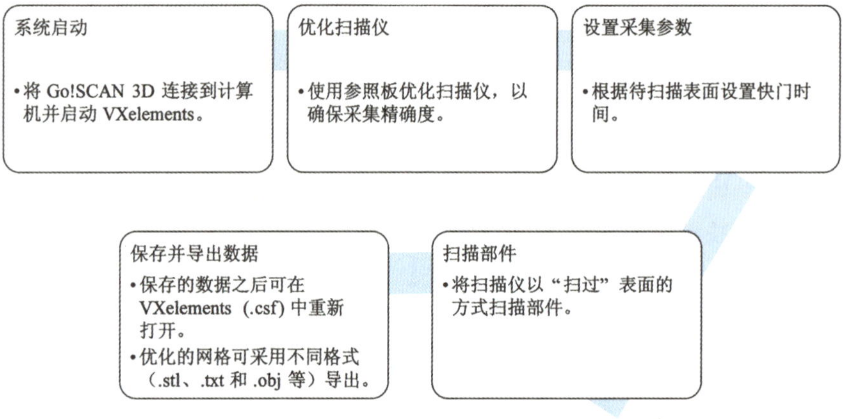

图 2-18　扫描仪工作流程

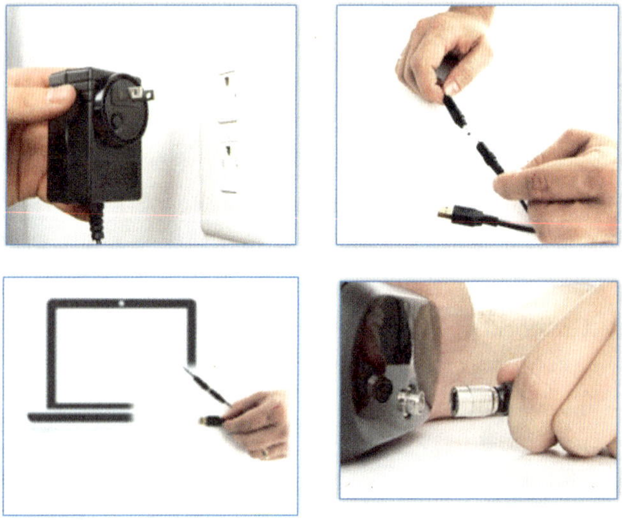

图 2-19　扫描仪系统连接过程

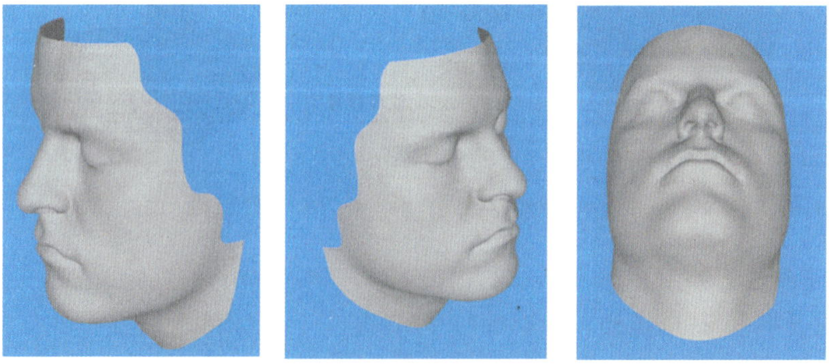

图 2-20　扫描仪生成的模型

2.2.3　虚拟现实投影显示系统(VR/3D Stereoscopic Projection)

在虚拟现实系统中，三维投影显示系统是最重要的 VR/3D 图形显示输出系统，其核心设备是立体版的高亮度投影机，它将 VR 工作站生成的高分辨率 VR/3D 场景以大幅立体投影的方式显示出来，将三维虚拟世界高度逼真地呈现给参与者，从而为 VR 用户提供了团体式参与、集体观看，并使其具有高临场感。通过虚拟外设(如数据手套、6 自由度位置跟踪器等)，参与者可从不同的角度和方位进行操纵，从而实现实时交互和实时漫游。虚拟现实投影显示系统如图 2-21 所示。

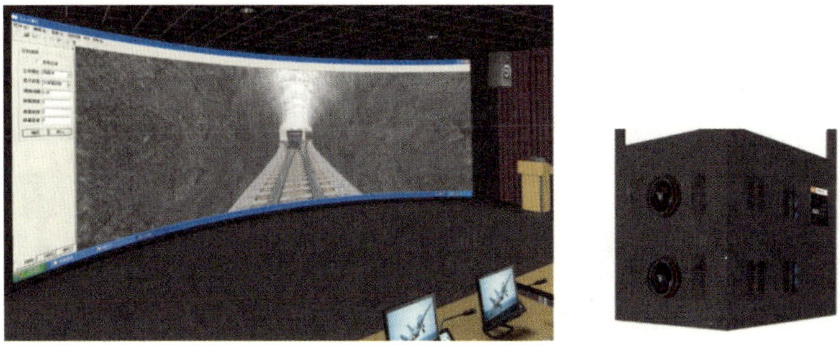

图 2-21　虚拟现实投影显示系统

2.2.4　头盔显示器(HMD)

头盔显示器是高效便捷的沉浸式虚拟现实显示设备，是虚拟现实应用中的 3D/VR 图形显示与观察的典型设备，可单独与主机相连以接收主机的 3D/VR 图形信号。显示器通过三个自由度的空间跟踪定位器对 VR 输出效果进行观察，观察者同时也可自由移动、旋转等，以低成本获得极强的沉浸感。在各类观测 VR 效果的设备中，头盔显示器具有封闭性好、便携、沉浸感优于显示器的优势，但其显示效果逊于虚拟三维投影，所以在投影式虚拟现实系统中，头盔显示器通常可作为系统功能和设备的一种补充和辅助。虚拟现实头盔显示器如图 2-22 所示。

图 2-22　虚拟现实头盔显示器

2.2.5 环绕立体声响系统

除了立体视觉、触觉或力反馈，立体的声音环境也是高沉浸感的虚拟现实系统的必要部分。与双声道立体声相比，环绕立体声响系统是指声音把听者包围起来的一种重放方式。这种重放声场，除了保留着原信号的声源方向感，还具有围绕感和扩展感的音响效果。常见的 5.1 声道环绕声响设备摆放示意图如图 2-23 所示。

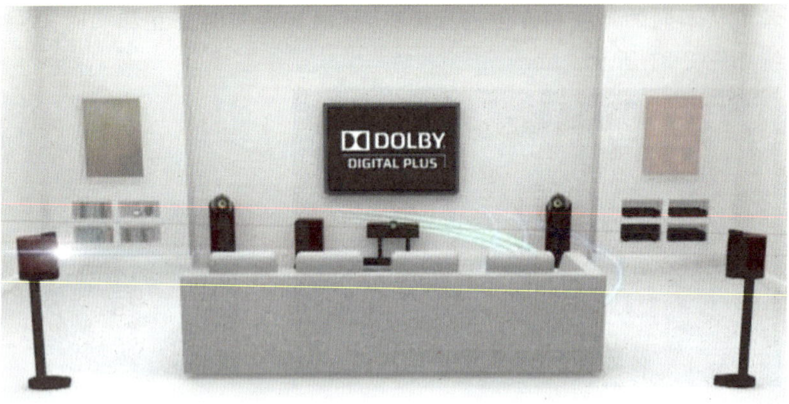

图 2-23 常见的 5.1 声道环绕声响设备摆放示意

2.2.6 5DT 数据手套

数据手套是具有多模式的虚拟现实硬件，通过软件编程，可在虚拟场景中对物体进行抓取、移动、装配、操纵、控制等操作，它的多模式性也为控制场景漫游提供了有力支持。数据手套按功能可分为虚拟现实数据手套、力反馈数据手套。根据传感器数量，其也可分为 5 触点、14 触点、18 个传感器触觉、28 个传感器触觉等类别，是虚拟仿真中最常用的交互工具，如图 2-24 所示。

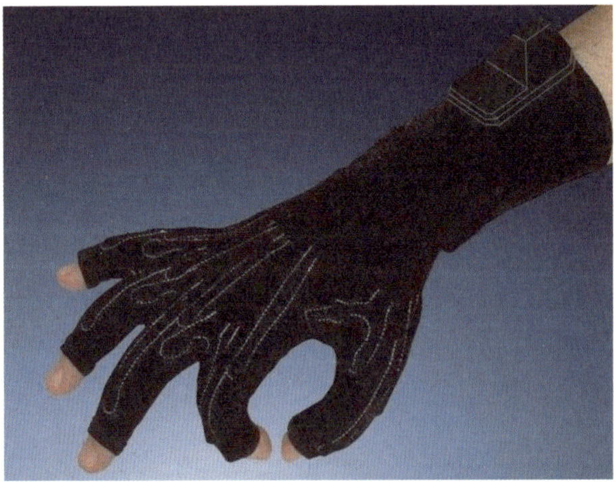

图 2-24 数据手套 5DT Date Glove 14 Ultra

以 5DT 公司设计的一款典型数据手套产品 5DT Data Glove Ultra 为例介绍如下。

(1) 5DT Data Glove 特性介绍

① 高级传感器技术。新版的 5DT 数据手套系列产品应用了彻底改良的传感器技术。新的传感器使得手套更加舒适，并能够在一个更大尺寸的范围内提供更加稳定的数据传输，其数据干扰被大大降低。

② 蓝牙技术选项。5DT Data Glove Ultra 系列数据手套具备基于高带宽的最新的蓝牙技术功能，无线连接范围高达 20 m。一块电池能提供 8 h 的无线通信，在需要的时候电池能在数秒钟之内被更换。

③ 接口选项。5DT Data Glove Ultra 系列数据手套目前标配一个 USB 接口，不再需要外接电源；开放式的和跨平台的串行接口可完全满足工作站和嵌入式应用。

④ 5 & 14 Sensor Gloves 两种型号。5DT Data Glove Ultra 系列包括 5 个传感器和 14 个传感器两款，每款均有左手和右手两个不同版本，用户可自由选择。

⑤ 跨平台 SDK。数据手套 SDK 兼容 Windows、Linux、UNIX 操作系统。由于其支持开放式通信协议，所以能在没有 SDK 的情况下进行通信。

⑥ 支持广泛的应用。新版的 5DT 数据手套支持当前主流的三维建模软件和动画软件。

(2) 5DT Data Glove 技术参数(表 2-1)

表 2-1　5DT Data Glove 技术参数

参数	5DT Data Glove 5 Ultra	5DT Data Glove 14 Ultra
材质	黑色合成弹力纤维	黑色合成弹力纤维
传感器解析度	12-bit A/D(典型范围:10 bits)	12-bit A/D(典型范围:10 bits)
曲形传感器	基于纤维光学，共 5 个传感器，每个手指 1 个传感器，测量指节和第一个关节	基于纤维光学，共 14 个传感器，每个手指 2 个传感器，一个测量指节，另一个测量第一个关节，在手指之间可展开传感器
接口	全速率的 USB 2.0 或 RS-232 (可选的串口设备)	全速率的 USB 2.0 或 RS-232 (可选的串口设备)

(3) 5DT Glove 传感器位置

传感器位置示意如图 2-25 所示。

(4) 5DT Data Glove 传感器对应的索引号

传感器索引号如图 2-26 所示。

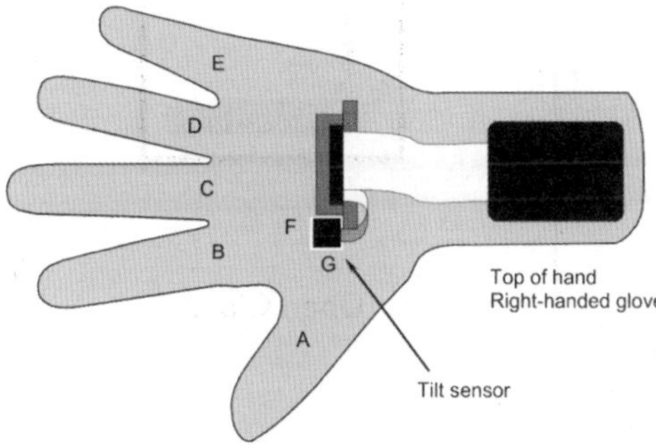

图 2-25　传感器位置

Sensor	Driver Sensor Index	Description
A	$0,1^{*}$	Thumb flexure
B	$3,4^{*}$	Index finger flexure
C	$6,7^{*}$	Middile finger flexure
D	$9,10^{*}$	Ring finger flexure
E	$12,13^{*}$	Littile finger flexure
F	16^{+}	Pitch angle of tilt sensor
G	17^{+}	Roll angle of tilt sensor

图 2-26　传感器索引号

(5) 5DT 数据手套 SDK 安装

驱动安装目录说明

• /Demo——3D 手套 Demo，双击 GloveDemo.exe 启动 Demo。
• /Document——3D 手套 PDF 帮助文档。
• /GloveManager——3D 手套上位机软件，用来测试和连接数据手套。
• /Plugins——用来连接 Kaydara MOCAP 软件的插件。
• /SDK——5DT 数据手套二次开发 SDK 相关内容。

驱动安装完毕后，将数据手套通过 USB 连接至 PC 机，如图 2-27 所示。

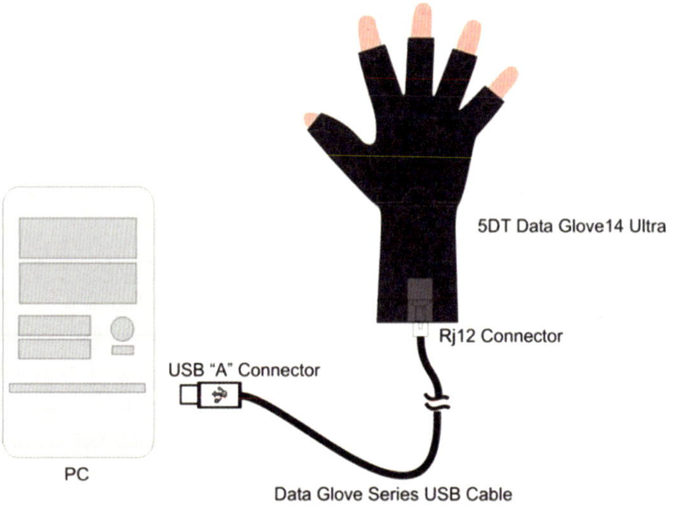

图 2-27　数据手套连接至电脑

打开与数据手套配套的上位机软件 GloveManager，上位机软件界面如图 2-28 所示。

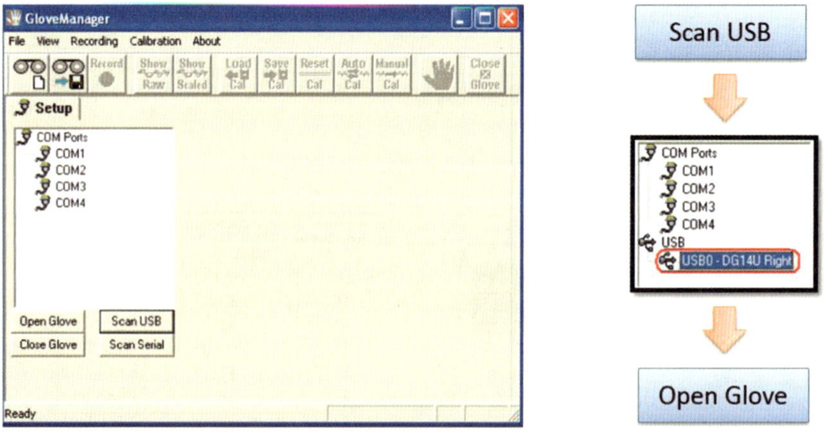

图 2-28　上位机软件

戴上数据手套，并进行手势操作，上位机软件获取了手指的动作感应，如图 2-29 所示。

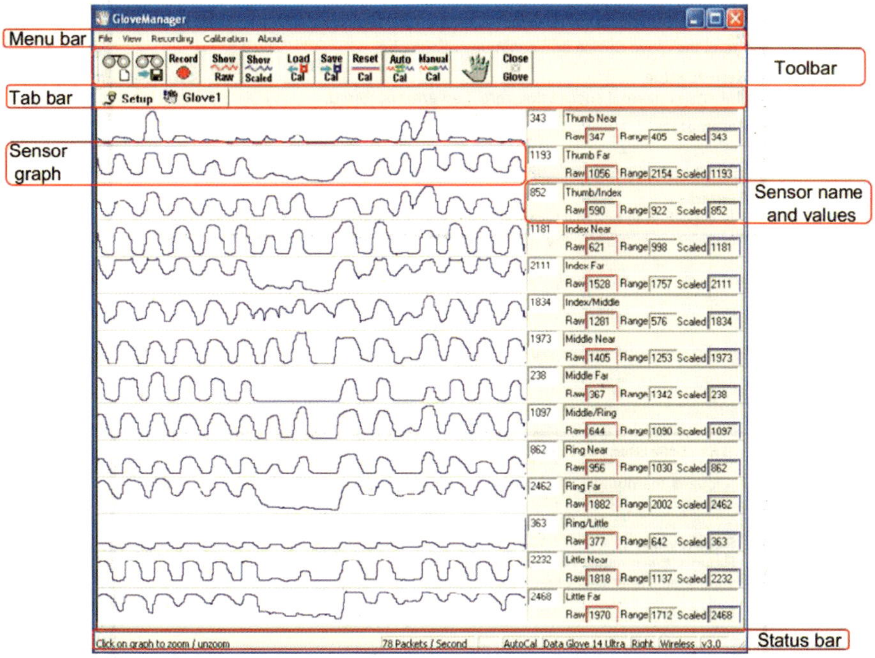

图 2-29　动作感应

(6) 使用数据手套进行二次开发

SDK 安装目录如下。

- dll:fglove. dll、fgloved. dll
- inc:fglove. h
- lib:fglove. lib、fgloved. lib
- samples:Console Sample、VisualC Sample

打开手套设备对象函数,参数 pPort 一般传入 USB 参数即可,成功连接后返回手套设备对象的指针,函数定义及参数如图 2-30 所示。

fdGlove *fdOpen(char *pPort)

Initializes the glove device on the specified port.

Return value

Returns a pointer to the glove device (`fdGlove *`). NULL is returned if an error occurred.

Parameter

`pPort`

Pointer to a zero terminated ASCII string containing the name of the communication port. Valid values on Windows range from "COM1" to "COM8". Unix/Linux port names will differ.

Remarks

Do not attempt to alter the contents of the returned pointer directly, use the functions provided instead.

图 2-30　打开手套设备对象函数

关闭打开的手套设备对象,成功关闭返回非 0 值,失败返回 0,如图 2-31 所示。

`int fdClose(fdGlove *pFG)`

Frees the glove device and communications port.

Return value
Returns nonzero if successful, zero if an error occurred.

Parameters
pFG
Pointer to a glove device. This is the value returned by `fdOpen()`.

Remarks
It is important to call this function when you are finished using the glove.

图 2-31　关闭手套设备对象函数

该函数可用来获取手套当前手势值，返回值为 int 类型，范围为 0～15，对应的手势含义如图 2-32 和图 2-33 所示。

`int fdGetNumGestures(fdGlove *pFG)`

Obtains the number of available gestures that can be recognized by the glove driver.

Return value
Returns the number of available gestures. Currently 16 different gestures are supported. Refer to section 5 for details.

Parameters
pFG
Pointer to a glove device. This is the value returned by `fdOpen()`.

Remarks
None.

图 2-32　获取手套当前手势值

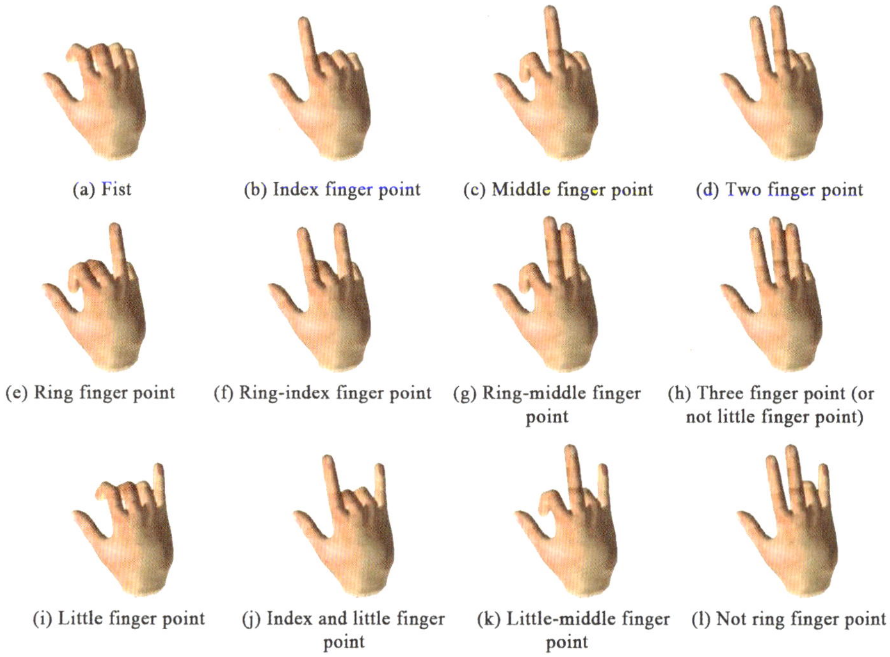

图 2-33　数据手套手势

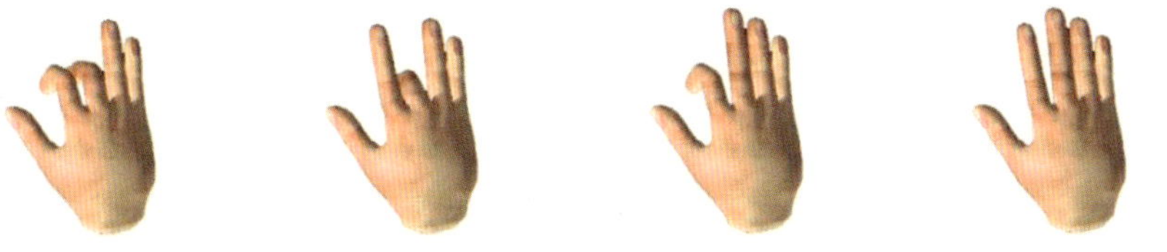

(m) Little-ring finger point　(n) Not middle finger point　(o) Not index finger point　(p) Flat hand

图 2-33(续)

使用 5DT 数据手套提供的 SDK 进行二次开发，该应用程序通过手套获取用户当前手势，实现了在软件环境下通过手势来控制装配零件的动作，使用示例如图 2-34 所示。

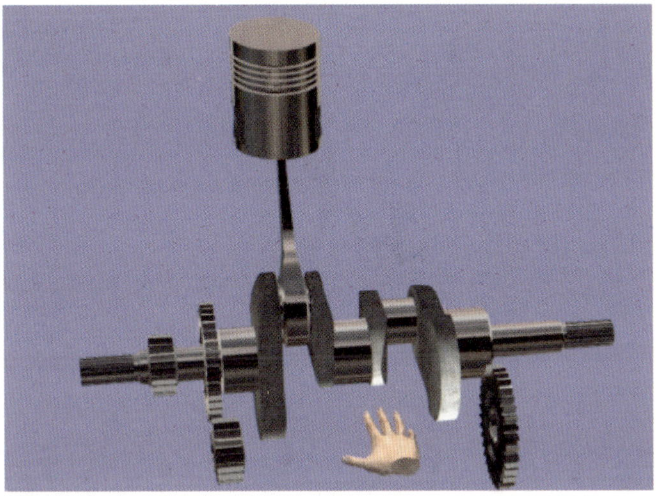

图 2-34　数据手套使用示例

2.2.7　运动捕捉系统

运动捕捉系统，简称动捕系统，是一种用于准确测量运动物体在三维空间运动状况的高技术设备。理论上，对于空间中的某个点，只要它能同时为两部摄像机所见，则可根据同一时刻两部摄像机所拍摄的图像和摄像机参数，确定这一时刻该点在空间中的位置，当摄像机以足够高的帧率连续拍摄时，就可以从图像序列中得到该点的运动轨迹。

光学式运动捕捉系统通常布置 6～8 个摄像机环绕表演场地，这些摄像机的视野重叠区域就是表演者的动作范围。表演者穿上特定的服装，在身体的关键部位，如关节、髋部、肘、腕等位置贴上一些特别的标志或发光点，当摄像机镜头周围的 LED 灯投射近红外光，再经标记点反射后，就能被摄像机捕捉，多个摄像机构成的系统确定了特征点的运动轨迹信息，并实时模拟出刚体、面部或人体的运动轨迹。为了得到准确的运动轨迹，要求相机要有较高的拍摄速率，一般要求达到每秒 60 帧以上。

以 OptiTrack 系统为例，OptiTrack 运动捕捉系统是美国 Natural Point 公司生产的高性价比运动捕捉系统，采用红外影像追踪技术来对人体和目标物的三维运动进行分析和重建。摄像头布置如图 2-35、图 2-36、图 2-37 所示，捕捉标记点如图 2-38 所示，表演者穿着的运动捕捉服如图 2-39 所示。

图 2-35　8 台摄像机

图 2-36　12 台摄像机

图 2-37　16 台摄像机

手指捕捉标记点，包括 10 个手指标记点，4 个手腕和前臂标记点，2 只专用手套	身体捕捉标记点，包括 35 个 14 mm 软质标记点，6 个 7/16 英寸硬质标记点，2 个手部刚体	反光标记点，不同尺寸可选	主动发光的 850 nm 近红外 LED

图 2-38　捕捉标记点

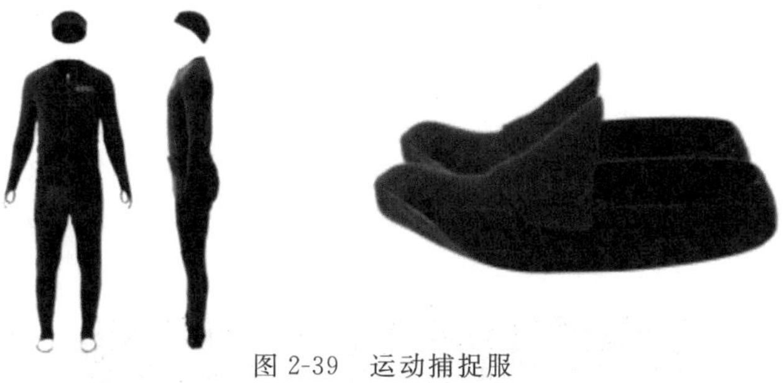

图 2-39 运动捕捉服

(1) OptiTrack 软件安装

要使用 OptiTrack 设备，必须安装配套软件 Motive，才能接收光学位置跟踪器识别的数据结果。

• 安装 Motive 需要安装两个底层插件，即 directx_aug2009_redist、vcredist_x64(x86)，否则软件可能无法正常运行。联网就可以直接下载插件进行安装。

• 软件安装完之后并不能马上使用，这个软件要配合硬件狗以及相应的软件 License 才能正常使用。插上硬件狗，并将硬件狗上的 6 位序列号发送给设备提供商，由设备提供商生成 license 文件，例如"License_motive_core_plus_body_initial_XXXXXX_MVAL1877_2016-05-03"，将该文件拷贝至"C:\ProgramData\OptiTrack\License"目录下，即完成软件注册，可以正常运行 Motive 软件。

(2) 系统标定

一个新系统搭建完成后，首要工作就是进行摄像机标定，确定摄像机在空间中的相对位置关系。可以点击 Quick Start 中的 Perform Camera Calibration 进行摄像机标定，也可以在软件主界面中点击 Layout 选择 Calibrate 进行摄像机标定。标定时需转动摄像机云台来调整摄像机角度，使摄像机照射到一个公共区域。Camera Preview 中显示的是摄像机的 Object Mode（只显示摄像机视场中的标记点信息），选择摄像机的显示模式，查看摄像机拍摄的画面。点击左键选中某一摄像机，然后右键选择 Video Type→MJPEG Mode，显示摄像机视场中的画面信息。摄像机显示模式界面如图 2-40 所示。

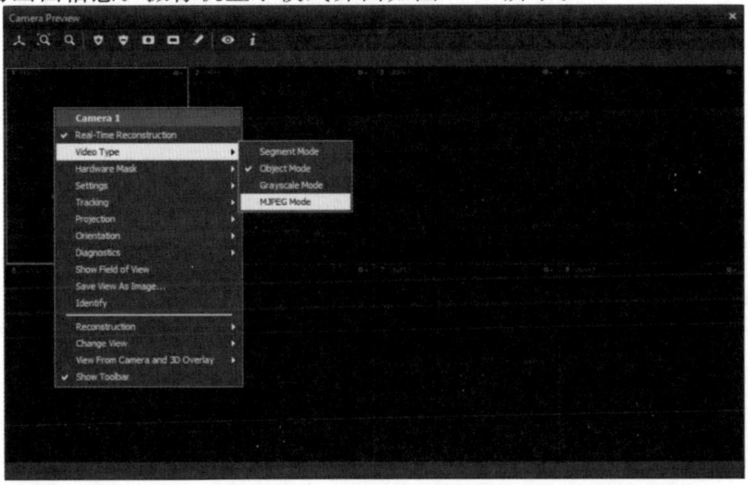

图 2-40 摄像机显示模式

调整好摄像机角度后，需要对摄像机参数进行设置，在软件界面左侧 Cameras 窗口中对摄像机参数进行设置，通过调节摄像机的 FPS（帧频）、EXP（曝光时间）、THR（阈值）、LED（LED 光源亮度）等参数，使得在没有标记点的情况下摄像机捕获的区域内没有其他干扰点。

可以在图 2-41 所示的红色区域以及绿色区域内进行参数调节，设置所有摄像机的参数；也可以对黄色区域内的参数进行调节，设置单个摄像机的参数。

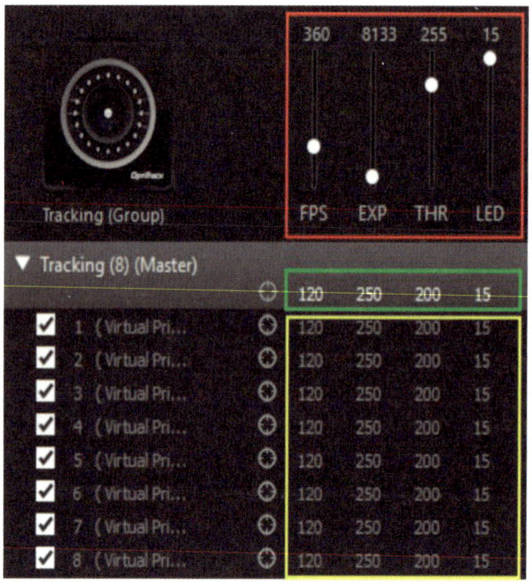

图 2-41　参数调节

在调节好摄像机参数的情况下，每个摄像机的显示画面中没有干扰点，即画面中白色的点；放入标志点后，需要保证每个摄像机的显示画面中都有相应个数的标志点。如果实在无法去除摄像机画面中的干扰点，可以选择 Camera Calibration 窗口中 Calibration 选项卡下的 Mask Visible 选项去除画面中无法消除的干扰点。

在以上步骤完成后，根据标定杆的长度选择相应的 OptiWand 选项、CW-500mm 的标定杆三个 Marker 点位置、CW-250 mm 的标定杆三个 Marker 点的位置。然后，点击 Camera Calibration 窗口中 Calibration 选项卡下的 Start Wanding 选项就可以进行标定，标定界面如图 2-42 所示。

手持装有标记点的标定杆在摄像机所能捕获的公共区域内进行晃动，初始时相机指示灯边缘为浅黄色，当相机看到标定杆后显示为蓝色，标定杆扫过之后，指示灯显示为绿色，当指示灯一圈显示全为绿色时，表示该相机采样完成，须保证每一个相机的指示灯全为绿色且采样数目均匀，如图 2-43 所示。

直到每个摄像机采集到的标记点的个数到 4 000 以上（根据场地大小可适当变化），点击 Calculate，软件会自动计算。采集点计算界面如图 2-44 所示。

初始化时，在 Calibration Engine 选项卡下 Apply Result 按钮呈灰色，不可点击，当计算结果数据可用时，会变成可以点击的白色，如图 2-45 中红色区域所示，但此时所计算的结果不是最好的，待出现 Ready to Apply 时，计算结果达到最优，如图 2-45 中绿色区域所示。计算完成后，点击 Apply Result。

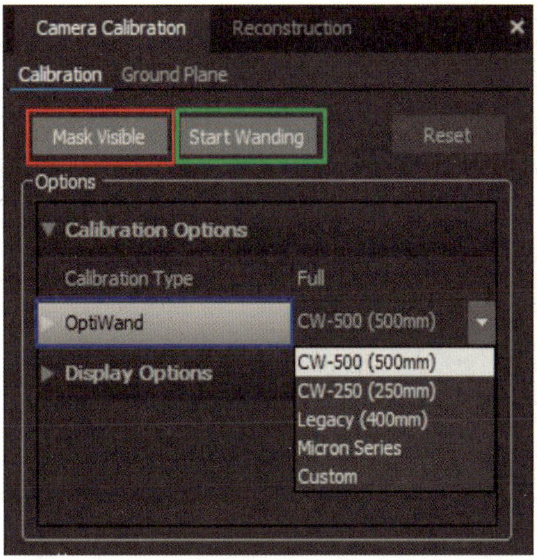

图 2-42　摄像机标定

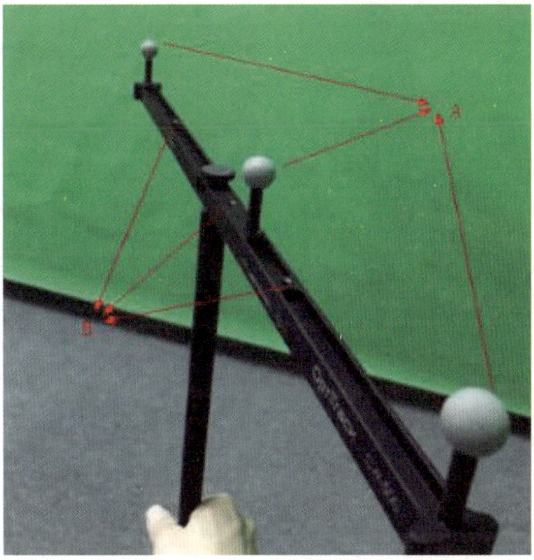

图 2-43　相机采样

下一步确定摄像机系统相对位置关系，设置参考平面如图 2-46 所示。

设定水平面的选项卡，将水平仪放置在摄像机的视场内，Perspective View 窗口会显示代表水平仪的三个标记点。点击左键，按住拖动圈定三个标记点，Vertical Offset 中的数值为标定杆上标记点中心离地面的高度，在 L 形标定杆水平的情况下，该值无需修改，系统会自动识别高度。然后点击 Set Ground Plane，会弹出保存窗口。保存的标定结果可以在下次使用，前提是摄像机在空间中的架设位置没有改变。

最后，点击 Apply 保存当前标定的结果，如图 2-47 所示。

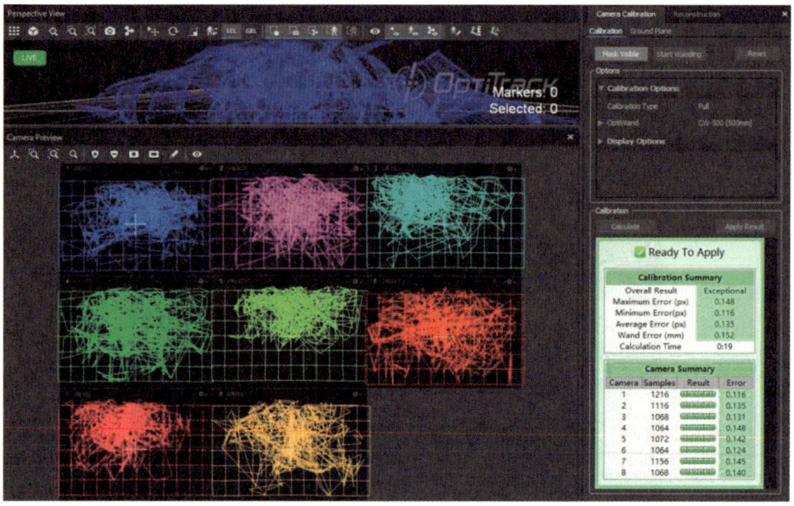

图 2-44　采集点计算界面

图 2-45　计算结束

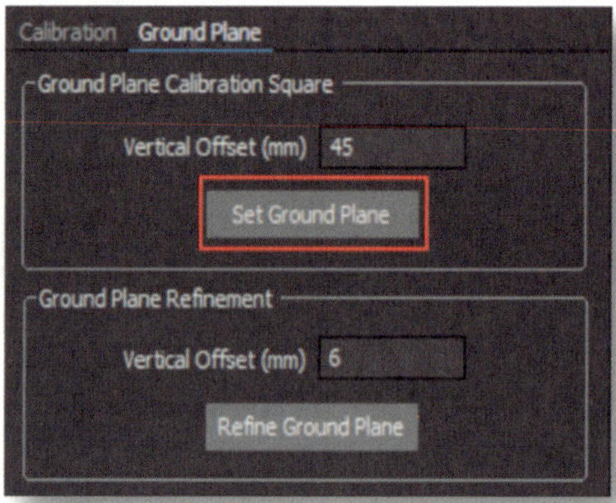

图 2-46　设置参考平面

（3）二次开发

二次开发前需进行 Motive 设置。

• 点击工具栏上的 Streaming Pane，即可打开数据传输设置界面。

• 勾选“Broadcast Frame Data ”即可向局域网内广播数据，“Local Interface”可以选择主机 IP，“Stream Rigid Bodies”设置为 true 时，motive 软件将所有刚体位置、姿态数据广播到局域网上。

开发流程如图 2-48 所示。代码片段如图 2-49 所示。

2.2.8　力(触觉)反馈系统(Phantom Haptic system)

力(触觉)反馈系统提供了一种更为自然、更为直观的人机交互方式。不同于传统基于

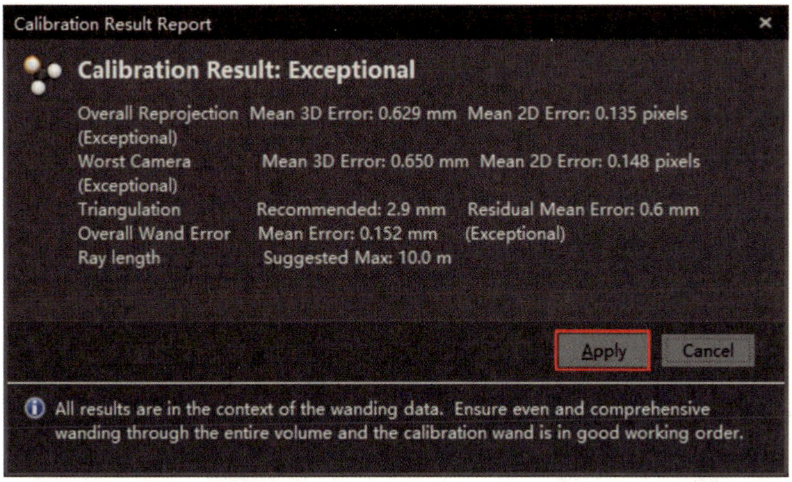

图 2-47 保存标定结果

图 2-48 开发流程

图 2-49 代码片段

视觉、听觉以及鼠标键盘的交互方式，力反馈系统能使参与者在虚拟环境中获取触觉和力感，从而提供高度逼真的三维力(触觉)反馈。该设备进一步增强了虚拟环境的交互性，广泛应用于虚拟装配、虚拟医疗、虚拟造型、路径漫游、远程操作、分子建模、微操作、机器人及自动化等领域。该系统还提供接口适配器，可用于附加其他器械工具，例如机器手、内窥镜器械、牙医器械、生物医学模拟器械等。

(1) 美国 SensAble Technologies 公司的 PHANTOM 系列触觉与力反馈交互设备

PHANTOM 触觉反馈器与力反馈系统由美国麻省理工学院(MIT)研制开发，是人机接触交互领域的里程碑。PHANTOM Desktop(桌上型 PHANTOM)是一款性能优越、符合人体工程学、支持所有常用软件又同时兼具美感的低价位产品,如图 2-50 所示。可通过 EPP 与电脑进行连接,电压一般采用 110/230V AC 即可。笔尖内的编码器能感应到 6 自由度左右的范围。产品携带方便,在办公室桌面环境下便可进行操作,并提供高度逼真的三维力反馈,同时还与标准 PC 机兼容。

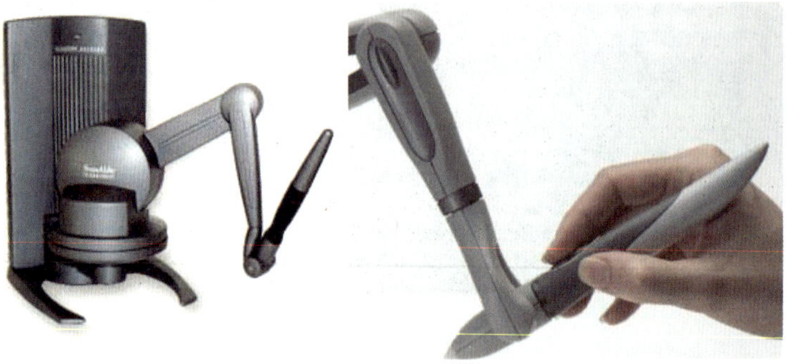

图 2-50　PHANTOM Desktop

PHANTOM 桌面系统和 PHANTOM 全线产品均可提供计算机触觉与计算机力反馈系统的桌面解决方案。典型的有 SensAble PHANTOM Omni 力反馈器、SensAble PHANTOM Desktop 力反馈器、SensAble PHANTOM Premium 系列力反馈器、SensAble PHANTOM Premium 6D OF 系列力反馈器。

使用力反馈器需要安装软件,安装过程如图 2-51 所示。

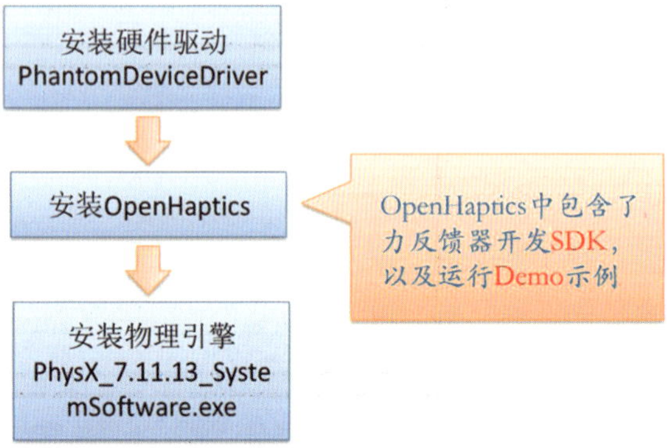

图 2-51　力反馈器安装过程

安装完成后,运行 OpenHaptics 中的牙医模拟器示例程序。如图 2-52 所示,该示例展示了 Haptics 设备在医疗和牙医训练相关领域的应用。

OpenHaptics SDK 可应用的行业方向包括生物医学(虚拟手术)、纳米操控、自动化与遥距操作、3D 设计/工程学、人工智能、地球物理学、虚拟装配虚拟维修、心理学研究等。

(2) 国内鑫天视景公司生产的 WiseGlove 系列数据手套

WiseGlove 系列数据手套(图 2-53)的应用定位于虚拟现实交互和仿真模拟,也可应用于人手的运动捕捉、游戏动画捕捉、医学人手功能评定、康复医疗等,可精确测量人的手指动作及手臂动作,如挥手、抓握等,可独立编程实现手指反馈感知。

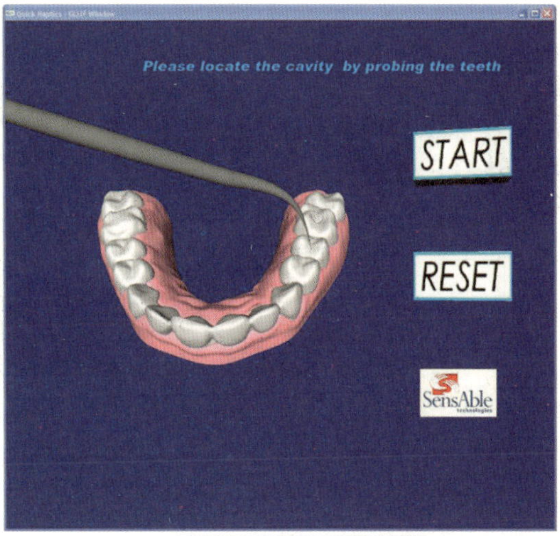

图 2-52 牙医模拟器示例程序

图 2-53 WiseGlove 系列数据手套

该产品分为左手和右手两个型号,有线和无线两个版本。其传感器分布如下:5 个高精度弯曲传感器分布于每根手指的活动关节;5 个 128 级力反馈器,分布于每个手指指尖关节;2 个手指压力传感器,分布于拇指食指指尖关节内侧。配合可扩展的手臂跟踪系统,可以为用户实现人手+手臂的完整人手交互实现方案。

开发平台提供基于 C++ SDK、OPENGL 的骨骼动画演示程序,虚拟人手 3D 模型及调用示例源代码,与主流虚拟现实软件开发平台如 UNITY3D、VIRTOOLS、UE4、OSG、VRPN 等兼容。

2.2.9 6 自由度位置跟踪系统(6DOF Interaction)

位置跟踪器主要用于连接数据手套、头盔显示器等虚拟外设,是整个虚拟现实应用系统必不可少的传感设备和接口设备,承担着虚拟外设和虚拟场景在交互过程中的空间位置跟踪和运动定位的责任,使参与者能够自由移动、旋转,但不局限于固定的空间位置,操作更加灵活。

SimTrack(图 2-54)是一款基于光学图像识别技术的高精度快速空间定位测量与 6 自由度位置跟踪系统,是虚拟现实与虚拟仿真系统的典型设备,可在局域网中实现 6 自由度跟踪 20 个运动目标,并且能精细地捕捉到狭小空间里的每个角落关键点的位置变化,如 CAVE,Powerwall,头盔显示器,数据手套,人体运动捕捉和步态分析等紧凑空间里的光学跟踪应用。

图 2-54　SimTrack 光学位置追踪系统

2.3　虚拟现实资源开发流程

该项目的流程为：① 项目准备，包括数据准备、人员的配备、脚本的制定等；② 模型制作，包括自动建模、手动建模、纹理制作、数据集成等；③ 方式方法及过程与质量控制；④ 仿真场景驱动、交互应用和功能分析开发等。

2.3.1　开发环境

典型的开发环境包括 VR 场景建模软件、程序设计软件以及数据库设计软件(表 2-1)。

表 2-1　开发环境示例

分类	开发平台	功能用途
VR 场景建模	3D Studio MAX V12	3D 模型构建平台，用于 3D-VR 场景建模
	MultiGen Creator	VR-3D 建模平台，用于机械装备 3D 建模
	OpenSceneGraph(OSG)的 TerrainBuilder 模块	实现地形地貌 3D 数据自动建模
	Photoshop	纹理图像处理工具
程序设计	OpenSceneGraph	虚拟仿真程序开发平台，用于 VR 3D 场景渲染、驱动、显示交互等功能的设计开发
	Microsoft Visual C++	程序开发设计语言
	ODE(OpenDynamicsEngine)	物理属性与动力学引擎开发平台
	Microsoft Visual studio 2012. net	程序开发编译工具
数据库设计	Microsoft Access	数据库设计

2.3.2　三维建模软件环境

典型三维建模软件环境见表 2-2。

2.3.3　开发流程

虚拟现实软件系统技术开发流程如图 2-55 所示。

表 2-2 典型三维建模软件环境

数据来源	从测绘部门或专业机构购买(航拍或卫星高层影像数据)
	自我采集:① 现场采集数据:包括实地拍摄、测量; ② CAD 数据和通过第三方数据渠道进行数据搜集
数据模型分类	飞机、地表设施的三维数据模型,如机场、建筑、道路交通、水系、其他工业与民用设施等,主要通过手动建模实现
	基于 DEM、DOM 影像数据的 3D GIS 数据模型(三维地景数据模型),主要通过自动建模实现
建模工具	OpenSceneGraph(OSG)的 TerrainBuilder 地景功能模块实现 3D GIS 数据自动建模
	MultiGen Creator——实现地面设施手动建模
	3D Studio MAX V12 ——实现地面设施手动建模,Photoshop——用于模型纹理贴图图像处理
应用程序开发工具	主要通过 C++、VC++、OpenSceneGraph(OSG)及其 TerrainBuilder 地景功能模块实现 3D GIS 数据的场景渲染、交互应用、功能分析的开发

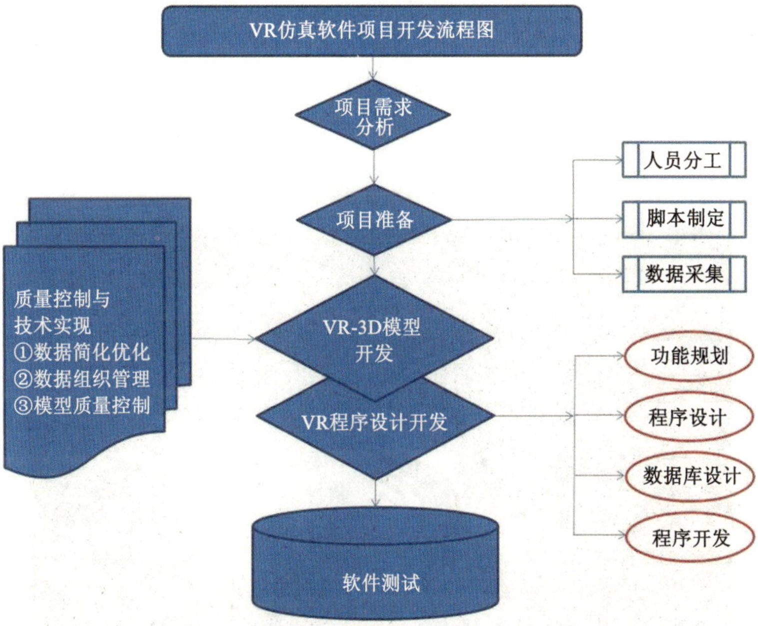

图 2-55 虚拟现实软件系统技术开发流程

3　3D MAX 三维建模软件

3.1　3D MAX 安装与界面

3.1.1　3D MAX 软件简介与安装

3D MAX(3D Studio Max)，是 Autodesk 传媒娱乐部开发的全功能的三维计算机图形软件，可用于 3D 建模和动画制作。3D MAX 广泛应用于广告、室内设计、建筑设计、影视、工业设计、多媒体制作、三维动画、游戏以及工程可视化等领域。

安装 3D MAX 时，根据提示一步步操作即可，安装后对软件进行激活，安装界面如图 3-1所示。

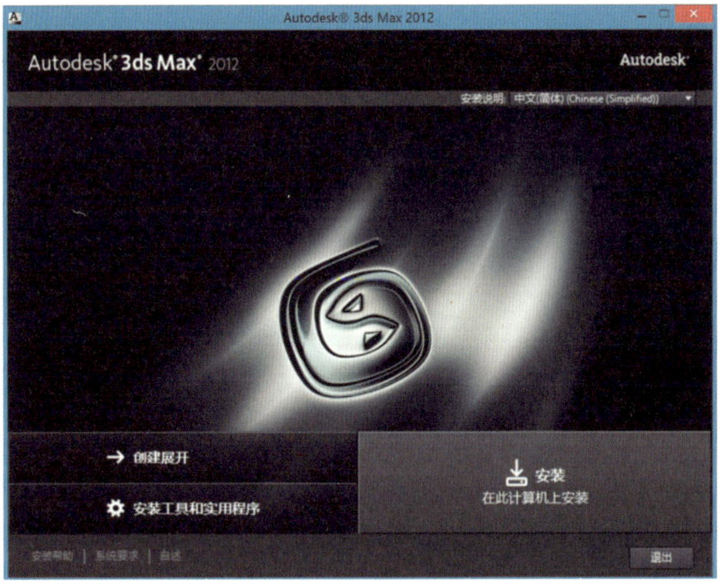

图 3-1　3D MAX 安装界面

安装完 3D MAX 后，需要安装 3D MAX 输出 OSG 的插件(注：仅针对 InVision 平台)，该插件能够将模型导出为虚拟现实开发平台支持的数据格式。插件安装的过程如下：

(1) 双击可执行文件 OSGExp1.0.2Install_x64.exe，图标如图 3-2 所示。

(2) 打开后出现如图 3-3 所示界面，点击 Ncxt。

图 3-2 OSG 插件

图 3-3 OSG 安装 1

(3) 界面显示该软件的用户协议，点击 I Agree 按钮，如图 3-4 所示。

(4) 选择对应的 MAX 软件版本，界面如图 3-5 所示。

(5) 点击 Browse 按钮，选择软件的安装位置，点击 Install 按钮进行安装，界面如图 3-6 所示。

(6) 点击 Finish 按钮完成软件的安装，安装完成界面如图 3-7 所示。

安装插件完毕，测试模型导出功能是否正常：

(1) 点击上方工具栏文件按钮，出现如图 3-8 所示界面，点击导出按钮。

(2) 确定导出路径(路径应为英文路径)并确认文件格式(第一次导出时文件命名为+.ive)；导出时文件的名字应由英文或数字构成，如图 3-9 所示。

(3) 点击保存按钮，保存界面如图 3-10 所示。

(4) 导出界面的选项选择如图 3-11、图 3-12 所示，选定后点击 OK 按钮。

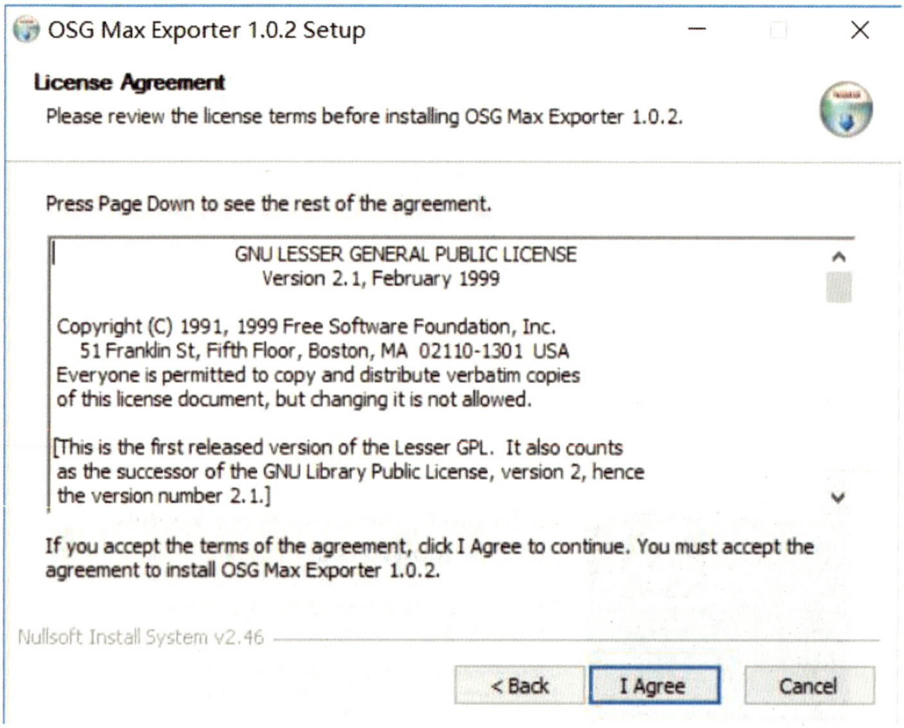

图 3-4　OSG 安装 2

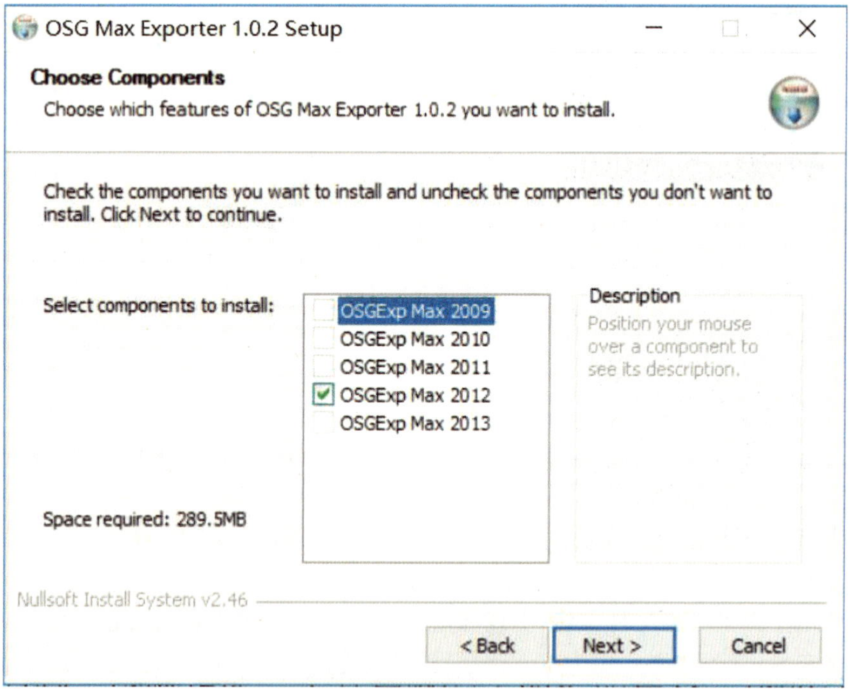

图 3-5　OSG 安装 3

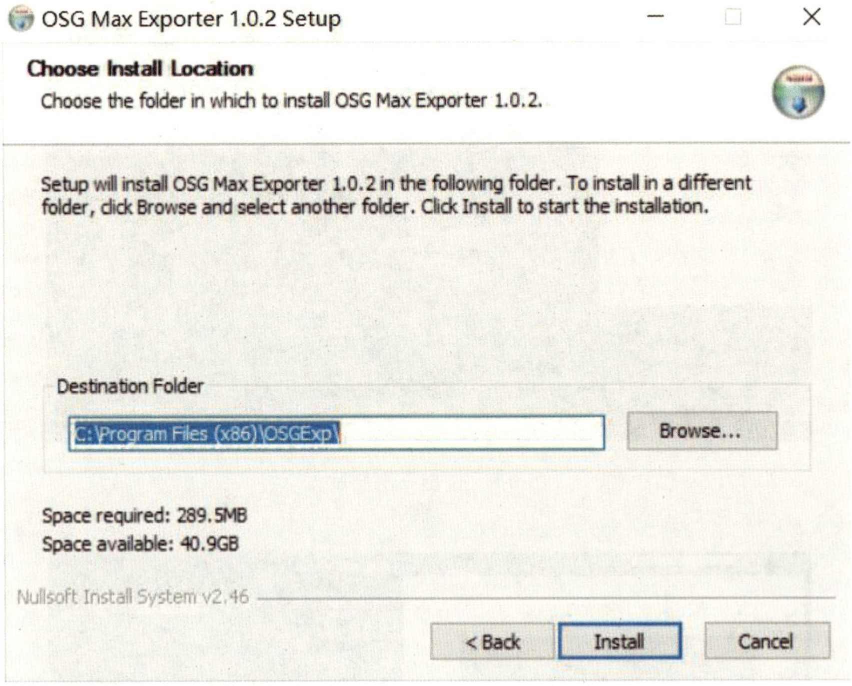

图 3-6　OSG 安装 4

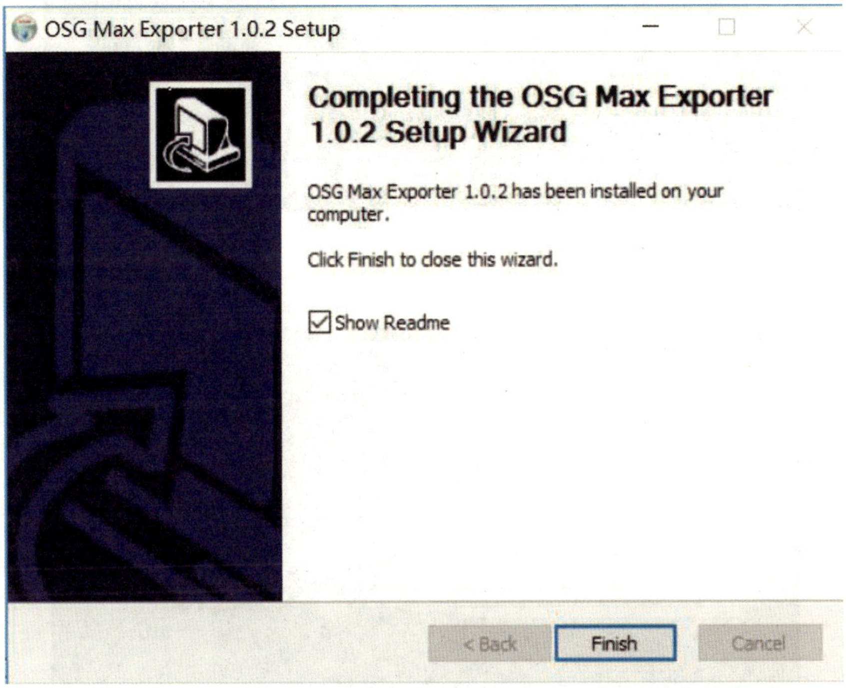

图 3-7　OSG 安装 5

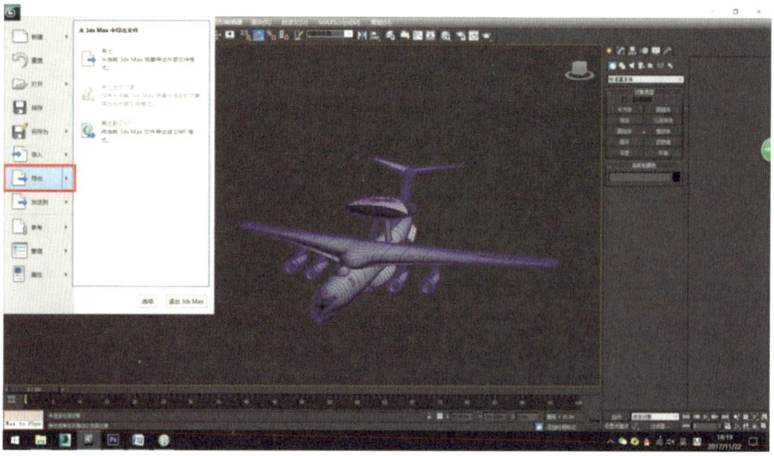

图 3-8　模型导出测试 1

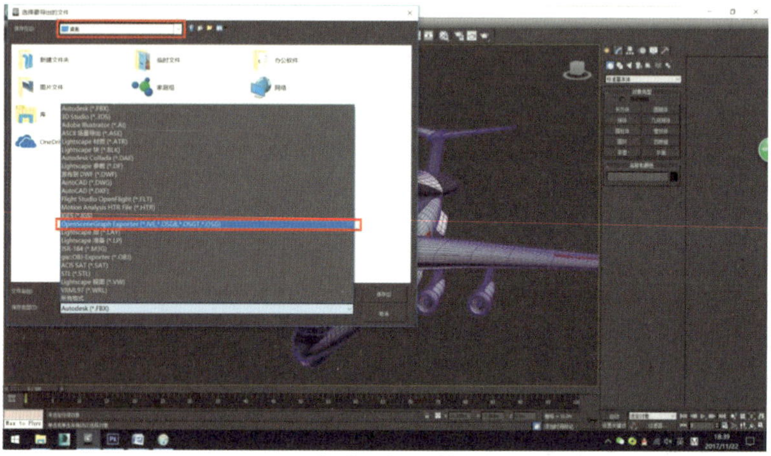

图 3-9　模型导出测试 2

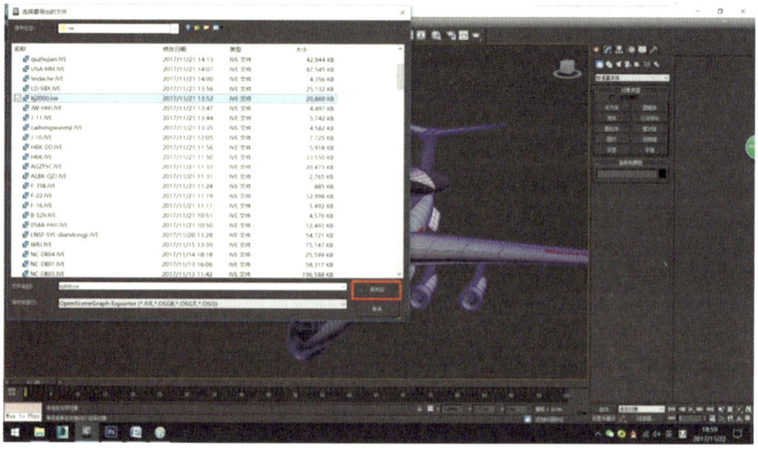

图 3-10　模型导出测试 3

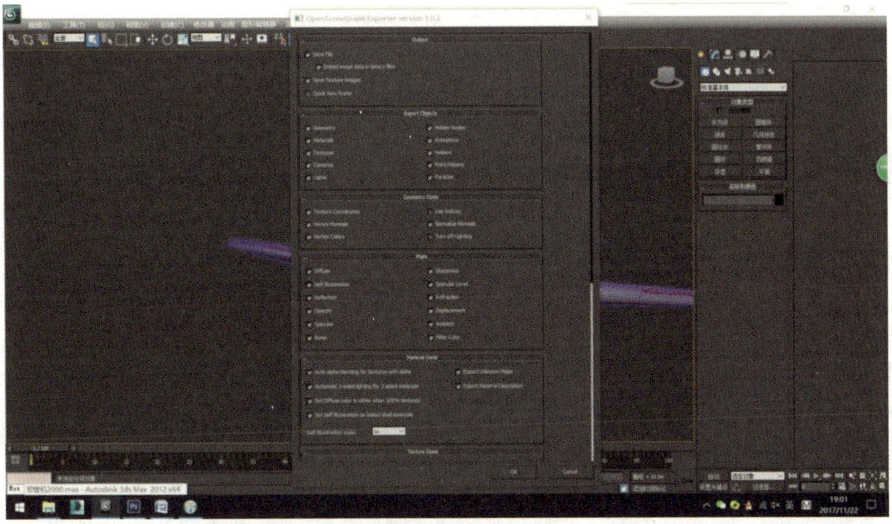

图 3-11　模型导出测试 4

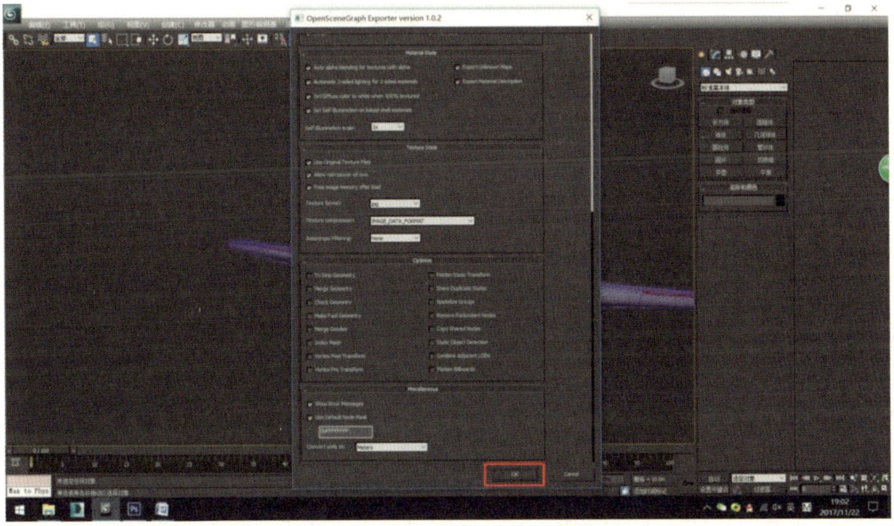

图 3-12　模型导出测试 5

3.1.2　3D MAX 界面

3D MAX 的工作界面由若干子界面如菜单栏、工具栏、视图区、命令面板、视图控制区、动画区等构成。软件界面布局如图 3-13 所示。

(1) 菜单栏

位于标题栏的下方，罗列了常用 3D MAX 操作命令。在 3D MAX 中，菜单拥有 11 个子菜单项，分别介绍如下。

① 文件(File)：包含打开文件、存储文件、打印文件、输入和输出不同格式的三维存档。可以设置动画的摘要信息，并且设置参数变量等。

② 编辑(Edit)：包含拷贝对象、删除对象、选定对象、临时保存。

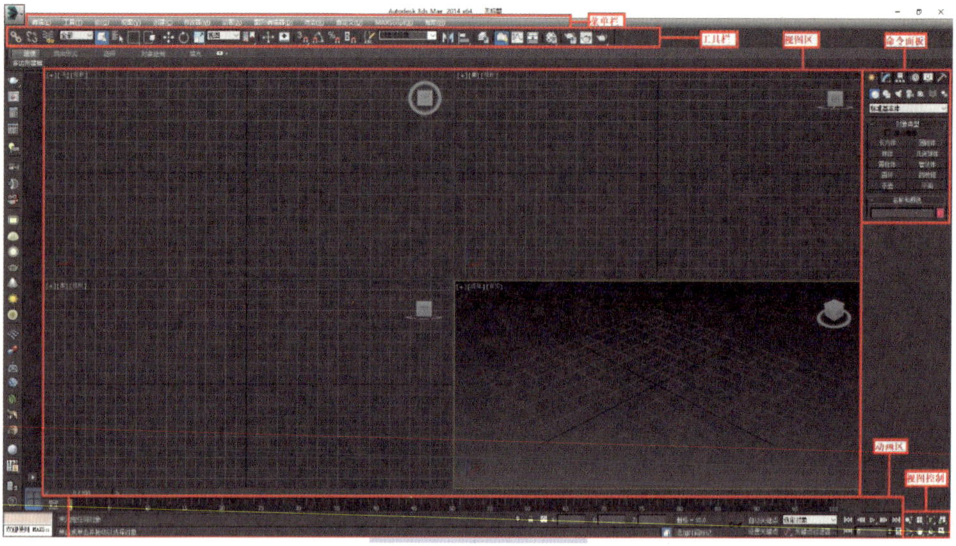

图 3-13　软件界面布局

③ 工具(Tools):包含几种常用模型制作工具。

④ 组(Group):将多个物体组为一个组和分解一个组为多个物体。

⑤ 视图(Views):对视图进行操作,不能对对象进行操作。

⑥ 渲染(Rendering):展现场景的灯光、材质和贴图等。

⑦ 轨迹视图(Track View):控制物体的运动方向和它的轨迹。

⑧ 定制(Customize):用户可以依照个人的喜好设置操作界面。

⑨ MaxScript:存储编程命令,可运行已经编写好的程序,实现建模流程自动化。

⑩ 帮助:提供帮助服务,分别是在线帮助服务和插件信息查询。

(2) 工具栏

位于菜单栏的下方,罗列了 3D MAX 中的常用工具。

(3) 命令面板

位于工作视图的右侧,包含创建命令面板、修改命令面板、层次命令面板、运行命令面板、显示命令面板和工具命令面板等,满足基本的建模和动画操作需要。

① 创建命令面板:创建命令面板提供创建对象的功能,创建对象是 3D MAX 中构建新场景的首步操作。创建命令面板可创建 7 个不同类别的对象,分别是几何形、图形、灯光、摄影机、辅助对象、空间扭曲和系统。

② 修改命令面板:能够在场景中放置一些基本对象,包括 3D 几何体、2D 形态、灯光、摄影机、空间扭曲及辅助对象。创建对象的同时系统会为每一个对象指定一组创建系数,该系数根据对象类型定义其几何和其他特性。如有必要能在“修改”命令面板中更改这些参数,也可在“参数”命令面板中为对象应用各种修改器。

③ 层次命令面板:提供建立对象间链接的功能。可通过将一个对象与另一个对象相链接以创建父子关系,当父子链接被创立后,对于父对象的操作也将同样影响子对象。可以通过将多个对象同时链接到父对象和子对象以建立复杂的关系。

④ 运行命令面板:可设置各个对象的运动方式,也可设置轨迹和高级动画。

⑤ 显示命令面板：设置场景中对象的不同显示方式，包括隐藏和取消隐藏、冻结和解冻对象、改变其显示特性、加速视口显示及简化建模步骤。

⑥ 工具命令面板：可运行预先设定的各种 3D MAX 小型程序，可对各个插件进行编辑，是 3D MAX 系统与用户之间对话的桥梁。

（4）动画区：显示关于场景和活动命令的提示和信息，包含控制选择和精度的系统切换以及显示属性。动画区可以细分为动画控制栏、时间滑块/关键帧状态、辅助信息、位置显示栏、视口导航栏。

3.1.3　常用操作技巧

- shift＋移动——复制
- 视图的切换

  P——透视图（Perspective）

  F——前视图（Front）

  T——顶视图（Top）

  L——左视图（Left）
- F9——渲染视图
- Shift＋Q——快速渲染
- W——移动
- Alt＋物体——对选中物体进行旋转操作
- 滚轮向前或向后滚动——对选中物体进行放大或者缩小
- 单位设置：[Customize]→[Units Setup]

每个软件的基本默认单位都不同。导出模型，首先要进行单位设置，打开工具栏中的自定义面板，单位设置界面如图 3-14 所示。

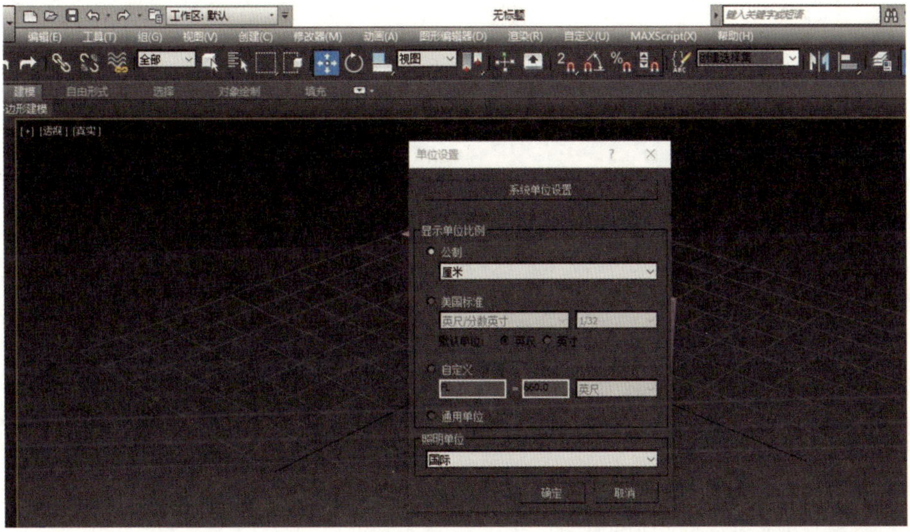

图 3-14　单位设置

3.2 基于二维图形的三维建模

3.2.1 二维图形

3D MAX 中典型的二维图形包含线、圆形、弧、多边形、文本、卵形、截面、矩形、椭圆形、圆环、星形、螺旋线，如图 3-15 所示。

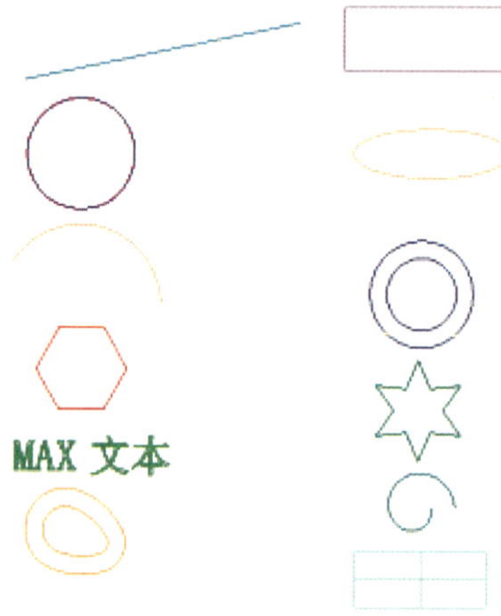

图 3-15 典型二维图形

3.2.2 线的控制

（1）修改面板：可对线进行“移动”“删除”等修改。

（2）线条顶点的四种状态：Bezier 角点、Bezier、角点、光滑（如果控制杆无法操作，按 F8 键）。

3.2.3 线的修改面板

（1）步数：控制线的分段数，即“圆滑度”。

（2）轮廓：根据当前曲线按偏移数值复制出一条新的曲线，形成双线轮廓，假如曲线非闭合，就在加轮廓的同时进行封闭（负数为外偏移，正数为内偏移）。

（3）拆分：将一条线段等分成为几条线段。

（4）加点：在一条曲线上增加其他节点。

（5）附加：将两条曲线合并在一起。

（6）圆角：将线的尖角转换为圆角。

3.2.4 二维转三维的命令

（1）挤出：基于二维图形生成三维图形。示例：台阶（300 * 150）、门（900 * 2000 * 100）。

（2）倒角：功能与拉伸相似，但能产生倒角效果。

（3）可渲染线条：使线条产生厚度，变成三维线条。示例：椅子（400 * 1200）。

（4）自动栅格：基于一个已有的对象绘制新的物体。

3.2.5 常用操作技巧

（1）按 Shift 键，可绘制直线。

（2）按 Ctrl 键，可加选。

（3）镜像：将被选择的对象沿着指定的坐标轴镜像到另一个方向。

（4）绘制线段时若到达端点并且希望继续绘制，可以按 i 键向鼠标所在的方向继续移动。

3.3 高级建模

3.3.1 布尔运算(Boolean)

定义：使两个模型重叠一部分，并求出这两个模型的差集、交集与并集。示例：对物体一和物体二进行布尔运算命令过程，如图 3-16 所示（从左到右）。

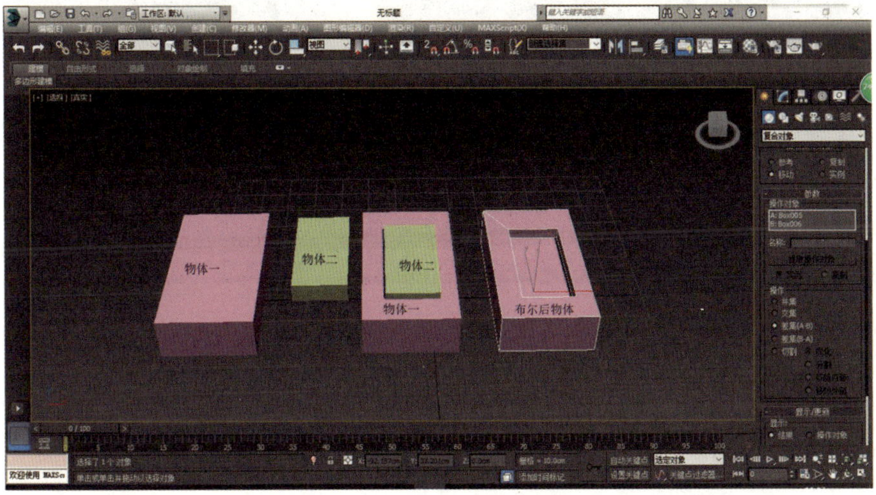

图 3-16 布尔运算-差集示例

（1）三维物体：（创建面板→复合对象→布尔）并集、交集、差集 A—B。

（2）多次布尔运算：对同一对象进行多次布尔运算，容易产生错误，因此多个物体在进行布尔运算之前，首先连接在一起，再统一进行布尔运算。

3.3.2 车削(Lathe)

定义：可基于二维图形，沿轴向旋转生成三维图形。示例：第一步，画出一条样条线；第二步，使用车削命令。结果如图 3-17 所示。

3.3.3 放样(Loft)

定义：先绘出一个物体的横截面图形，再绘制这个横截面图形所穿越的路径曲线，该命令将计算出这个物体的形状，这种建模方法被称为放样建模。在 3D MAX 中可以直接选中长方体命令画出长方体，也可以选择放样来进行操作。示例：第一步，绘制长方体的一个面；第二步，根据长方体的长画出一条线段；第三步，选中放样命令，进行放样，这样就绘制出所需要的长方体。放样界面如图 3-18 所示。

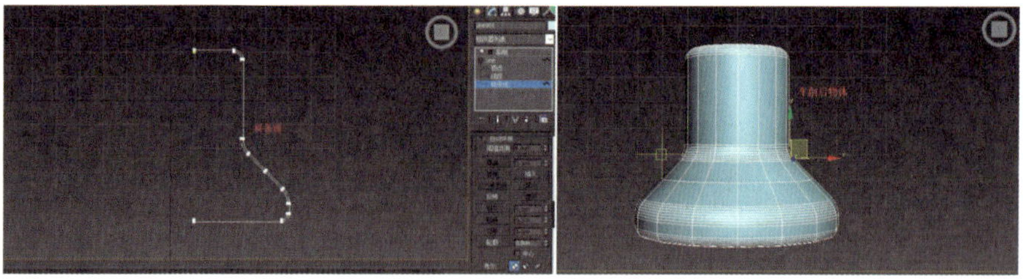

图 3-17　车削界面

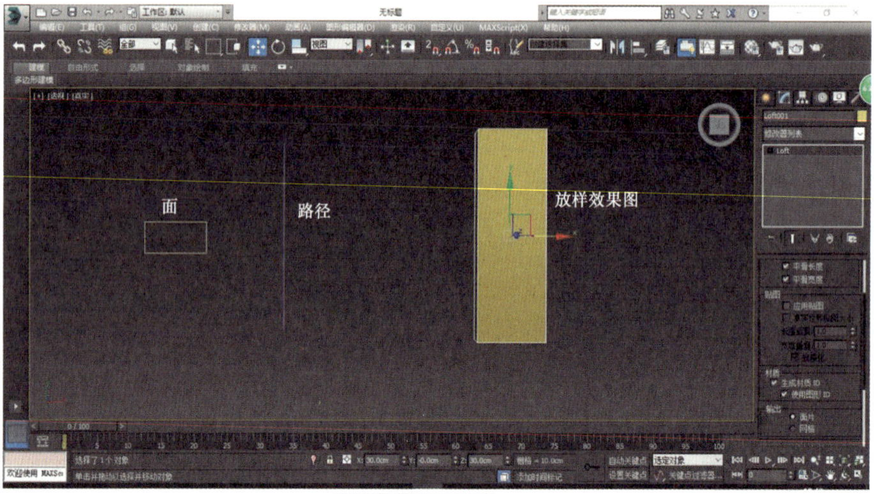

图 3-18　放样界面

3.3.4　常用操作技巧

视图控制区快捷键：

Alt＋Z——缩放视图工具

Z——最大化显示全部视图或者所选物体

Ctrl＋R——旋转视图

Alt＋W——单屏显示当前视图

3.4　修改模型

3.4.1　塌陷(Collapse)

定义:将多个点收束成一个点。如 3-19 所示,左边物体的若干顶面顶点不在一个水平面上,且位置相距较远。示例:第一步,把物体选中为可编辑多边形;第二步,选中顶面图的所有顶点,右键选择塌陷命令。结果如图 3-19 所示,右边是坍塌后的效果图。

3.4.2　网格平滑(MeshSmooth)

定义:使物体产生圆滑、流线形的效果。示例:如图 3-20 所示,左边的物体是网格平滑操作前的物体,右边是施加了网格平滑效果后的物体。

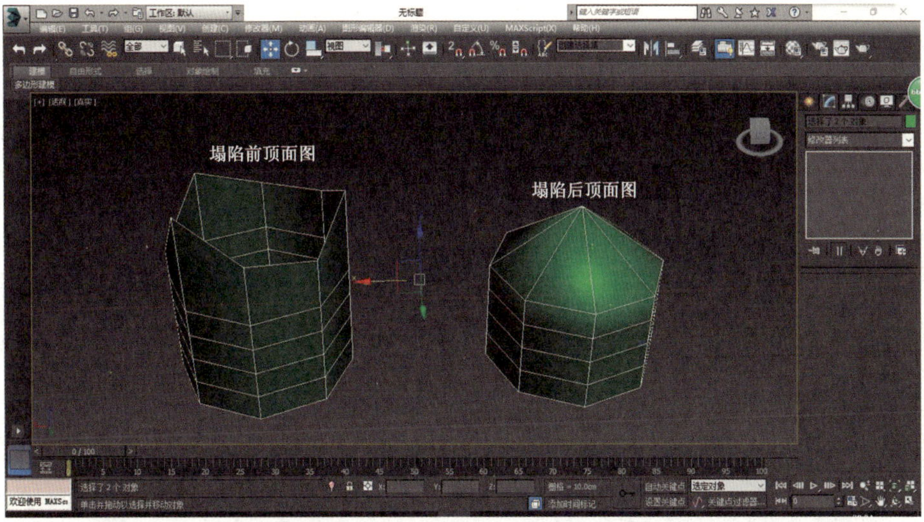

图 3-19 塌陷

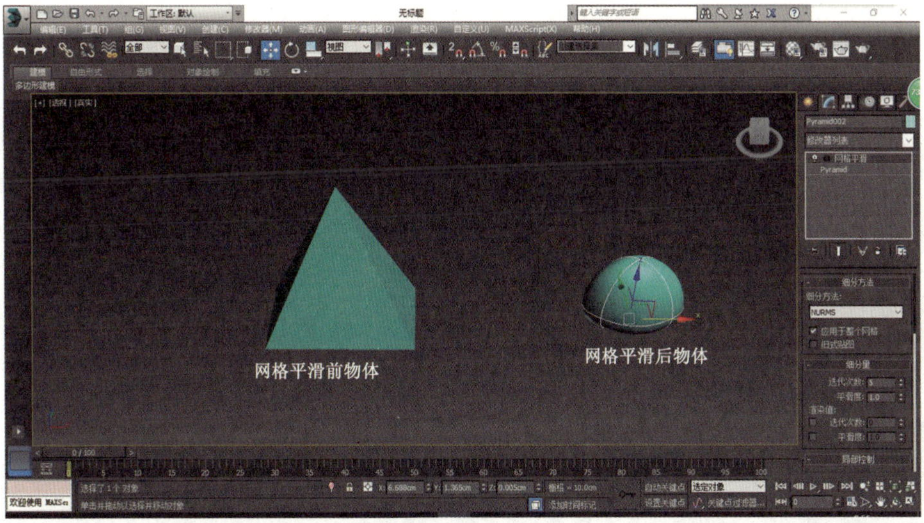

图 3-20 网格平滑

3.4.3 壳(Shell)

定义:在 3D MAX 中,单层的面是没有厚度的,使用 Shell 命令可以使单层的面变为双层,从而使原本单层的面具有厚度。示例:如图 3-21 所示,左边是为施加壳效果前的图形,右边是施加壳效果后的图形。

3.4.4 自由形式变形(FFD)

定义:对某个物体施加一个柔和的力,使该区域的点位置发生变化,并使模型产生柔和的变形。示例:对图 3-22 中的左方物体,选择其中的顶点,使用 FFD 命令,编辑后的物体如图 3-22 右方所示。

3D MAX 物体的特点:

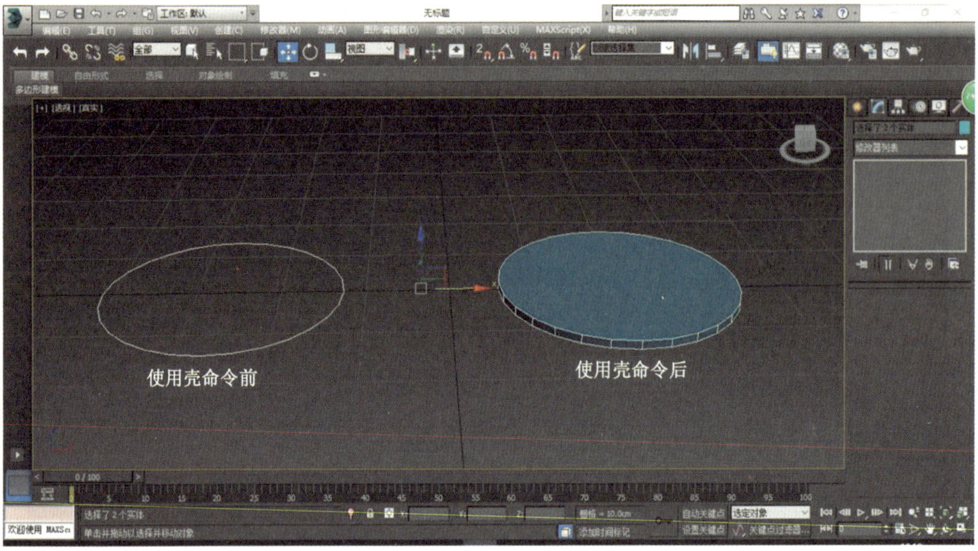

图 3-21　壳

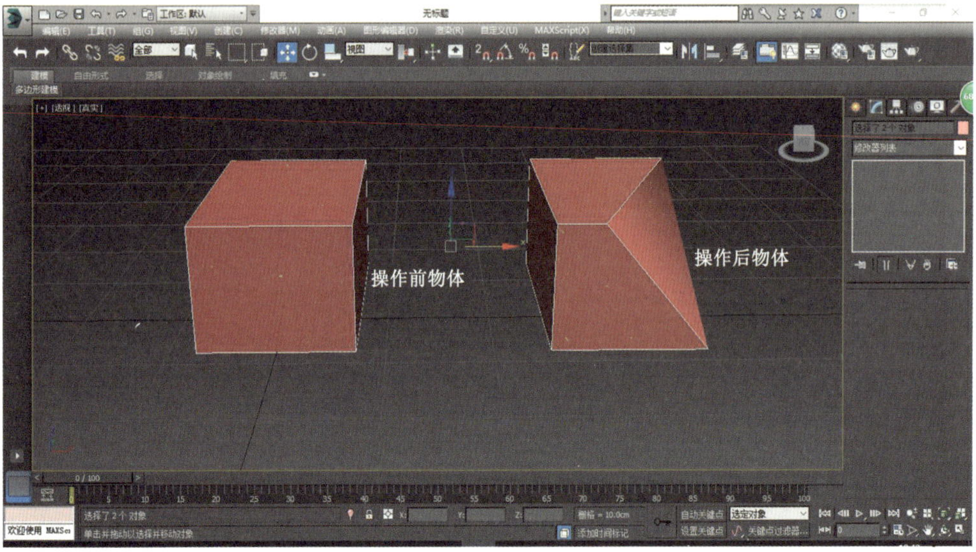

图 3-22　自由形式变形

（1）物体是一个由面构成的空心物体。

（2）面有正面和反面两种，正面可见，反面不可见。

（3）面不存在厚度。

3.4.5　阵列工具(ARRAY)

定义：将源对象按指定的方式成批复制，源对象继续保留在原位置，如图 3-23 所示。

（1）移动阵列是指将源对象按指定的“距离”成批复制。

（2）旋转阵列是指将源对象按指定的“角度”旋转并成批复制。

（3）缩放阵列是指将源对象按指定的缩放比例成批复制。

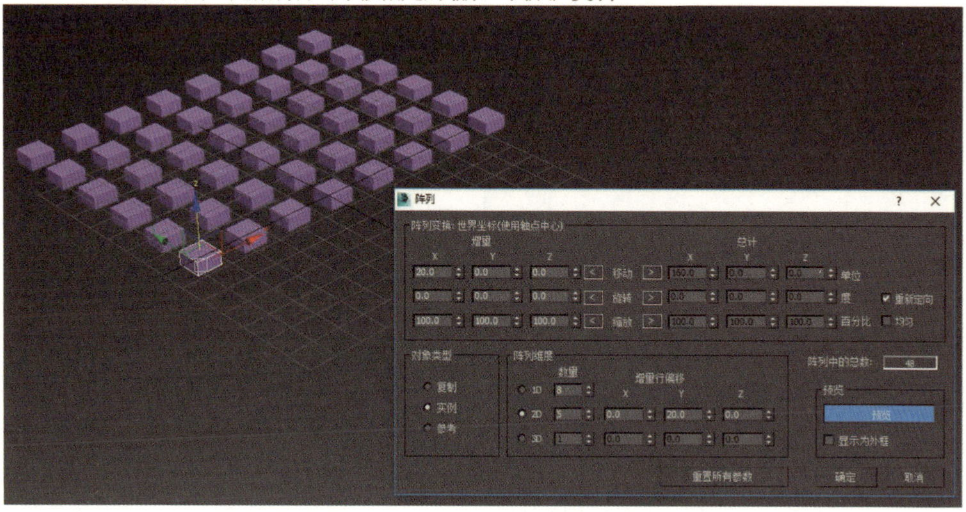

图 3-23 阵列

3.4.6 涡轮平滑(Turbosmooth)

定义:将绘制的棱角型、立体型的物体的棱角去掉,将物体表面变得圆滑,平滑操作前后对比如图 3-24 所示。

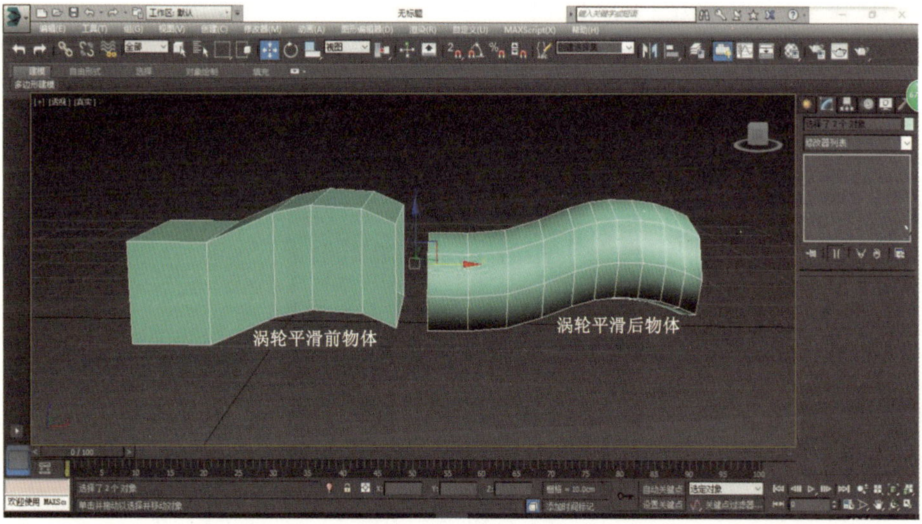

图 3-24 涡轮平滑

3.4.7 常用操作技巧

(1) Ctrl 键可对对象加选,Alt 键可对对象减选。

(2) 快捷键:W——移动,E——旋转,R——缩放。

(3) F4——显示物体的边和面。

(4) 旋转阵列:工具→阵列→旋转。

(5) 区域选择的方法包括矩形选框、圆形选框和围栏选框,如图 3-25 所示。

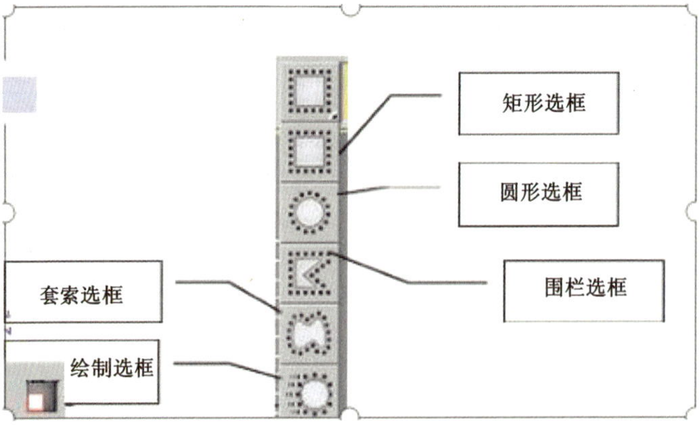

图 3-25　区域选择

3.5　多边形建模

3.5.1　概念

定义:基于原始的、几何结构简单的模型,通过增减点、面数或调整点、面的位置来构建所需要的模型,这种构建方式被称为多边形建模。界面如图 3-26 所示。

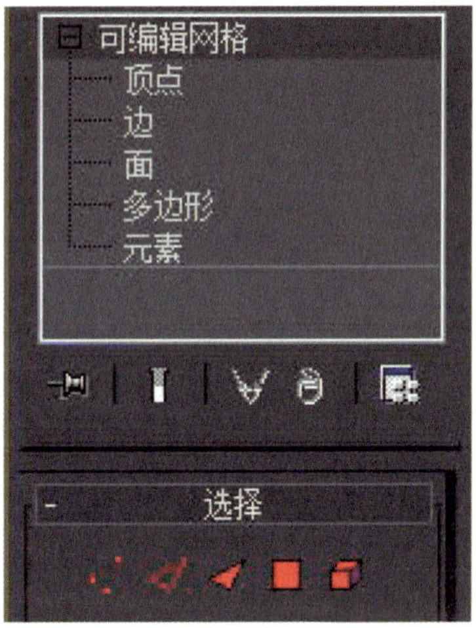

图 3-26　多边形建模

3.5.2　可编辑多边形的 5 个子层级

可编辑多边形一共有 5 个次物体层级,分别如下。

(1) 定点:编辑模型的定点。

(2) 边:编辑模型的边。

(3) 边界:编辑模型的边界。

(4) 多边形:也叫面,编辑模型的各个面。

(5) 元素：编辑多边形内部的不同元素。

每个不同的次物体层级都有与之相对应的命令和功能，不同次物体层级对应的快捷键为 1（顶点）、2（边）、3（面）、4（多边形）、5（元素），编辑几何体界面如图 3-27 所示。

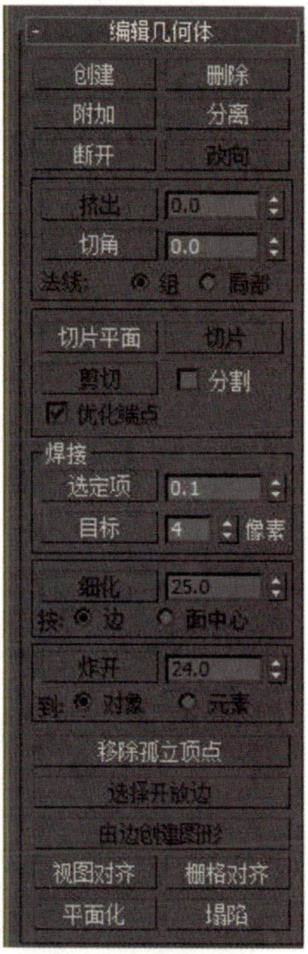

图 3-27 编辑选项

3.5.3 知识要领

(1) 可编辑多边形：将物体转换为“可编辑多边形”，可对物体的点、边、面进行修改。

(2) 挤出（Extrude）：在物体被转化为“可编辑多边形”的时候，对物体的顶点、边、边界、多边形层级进行挤出操作。示例：在顶点的层级下选中挤出的时候，会在该顶点处重新突起一块不均匀的物体。

(3) 轮廓（Outline）：位于 Edit Polygons 卷展栏下的“轮廓”命令，能对拉出的面进行缩放，如图 3-28 所示。

(4) 倒角（Bevel）：Edit Polygons 卷展栏下的“倒角”命令，能对物体的面进行拉出、挤入后再缩放，如图 3-29 所示。

(5) 插入（Insert）：将面缩小，再生成一个小面，如图 3-30 所示。

(6) 桥接（Bridge）：将两个顶点焊接在一起（首先需要将相对的两个面删除），如图3-31所示。

(7) 连接（Connect）：加线（对多个点或线），效果图如图 3-32 所示。

(8) 分离（Detach）：将子对象分离成为一个独立的对象。示例：如图 3-33 所示，选中左图中的一个面，采用分离命令，可将所选中的面从物体上分离出来。

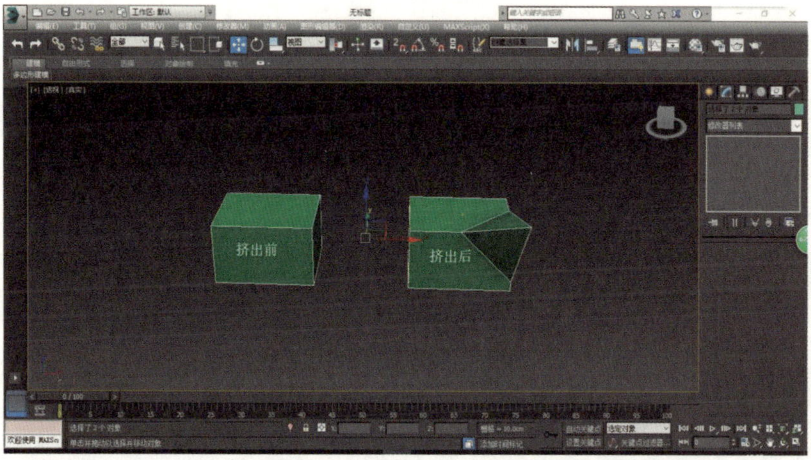

图 3-27 挤出

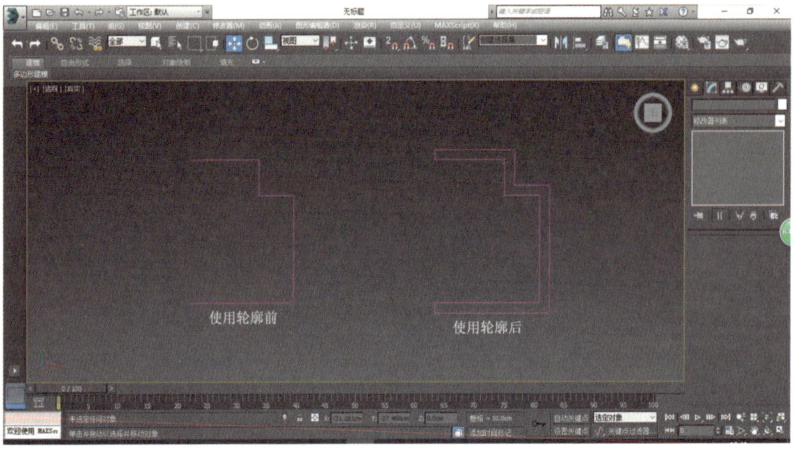

图 3-28 轮廓

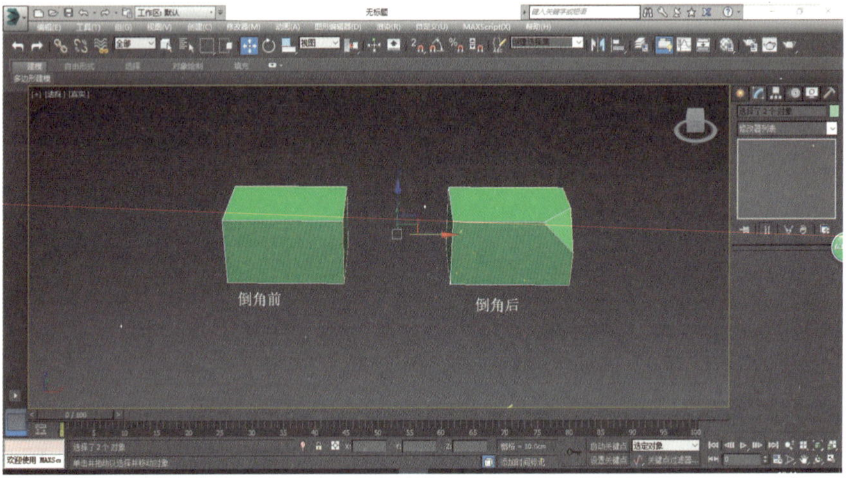

图 3-29 倒角

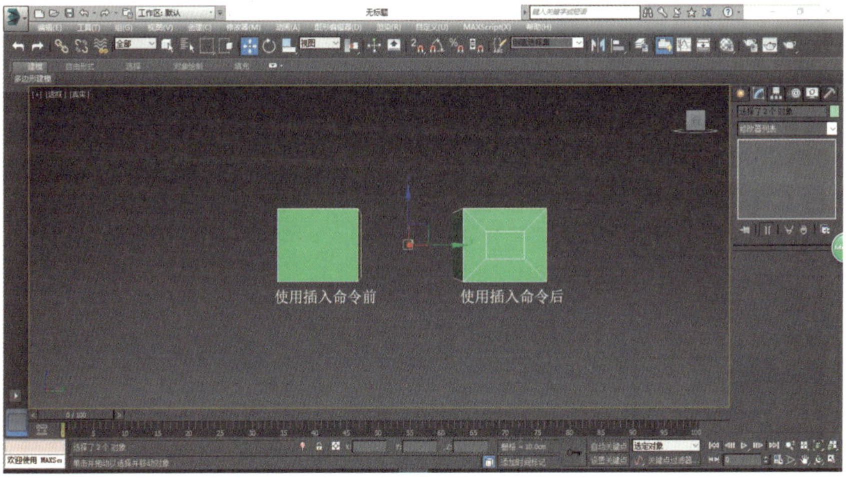

图 3-30 插入

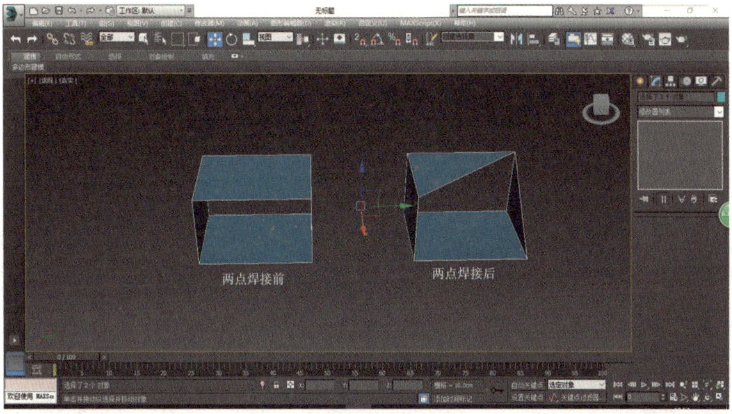

图 3-31 桥接

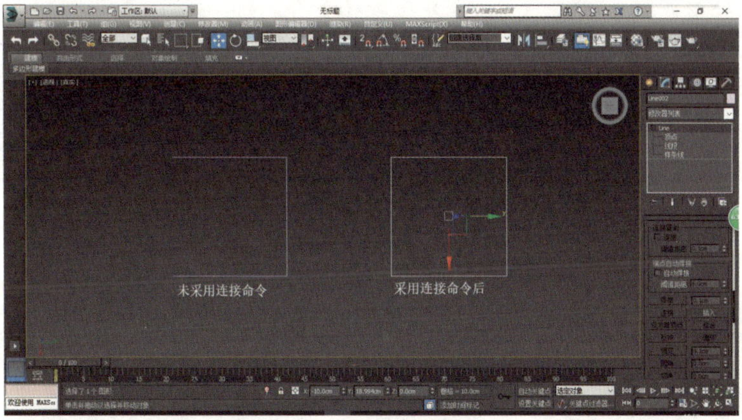

图 3-32 连接

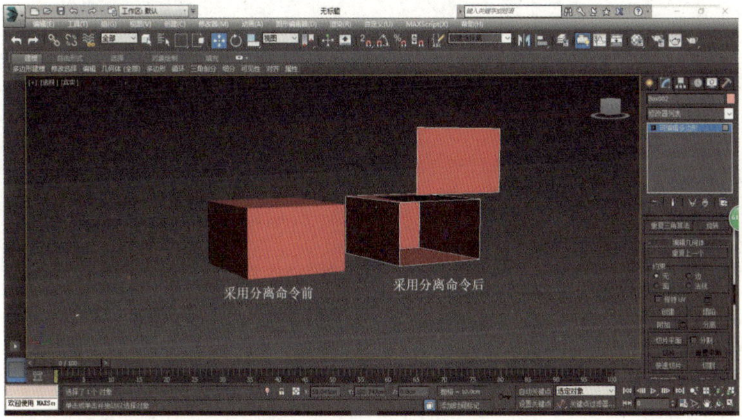

图 3-33 分离

(9) 封口(Cap):在物体的某个面被删除后,在边界层级下,点击封口命令,可以将选中的边界(原本无面)新增一个面。示例:如图 3-34 所示,在左图中,物体缺少一个面,使用封口命令后,结果如图 3-34 右图所示,所缺少的面被补充。

（10）附加(Attach)：将多个物体合并为一个物体。示例：如图 3-35 所示，左边是建立出来的没有关联的两个物体，第一步，选中其中一个物体编辑为可编辑多边形，第二步，选择附加命令，选上另外一个物体，可以发现两个物体构成一个联系，移动其中一个物体，另外一个也会跟着移动。

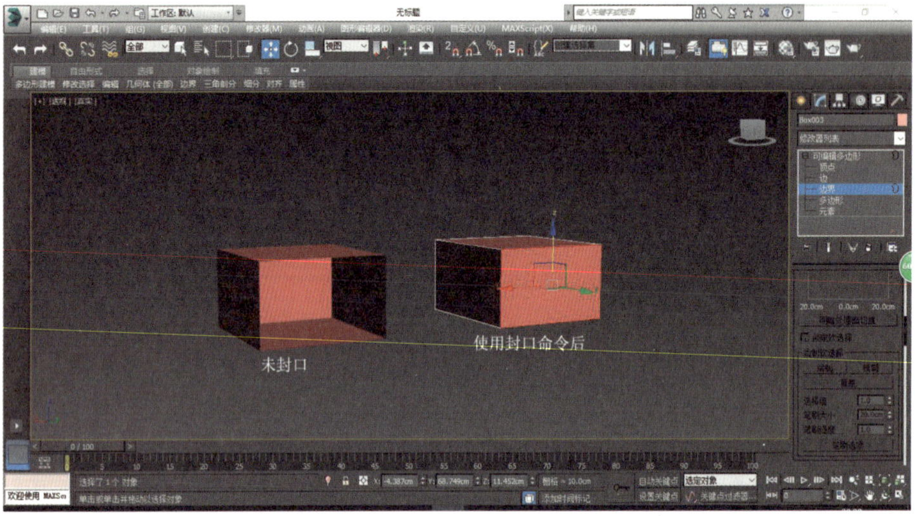

图 3-34　封口

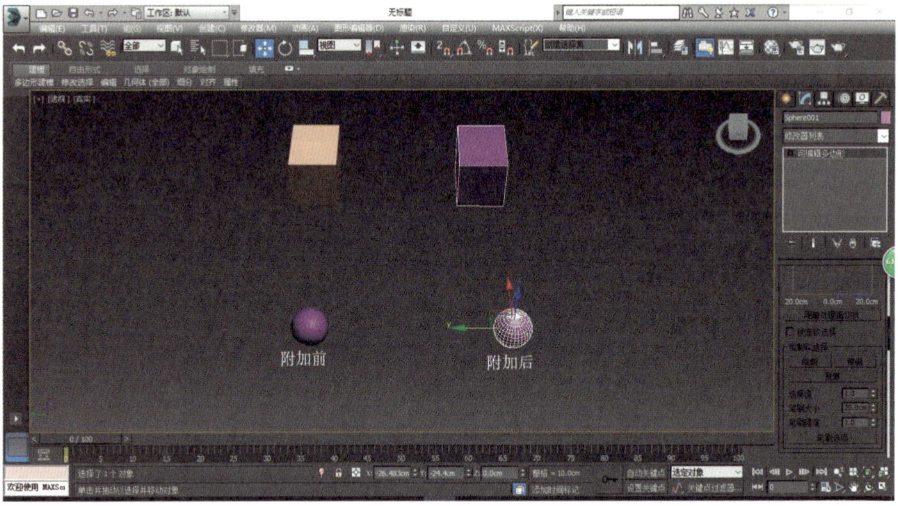

图 3-35　附加

（11）成组(Group)：使用 Ctrl 键，选中多个已经编辑好的物体，选择成组命令，使得所选中的多个物体成为一个整体。之后，选中其中任一个物体，会同时选中其他几个物体。

（12）切割(Slice Plane)：将一个面切成多个面。示例：如图 3-36 所示，选中左边的物体，然后转换为可编辑多边形，选择其中一个面，然后选择切割命令，可将一个完整的面切割成多个面。

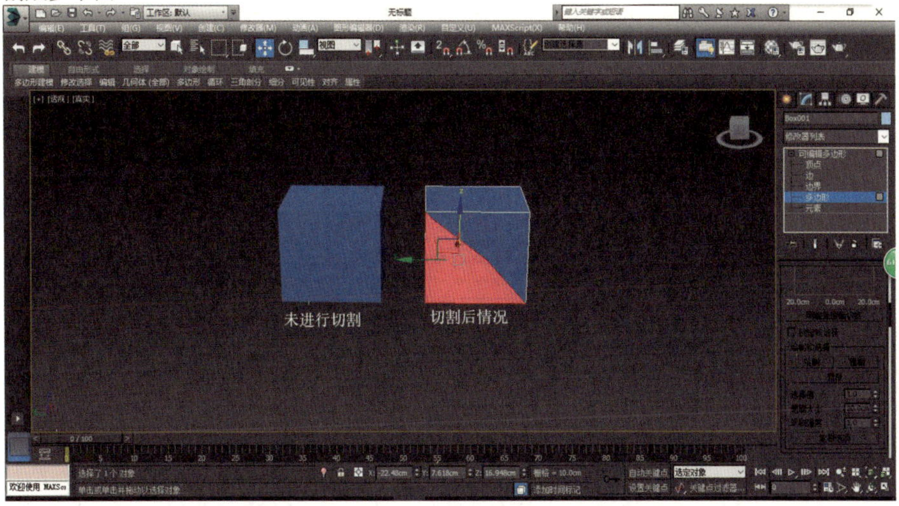

图 3-36　切割

(13) 将两个面合并：按 Backspace 键，删除一条边（Ctrl＋Backspace 可将点移除）。

3.6　常用快捷键

常用快捷键见表 3-1。

表 3-1　常用快捷键

快捷键	作用	快捷键	作用
F	前视图	F1	帮助文件
L	左视图	F2	以线框或者面显示被选择的面
T	顶视图	F3	线框\实体
P	透视图	F4	显示边框
W	移动	F9	渲染
E	旋转	F10	渲染输出面板
R	缩放	F12	参数显示
S	捕捉开关	Alt＋Q	孤立显示
A	角度捕捉开关	Alt＋Z	缩放视图
H	按名称选择	Alt＋W	最大化显示所选视图
G	显示\关闭网格	Alt＋C	剪切
J	显示\关闭外框	Alt＋X	半透明显示
Z	最大化显示	Shift＋Q	快速渲染
M	材质球	Ctrl＋Shift＋E	快速连线(Connect)

4 Maya 三维建模软件

Maya 是美国 Autodesk 公司出品的三维计算机图形软件，被广泛应用于电影、电视、广告、电脑游戏等数字特效创作。Maya 集成了 Alias、Wave front 等动画及数字效果技术，不仅可制作三维效果，还可结合建模、数字化布料模拟、毛发渲染、运动匹配等技术使用，可以在 Windows、Linux、Mac OS 等平台上运行。Maya 与 3D MAX 均为 Autodesk 公司旗下产品，各有特色，3D MAX 主要面向建筑动画、建筑漫游及室内设计，而 Maya 主要用于电影、电视、广告、游戏动画制作等。

本章将简要介绍 Maya 的操作界面，讲解常用的工具与命令。

4.1 Maya 软件工作界面介绍

Maya 软件工作界面如图 4-1 所示。

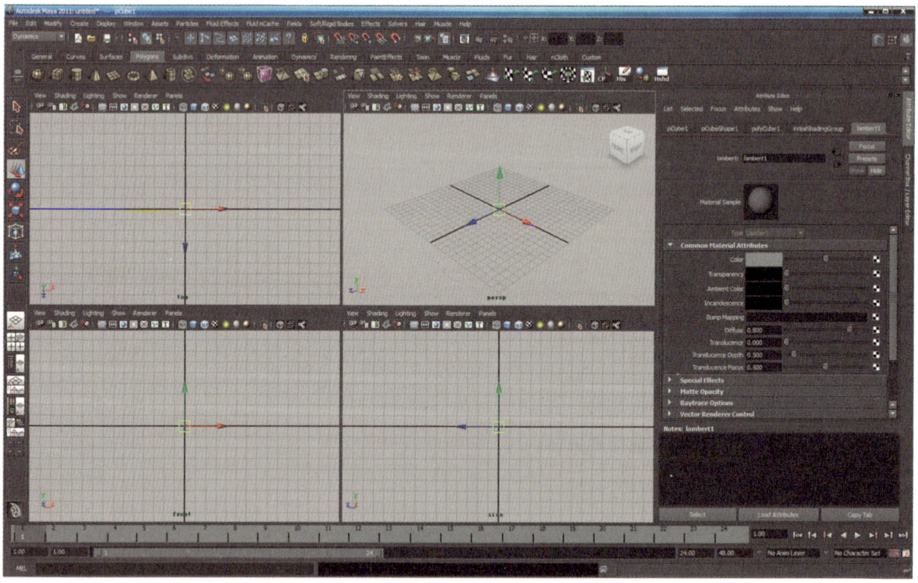

图 4-1　Maya 软件工作界面

（1）Maya 菜单栏：包含 Maya 全部的命令和工具。Maya 的命令非常多，无法在同一个菜单栏中显示出来，所以 Maya 采用模块化的显示方法。

（2）状态栏：包含常用的视图操作按钮，如模块选择器、选择层级、捕捉开关和编辑开关等。

（3）工具栏：Maya 的“工具盒”在整个界面的最左侧，包含选择、移动、旋转和缩放等常用工具。

（4）工具架：Maya 的“工具架”包含 Maya 各个模块下最常用的命令，并以图标的形式分类显示在“工具架”上。图标相当于对应命令的快捷键，点击图标就可执行相应的命令。

（5）动画控制区：可以制作动画，并方便地调节关键帧。可以手动设置节点属性的关键帧，可以自动设置关键帧，也可以设置起始帧和结束帧。

4.2 Maya 基础操作命令及简单示例

在本节中，将介绍一些 Maya 的基础编辑命令。

（1）创建与编辑多边形：使用多边形的右键快捷菜单可以快速创建和编辑多边形对象。没有选择任何对象时，按住 Shift 并单击鼠标右键，弹出的热盒显示若干基础多边形几何体的创建选项，如图 4-2 所示。

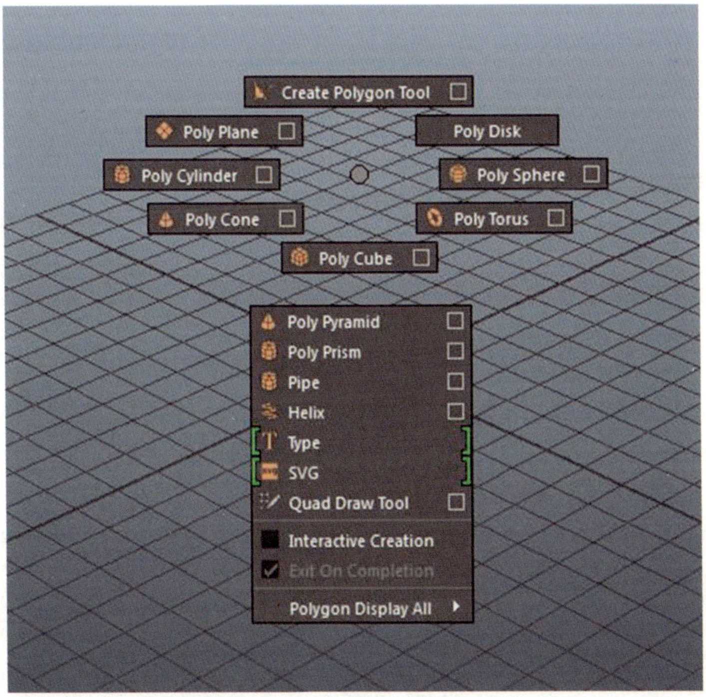

图 4-2 快捷菜单

如果已经进入了次物体级别，比如进入了面级别，按住 Shift 键并单击鼠标右键，弹出的热盒显示若干编辑面的工具与命令，如图 4-3 所示。

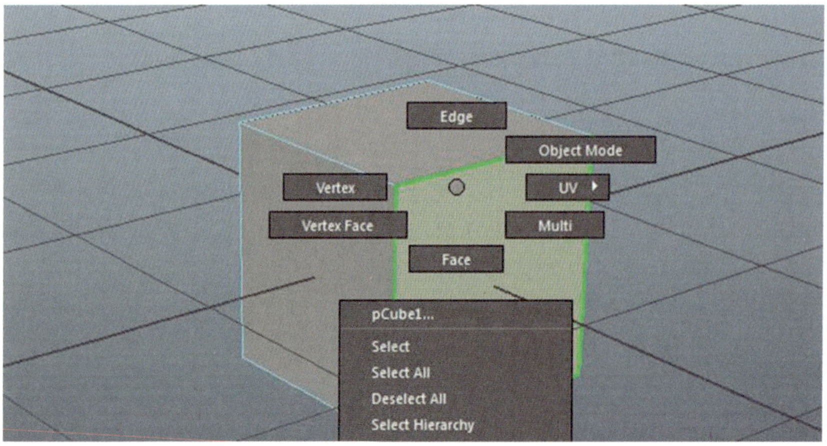

图 4-3　次物体级别菜单

（2）操纵物体：Maya 中 QWER 键，分别可以选择物体、移动物体、旋转物体、缩放物体，如图 4-4 所示。

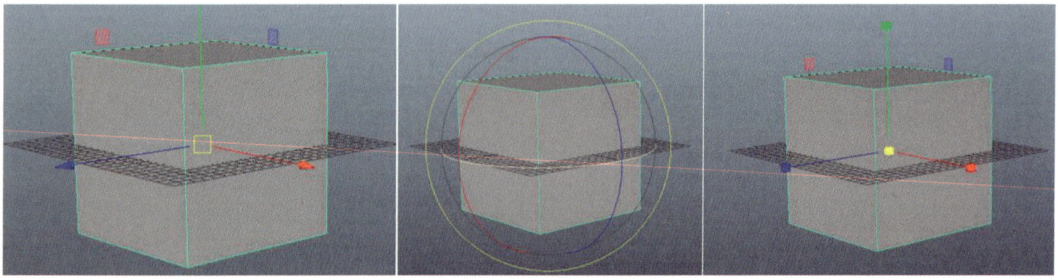

图 4-4　QWER 快捷键

（3）挤压：通过鼠标左键选中物体，右键单击 Wedge Face 选项，在面模式下选中需要挤压的面，单击 Shift＋鼠标右键进行挤压，点击挤压后弹出坐标轴，继而拖动坐标轴向就可以挤压模型，如图 4-5 所示。

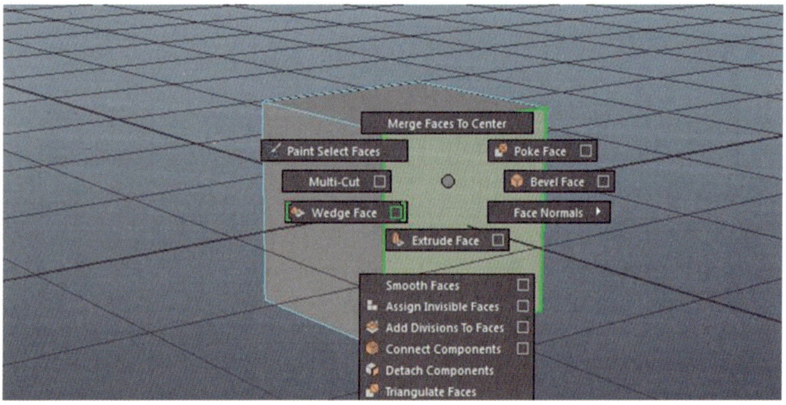

图 4-5　挤压

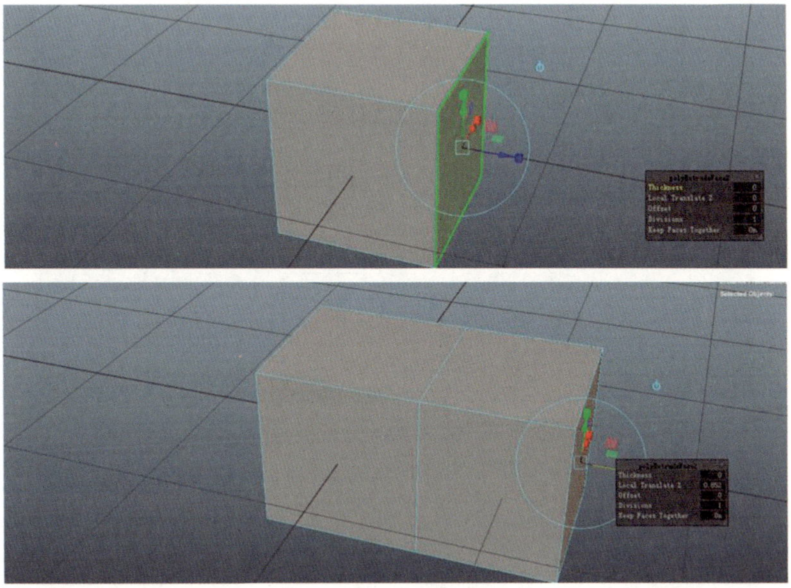

图 4-5(续)

(4) 添加环线工具:在物体模式下单击 Shift+鼠标右键,弹出热盒选择 Insert Edge Loop Tool 选项,点击后发现鼠标图案已经改变,选择需要加环线的位置再次点击,可以看到环形虚线,此时可以移动虚线位置,调整到适合的位置,点击左键,完成添加环线,如图4-6所示。

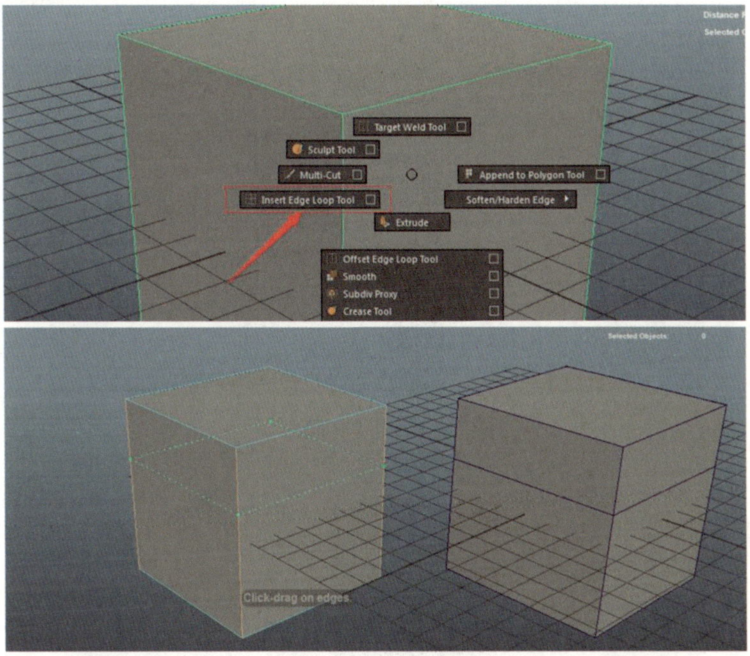

图 4-6 添加环线

(5) 切割工具:在菜单栏中选中“网格工具”→“多切割”,然后选中要进行切割的物体,选择合适的角度,点击 Multi-Cut 选项,按住鼠标左键在视图中拉出一条直线,松开鼠标时,切割完成，如图 4-7 所示。

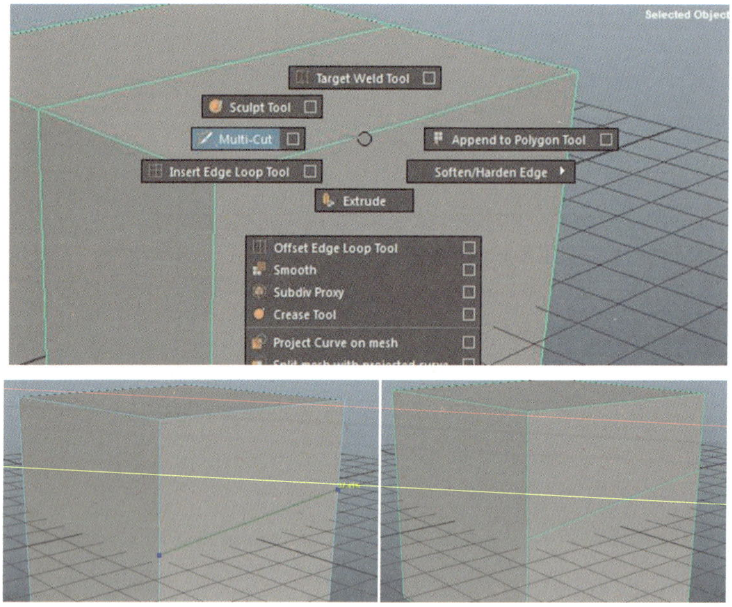

图 4-7　切割工具

（6）附加到多边形工具：选择物体，点击 Append to Polygon Tool，鼠标图标会变成精确选择定位器，单击选择两个要连接的边，使用回车键进行确认，如图 4-8 所示，将多边形添加到现有网格。

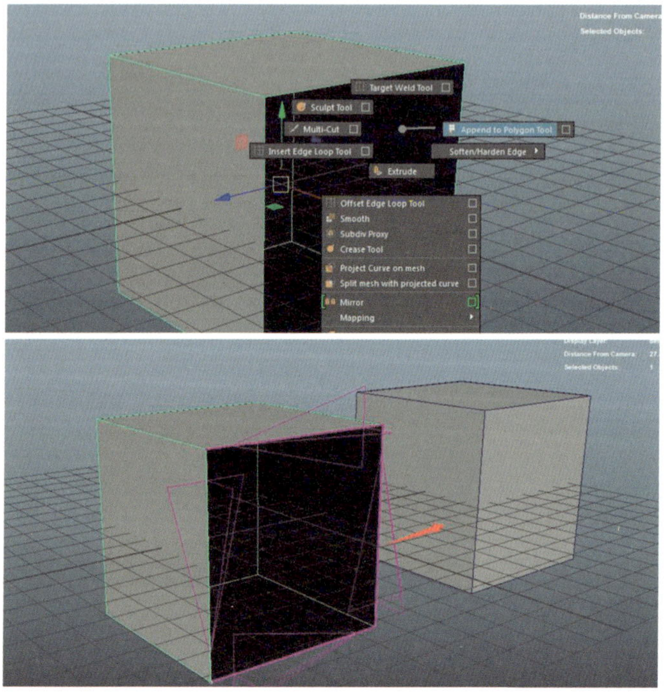

图 4-8　附加到多边形工具

(7) 合并:选择多个顶点/边,按住 Shift 键,右键选择 Combine 选项,将选择的多个顶点/边合并成一个顶点/边,合并后的位置在选择对象的中心位置上,如图 4-9 所示。

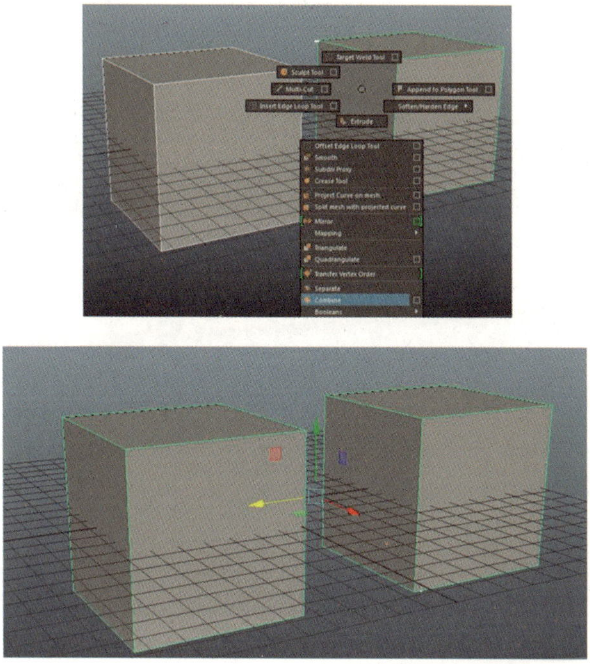

图 4-9 合并

(8) 平滑:将粗糙的模型通过细分面的方式对模型进行平滑处理,细分的面越多,模型就越光滑。在菜单栏中选中"网格工具"→"平滑",点击执行平滑命令,如图 4-10 所示,立方体经过多次平滑处理后可以获得一个光滑的球体。

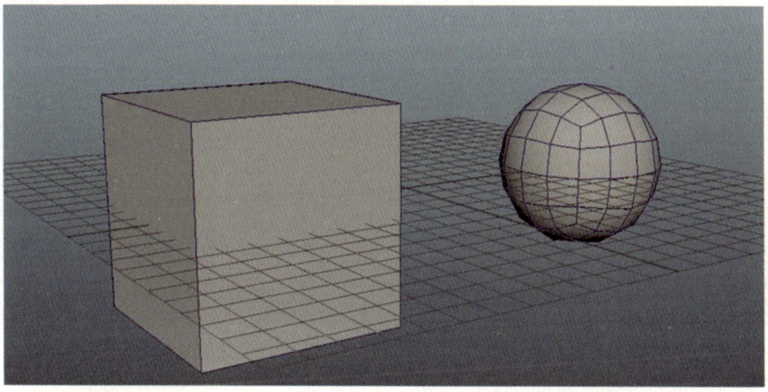

图 4-10 平滑

(9) 布尔运算:该编辑命令需注意模型选择的顺序,先选择的模型要被后选择的模型进行布尔运算。"布尔运算"命令包含 3 个子命令,分别是"并集""差集""交集",通过点选"Booleans"选项,即可在弹出的子选框中选择执行"Union""Difference""Intersection"子命令。

并集：合并两个多边形，不同于“合并”命令，“并集”命令可以做到无缝拼合，如图 4-11 所示。

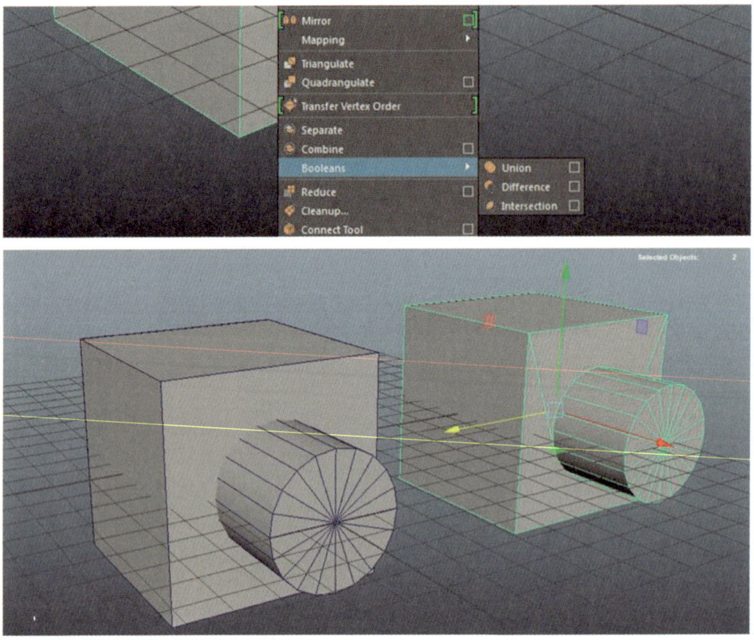

图 4-11　布尔运算-并集

差集：将两个多边形对象进行相减运算，以消去 A 对象与 B 对象的相交部分，同时会保留 A 对象，消去 B 对象，如图 4-12 所示。

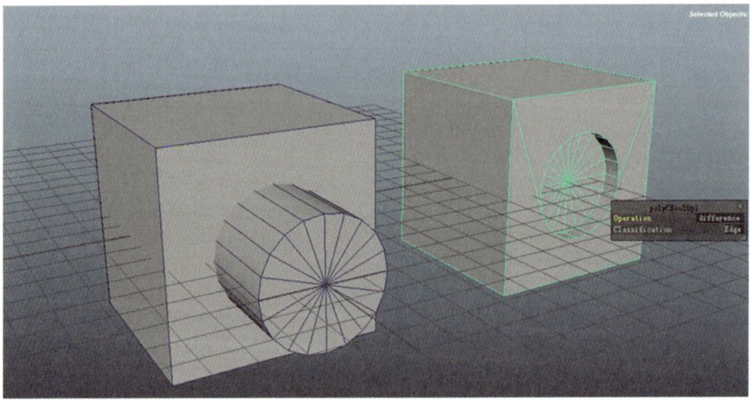

图 4-12　布尔运算-差集

交集：保留两个多边形对象的相交部分，但是会去除其余部分，如图 4-13 所示。

(10) 平均分割边线并添加循环线：在线模式下选择需要分割的边线，按住 Ctrl＋鼠标右键，弹出热盒选择 Edge Ring Utilities-Edge Ring and Split，会在选择的线的中线位置添加一条环线，如图 4-14 所示。

(11) 复制面：进入面级别，按住 Shift 键加选需要复制的面，再按住 Shift 键＋鼠标右

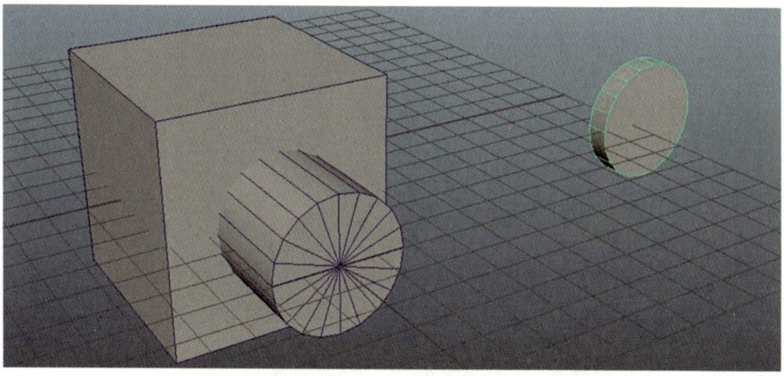

图 4-13 布尔运算-交集

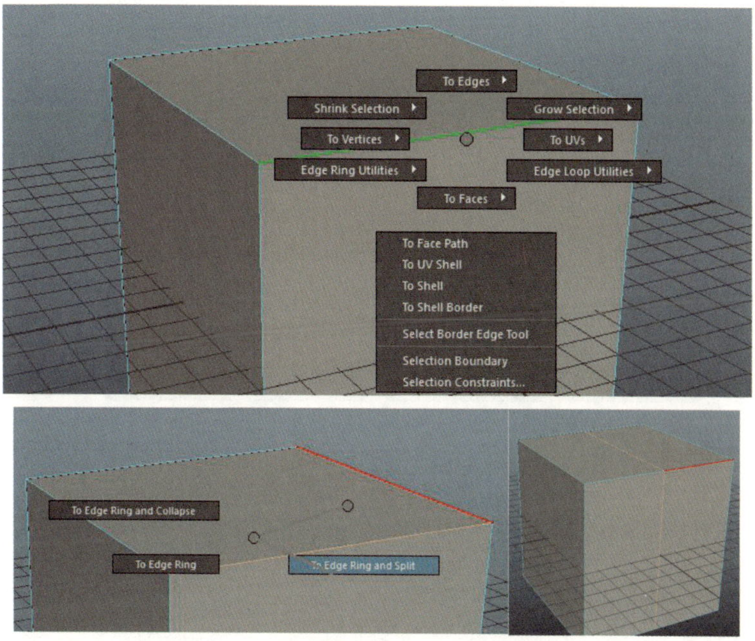

图 4-14 平均分割边线并添加循环线

键，在弹出的菜单中选择“复制面”命令，即“Duplicate Face”选项，完成上述操作后会出现一个物体坐标控制手柄，此时不要移动此操作手柄，需要单击手柄右上角的交互式控制器，切换到世界坐标控制手柄，将复制出来的面拖出来，才能完成复制面操作。最终效果如图4-15所示。

(12) 切换坐标：选中模型按住 w 键并单击鼠标左键弹出热盒，选中“Object”选项框，可将世界坐标切换为物体坐标，如图 4-16 所示。

(13) 填充：可制作补面效果。选中所要操作的模型，单击右键进入线模式，选择缺口边缘的一条线，点击执行“Fill Hole”选项即可完成填充操作。如需要填补多个缺口，可以通过 Shift 键点选多个缺口边缘的线，统一完成填充操作，效果如图 4-17 所示。

(14) 删除：删除分为删除选中物体历史(Delete by Type)和删除所有物体历史(Delete

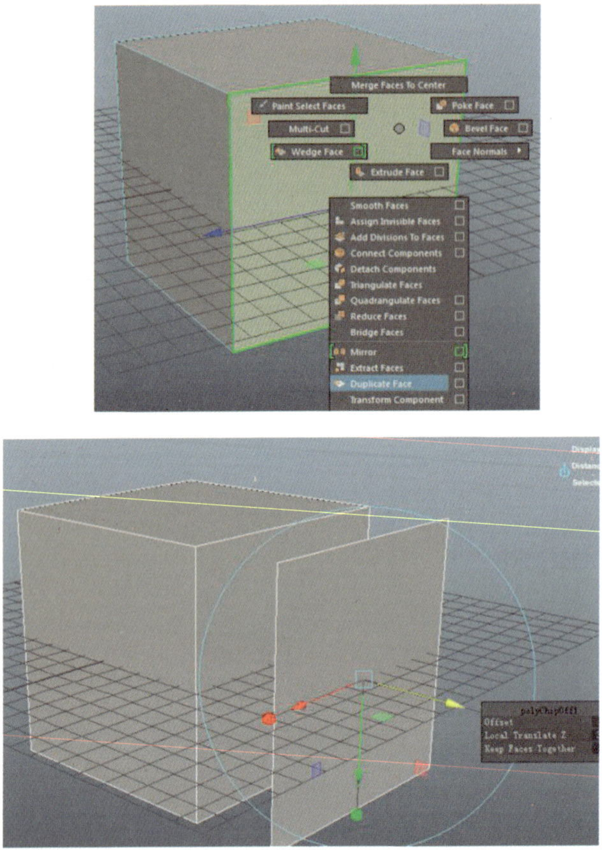

图 4-15　复制面

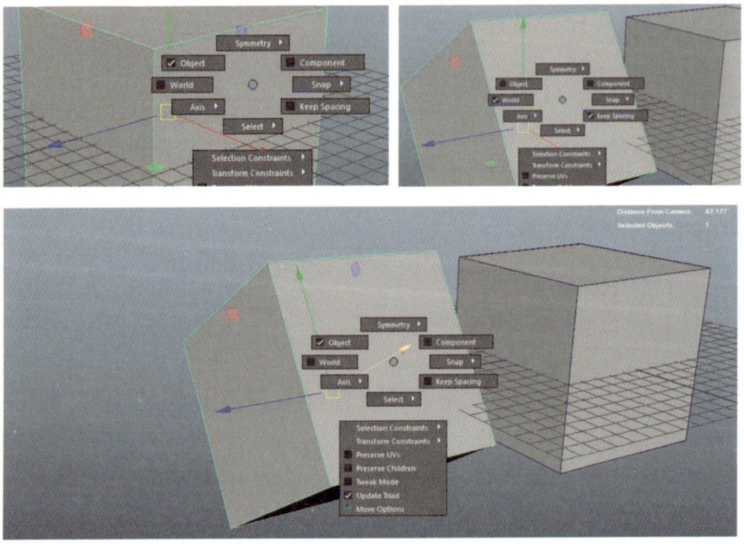

图 4-16　切换坐标

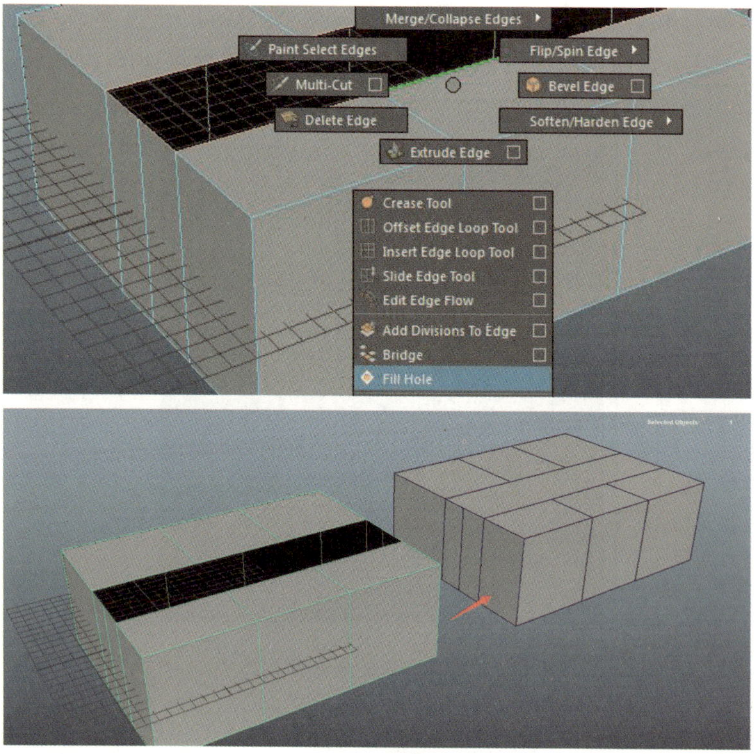

图 4-17 填充

All by Type)，菜单栏中选择“Edit”，即可在下拉菜单中看到“Delete by Type”和“Delete All by Type”两个子选项，快捷方式为 Alt+Shift+D，如图 4-18 所示。

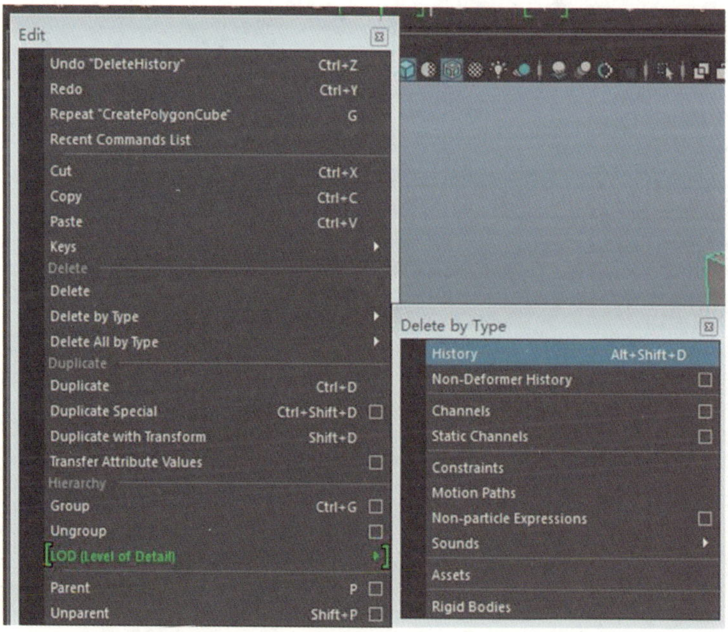

图 4-18 删除

（15）物体坐标轴转移回物体中心：打开菜单栏的“Modify”选项卡，点击子菜单中的“Center Pivot”选项，就能将物体坐标轴移回物体中心，具体操作如图 4-19 所示。

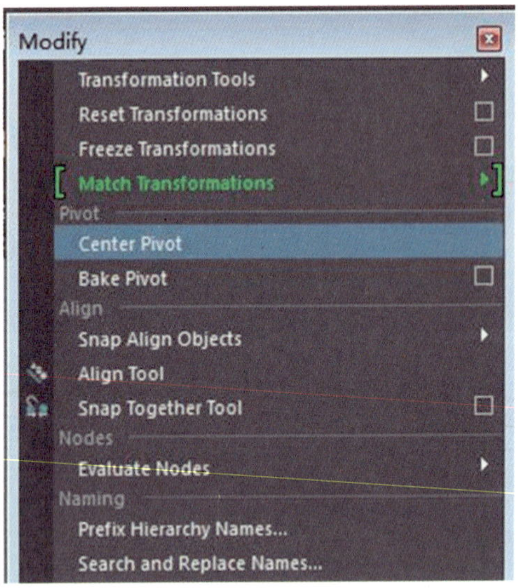

图 4-19　物体坐标轴转移回物体中心

（16）倒角：在选定边上创建出倒角效果，消除渲染时的尖锐棱角。右键进入线模式，在线模式下按住 Shift 加选棱角上的边，再按住 Shift＋单击鼠标右键选择“Bevel Edge”进行操作，此时可以在“polyBevel”选项框中进一步对倒角细节进行设置，如图 4-20 所示。

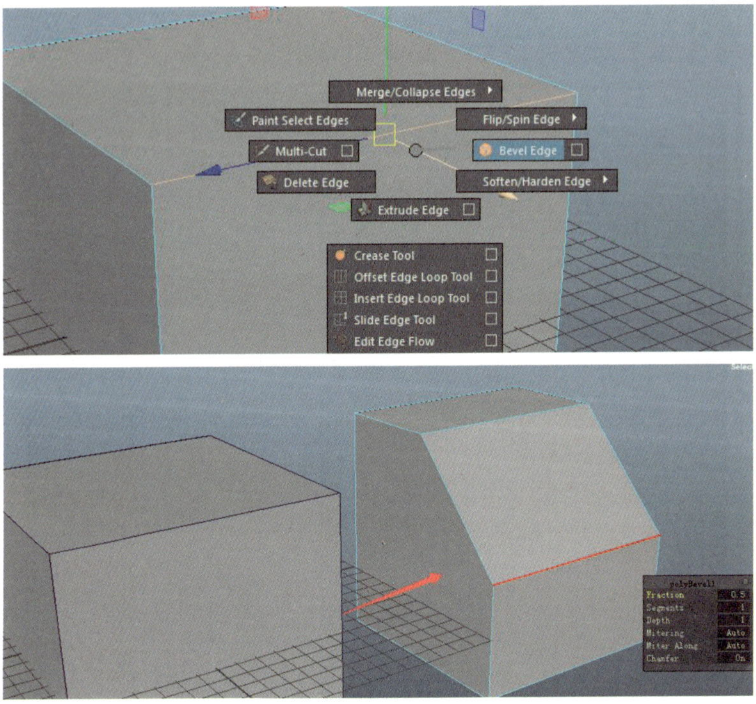

图 4-20　倒角

（17）反转物体法线：由于模型面的法线方向朝向内侧，模型显示为黑色，按住 Shift 键选中需要操作的面，选择“Mesh Display”→“Reverse”，反转效果如图 4-21 所示。

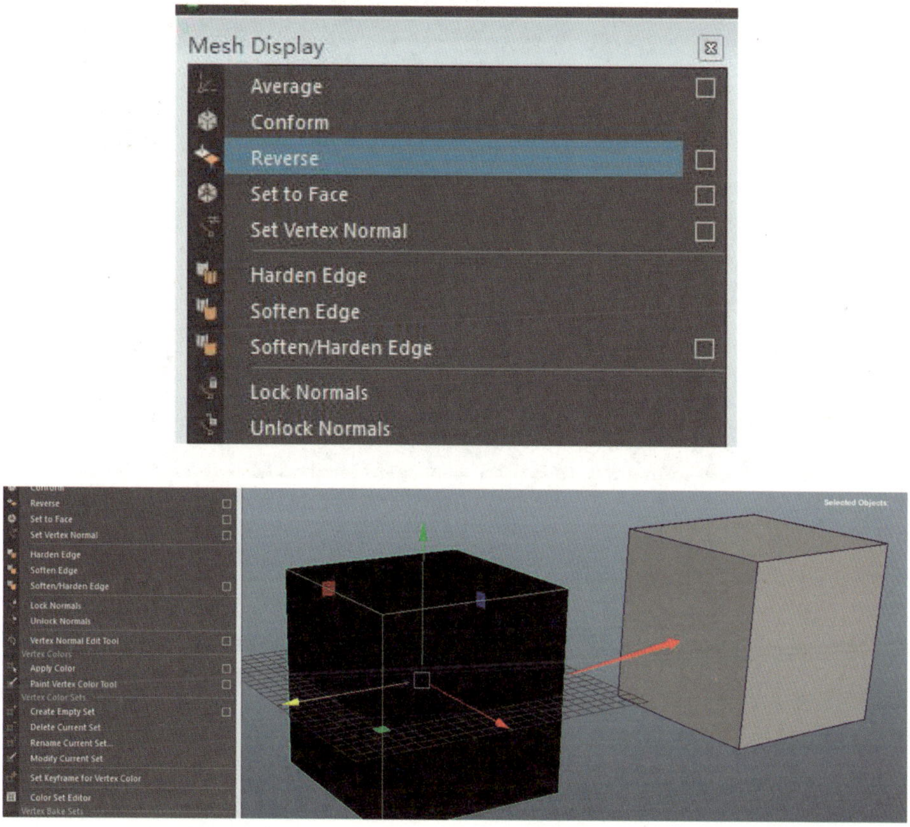

图 4-21　反转物体法线

（18）文件的新建、打开、保存：在 Maya 中点击菜单中的 File，点击 New Scene 新建文件；点击 Open Scene 打开文件；点击 Save Scene As 另存文件。Maya 支持 ma、mb 两种格式保存文件，ma 格式可以忽略版本，但是 mb 无法忽略版本。ma 格式文件大小较 mb 格式更大，现在已有忽略版本的选项，mb 格式文件支持向下兼容，因此可以根据项目需求确认保存格式。具体如图 4-22 所示。

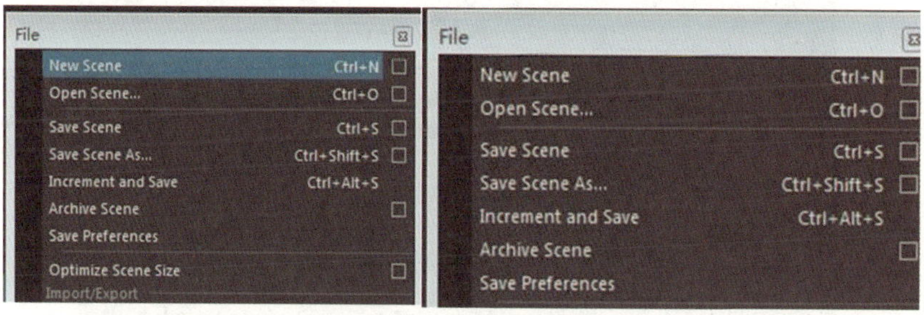

图 4-22　文件打开保存

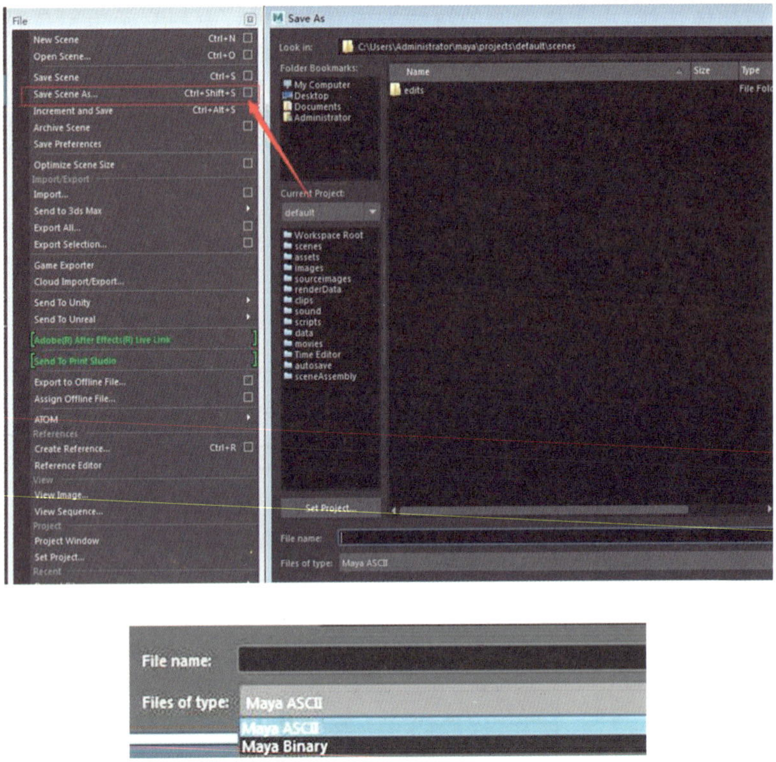

图 4-22(续)

(19) 导入参考图片:在菜单栏中选中“View”→“Image Plane”→“Import Image”,即可通过文件资源管理器导入参考图片,如图 4-23 所示。

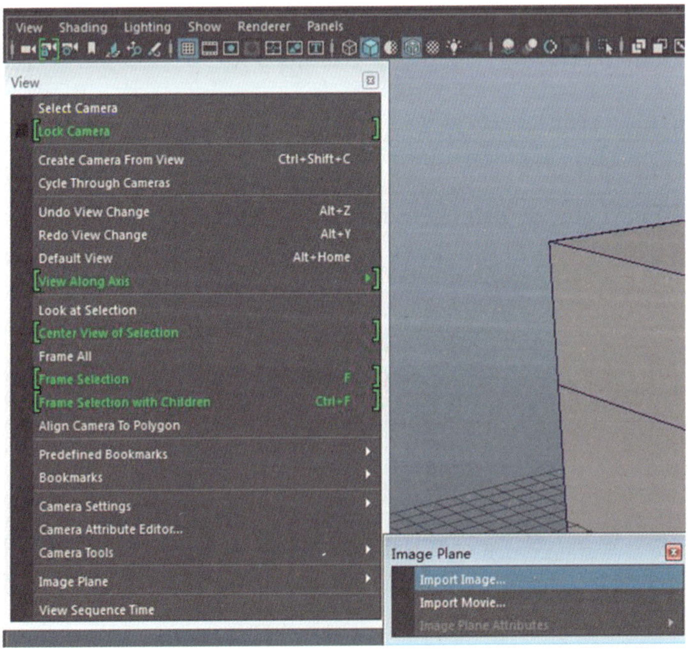

图 4-23 导入图片

(20) 控制视图：包括显示或关闭坐标网络、显示模型网络、单独显示选中的物体，如图 4-24 所示。

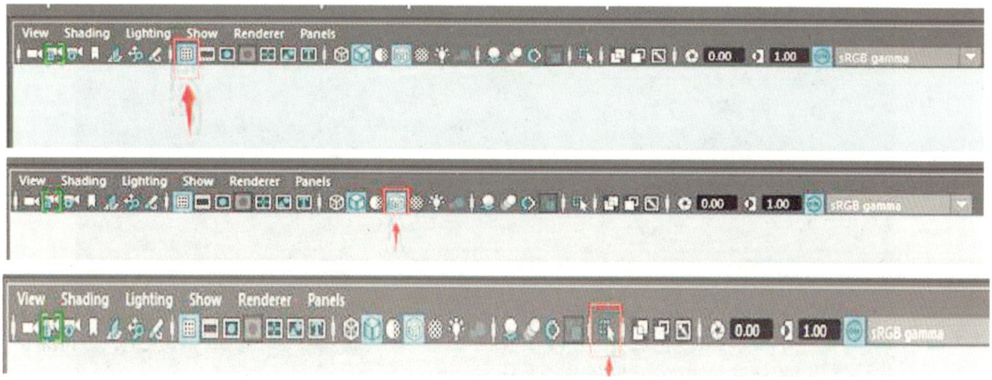

图 4-24 控制视图

(21) 捕捉到一起工具(Snap Together Tool)：选择“Modify”→“Snap Together Tool”命令之后，分别点击需要对齐的两个面，完成编辑，效果如图 4-25 所示。

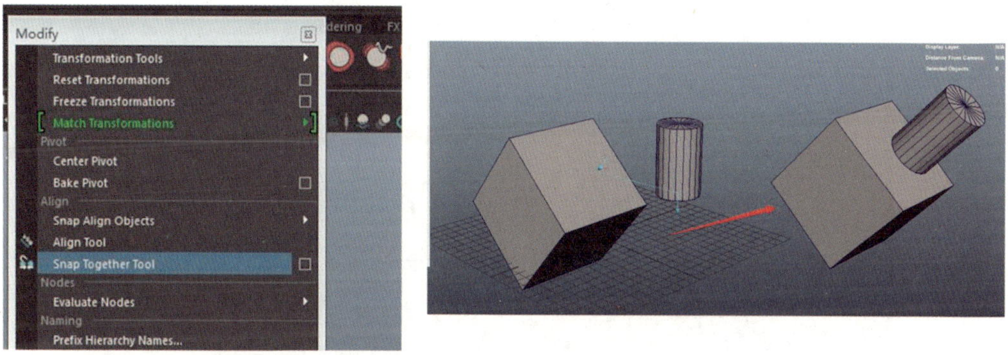

图 4-25 捕捉到一起

(22) 打直选中的点：选择缩放，按住 J 键并用鼠标点中 Z 轴往红箭头方向拖动(若按住 J 键是一次性直接打直，比反复拖动 Z 轴便捷)，效果如图 4-26 所示。

(23) UV 展开：首先打开 UV 编辑器，展开 UV 之前要先给模型平面映射(Planar)，如图 4-27 所示。在某些情况下，模型会有不对的接缝或者没有 UV。进行一次平面映射后模型的 UV 会成为一体。

选中需要切割的线，鼠标移动到 UV 框内，按住 Shift+单击鼠标右键，执行“Cut”命令，如图 4-28 所示。

线段切割后，鼠标右键转到 UV 模式，如图 4-29 所示。

选中所有点，按住 Shift+单击鼠标右键，如图 4-30 所示。

展开编辑如图 4-31 所示。

选择一块 UV 其中的一个点，如图 4-32 所示。

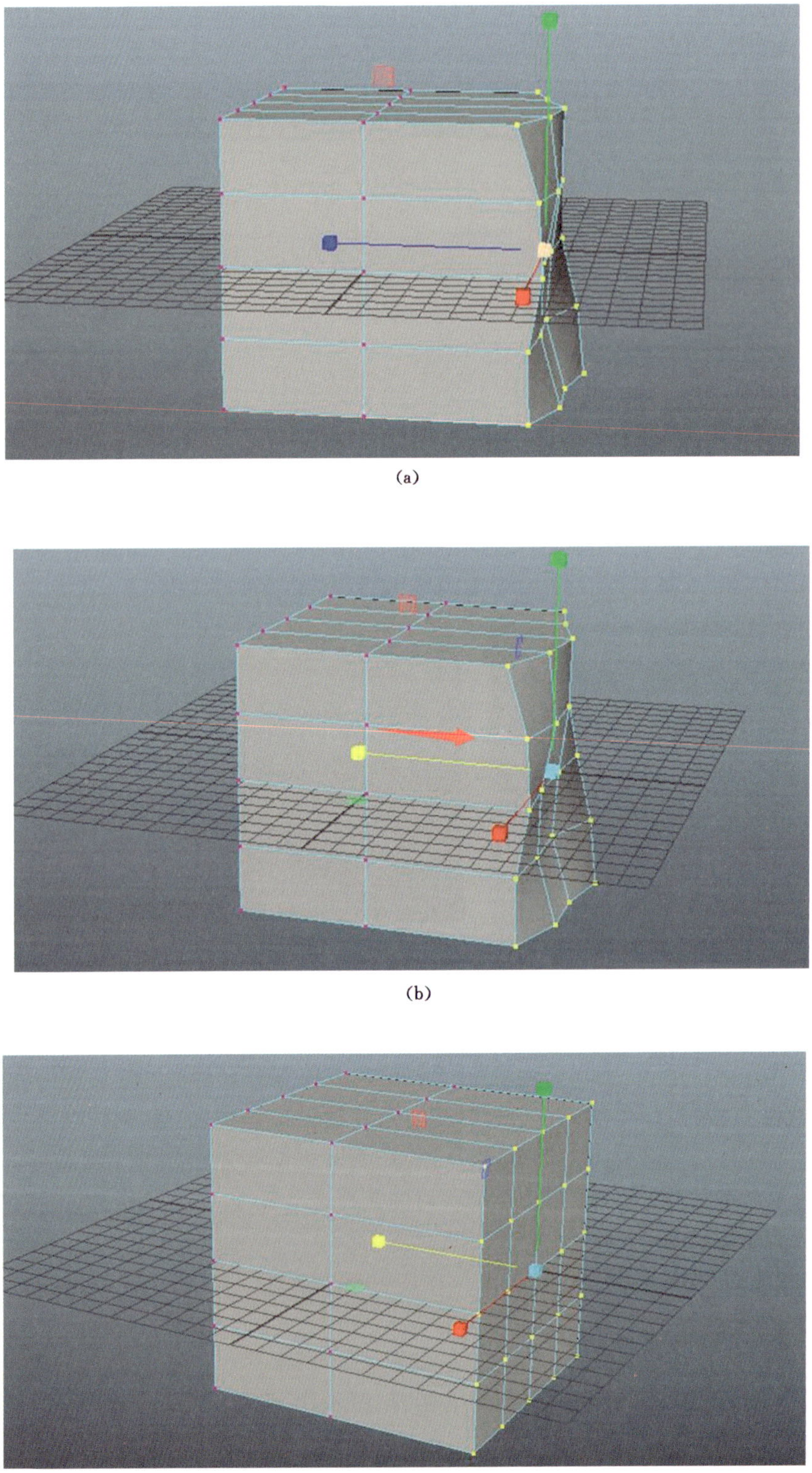

(a)

(b)

(c)

图 4-26　打直选中的点

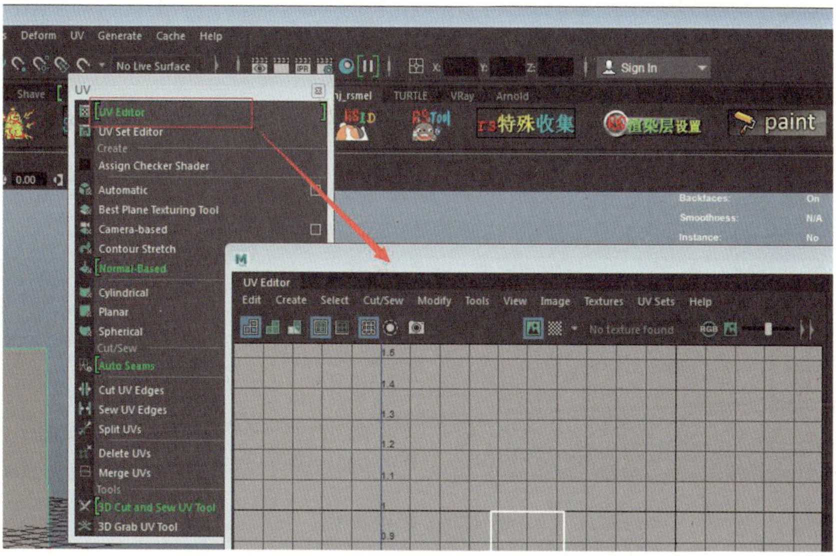

(a)

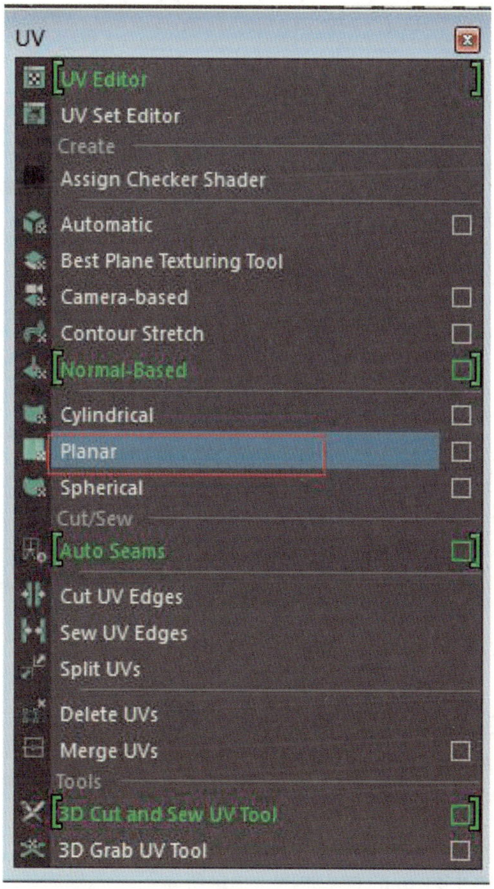

(b)

图 4-27　UV 编辑器

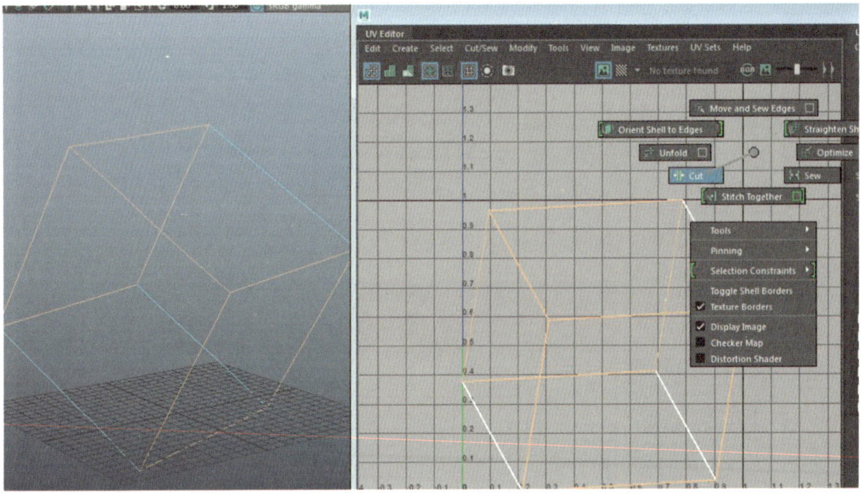

图 4-28　线段切割

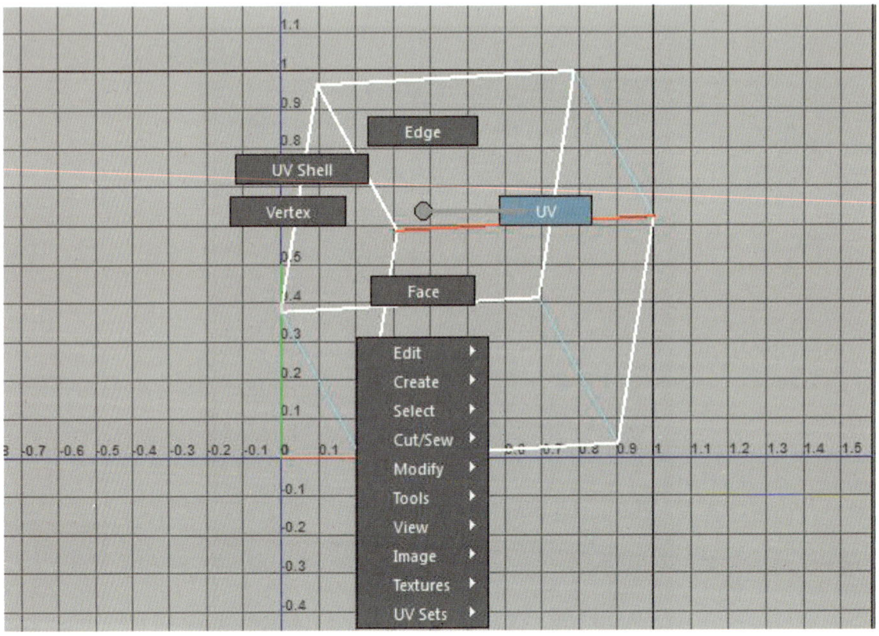

图 4-29　UV 模型

按住 Ctrl 并单击鼠标右键，在弹出的热盒中，点击 To UV Shell(图 4-33)，会选中这块 UV 的所有点，便可以对点进行移动等编辑。

将 UV 按照所想摆放好，如图 4-34 所示。

其中，有两点注意事项：

① UV 的面积不能超出红色的框，如图 4-35 所示。

② 打开 UV 棋盘格，应保证模型上棋盘格的大小一致，如图 4-36 所示。

除此以外，如果是多象限 UV 可以依次往后排布，例如 1.1 为 1001 象限，1.2 为 1002 象限(每个象限的 UV 也不能超出象限框)，如图 4-37 所示。

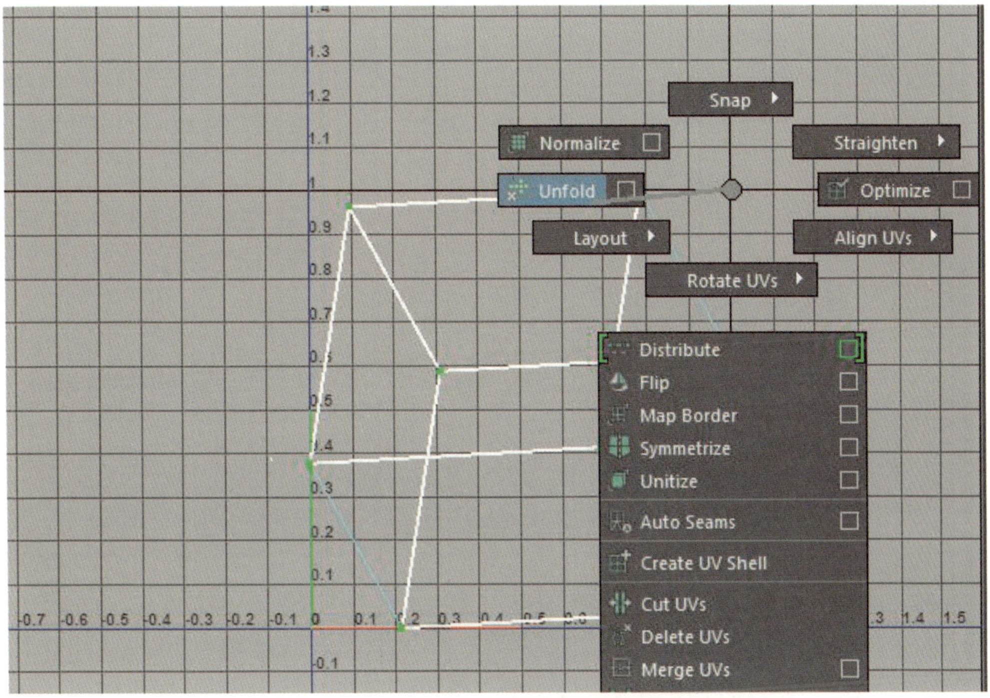

图 4-30 选择展开

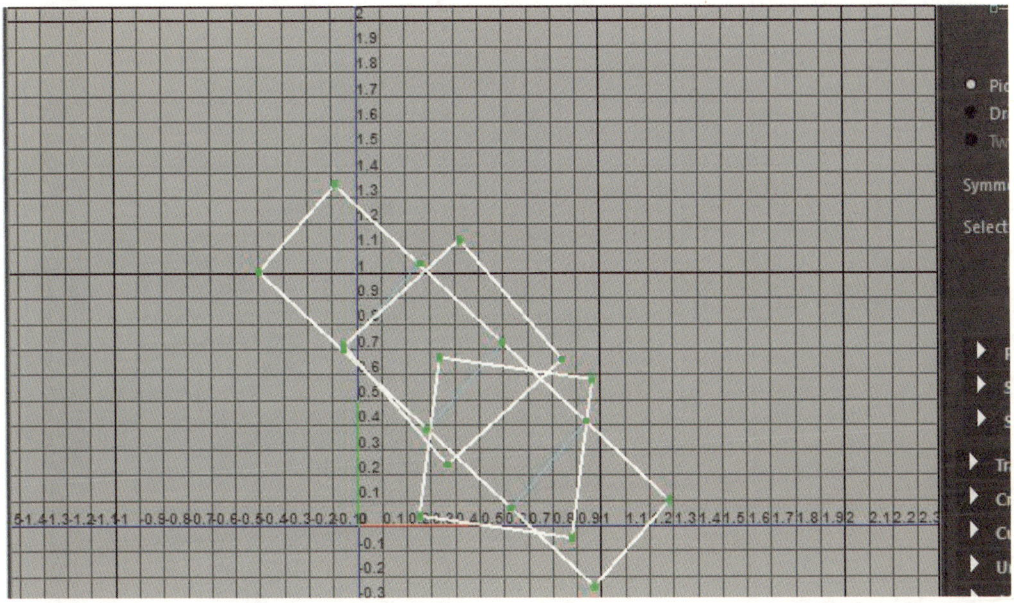

图 4-31 展开

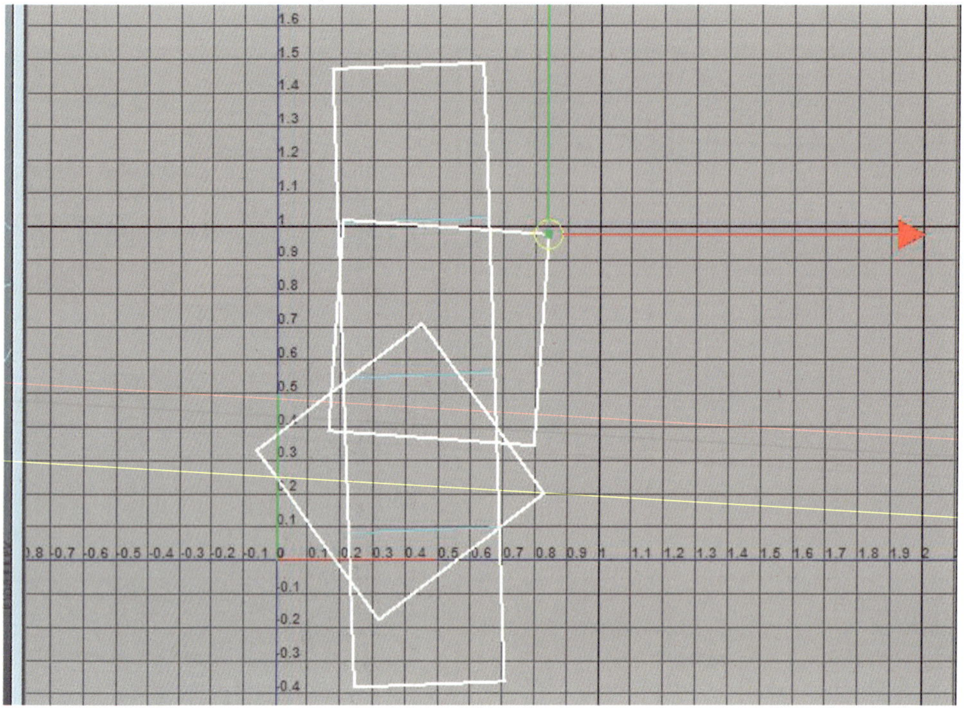

图 4-32　选择点

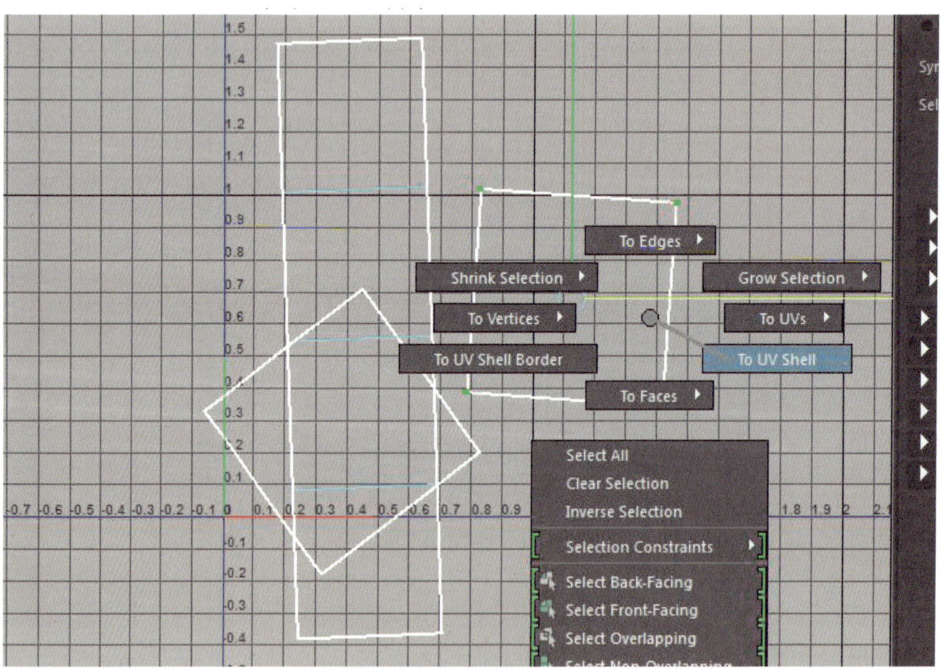

图 4-33　到 UV 壳

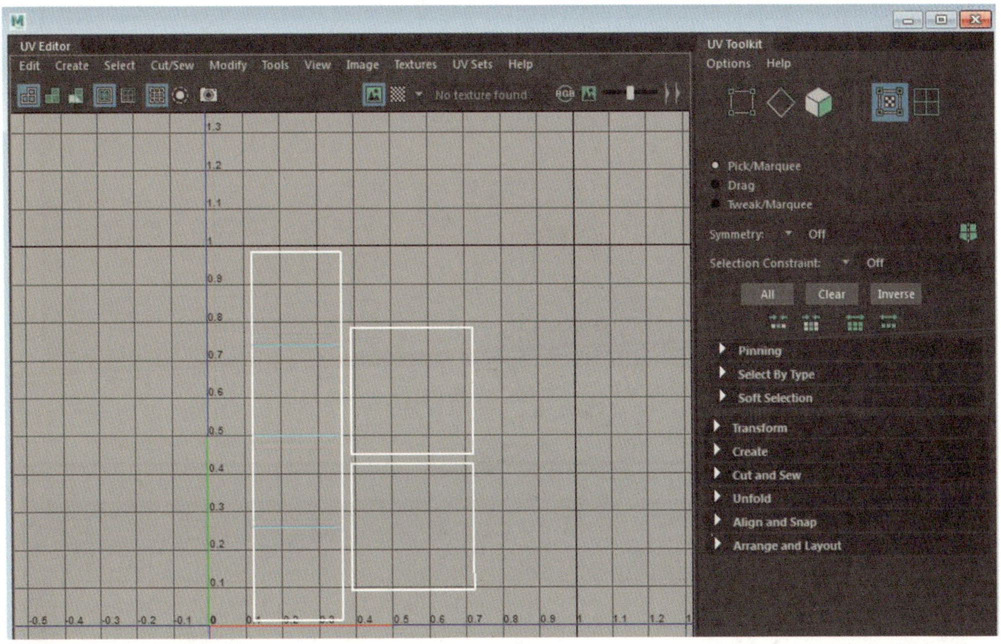

图 4-34 摆正 UV

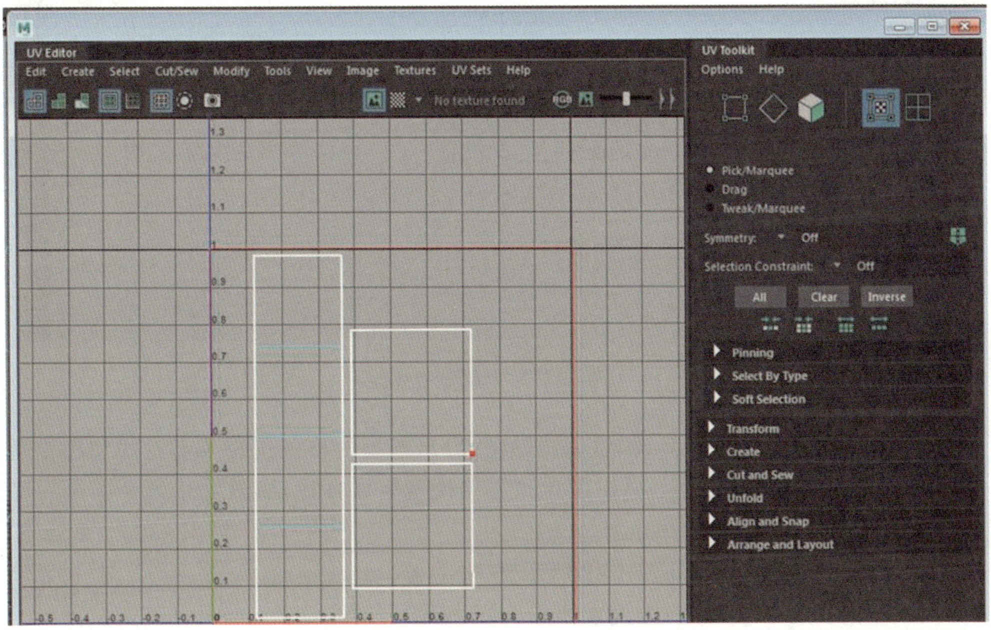

图 4-35 UV 范围

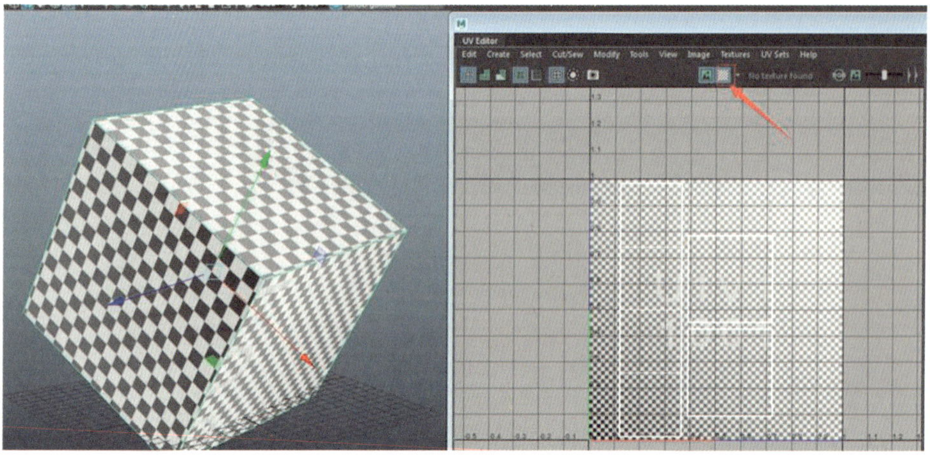

图 4-36 UV 棋盘格

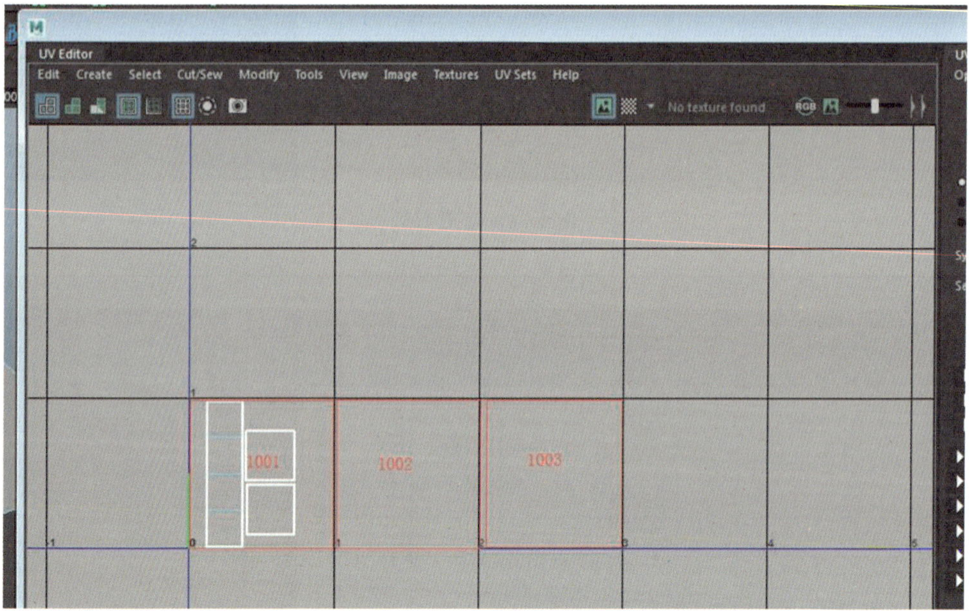

图 4-37 多象限 UV

导出模型到 Substance Painter 里面画贴图:导出模型的格式选择 obj,这里将模型替换成一个展好 UV 的材质球模型。画贴图比正方体模型更加直观,如图 4-38 所示。

(24) 贴图制作

打开 Substance Painter,如图 4-39 所示。

在模板中选择导入模型,参数设置如图 4-40 所示。

点击 OK,导入模型,如图 4-41 所示。

继而进行烘焙贴图,如图 4-42 所示。

设置相应参数,改好尺寸大小后,点击烘焙,如图 4-43 所示。

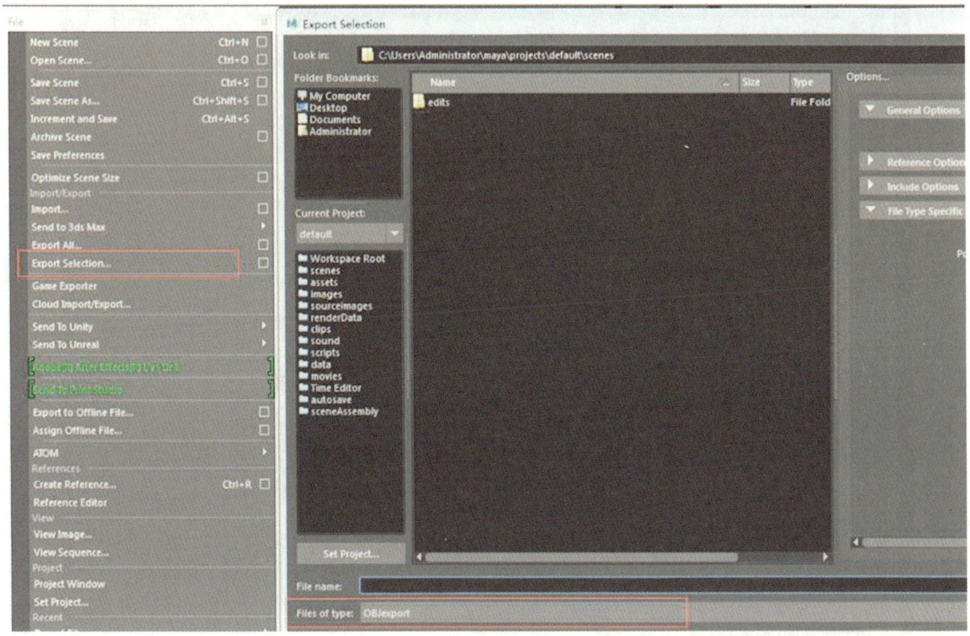

图 4-38　导出

图 4-39　Substance Painter

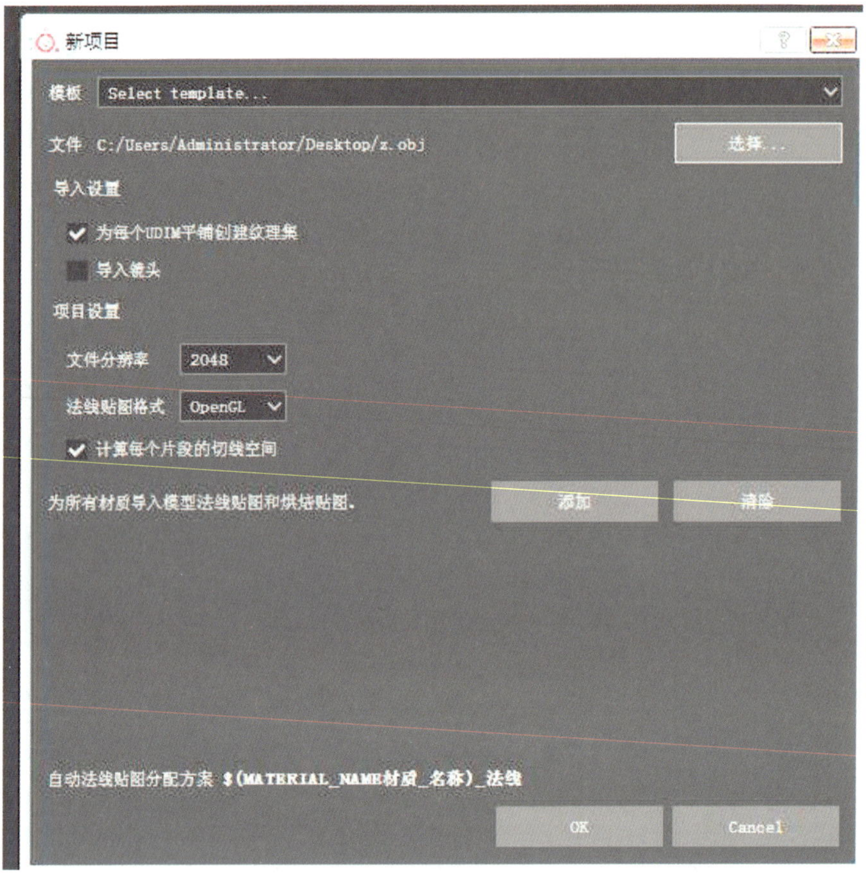

图 4-40　导入参数设置

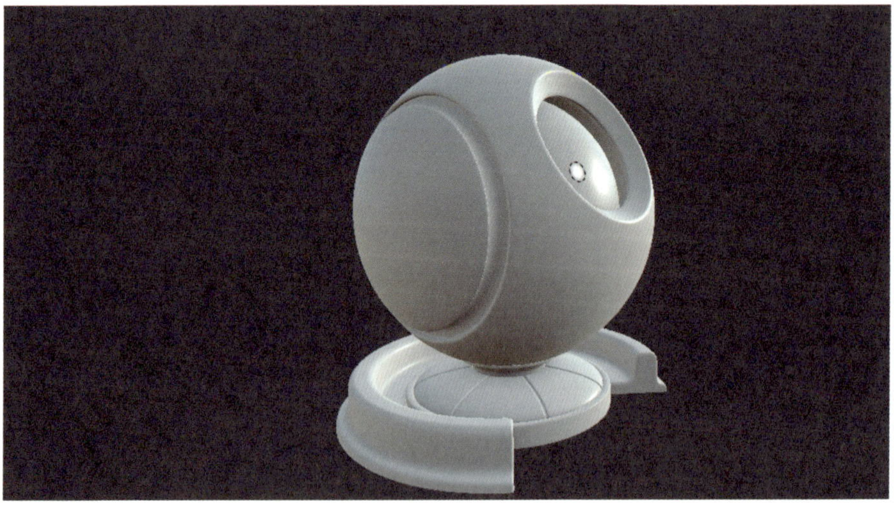

图 4-41　导入模型

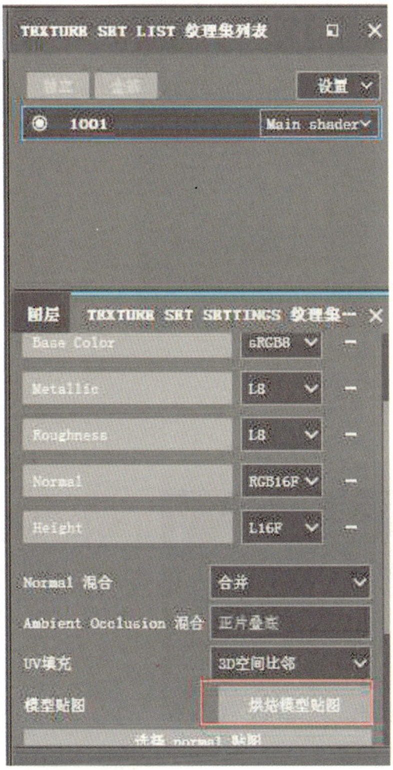

图 4-42 烘焙贴图

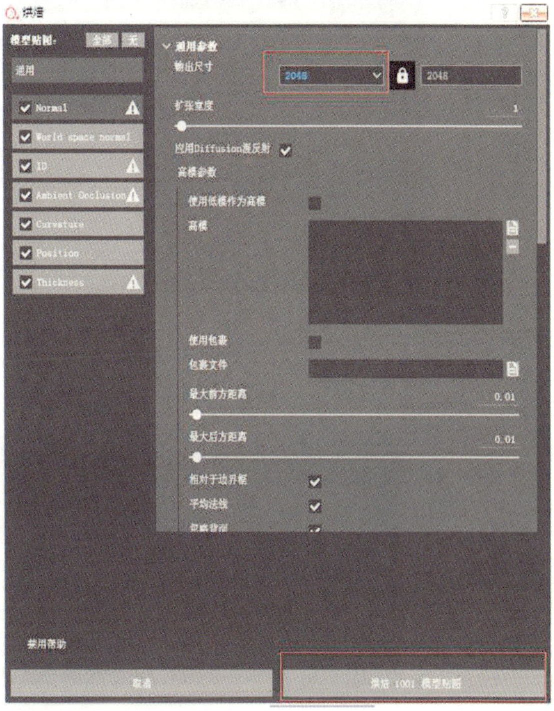

图 4-43 烘焙

选择智能材质标签，如图 4-44 所示。

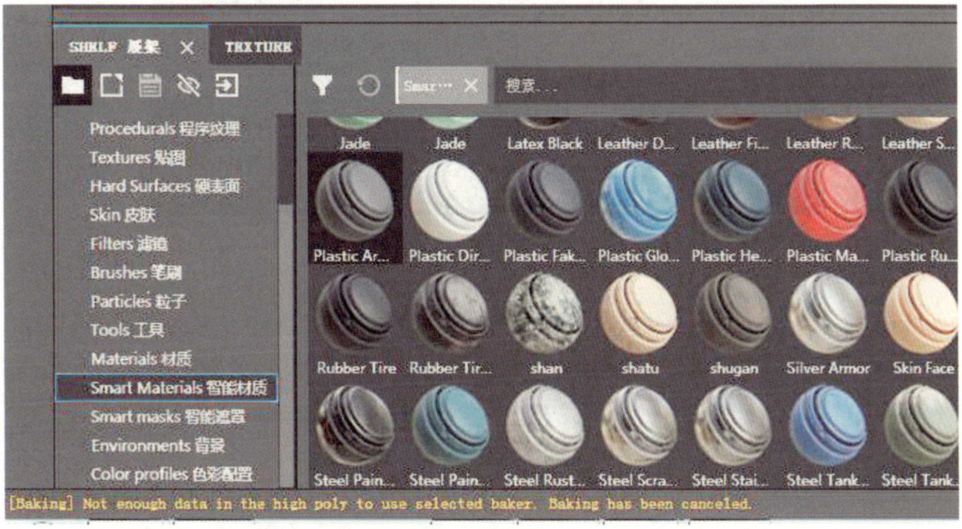

图 4-44 智能材质

随机拖一个智能材质到后边的图层里，模型效果如图 4-45 所示。

图 4-45　模型效果

点击相机图标进行渲染并查看效果，如图 4-46 所示。

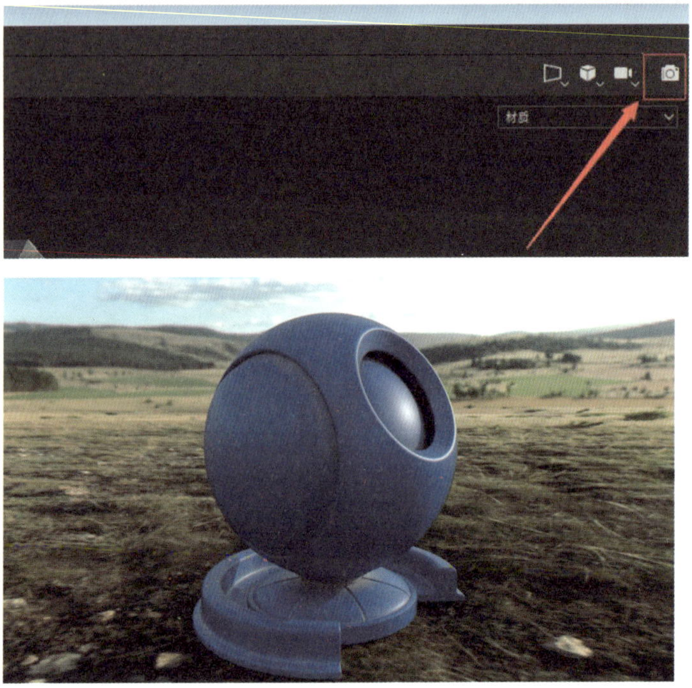

图 4-46　渲染

点开图层，每一层都可以调整对应的参数，不同的智能材质有不同的参数，可以尝试调整查看效果，如图 4-47 所示。也可进一步调整颜色(Base Color)、金属度(Metallic)、粗糙度(Roughness)、法线(Normal)、高度(Height)等。

(25) 导出贴图：贴图导出界面如图 4-48 所示。

可调整各种渲染器、引擎的预设参数，如图 4-49 所示。选择 Redshift 即预设参数，如图 4-50 所示。

修改预设，将红框中所示的图层关闭掉，如图 4-51 所示。

图 4-47　图参数调整

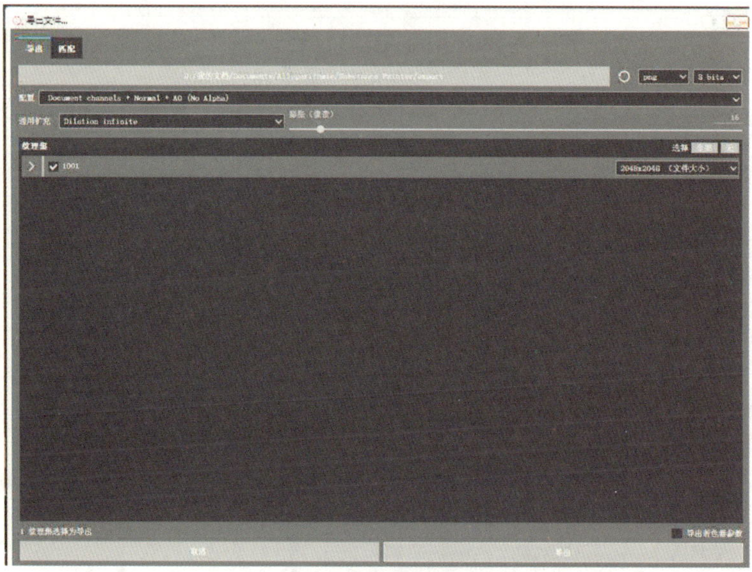

图 4-48　贴图导出

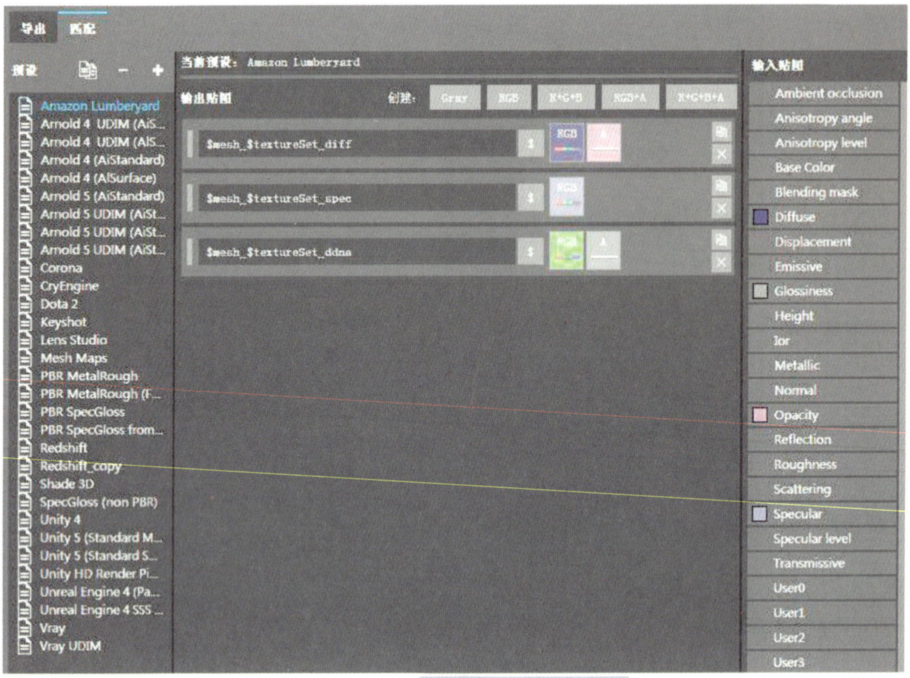

图 4-49　预设参数

图 4-50　选择预设

图 4-51 关闭图层

点击 Gray 按钮，并将 Roughness 用鼠标左键拖到箭头所指的 Gr 框上，选择 Gray Channel 选项，如图 4-52 所示。

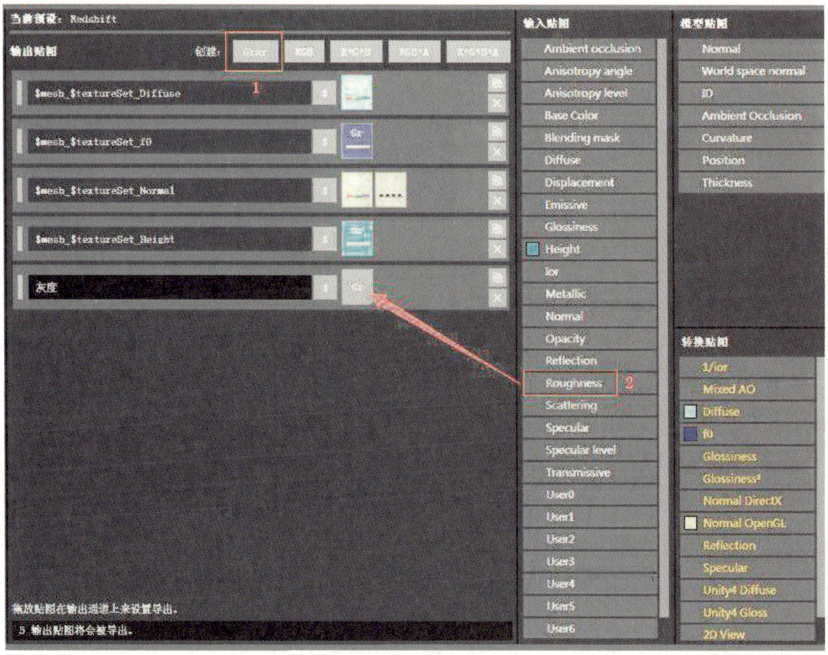

图 4-52 设置导出

图 4-52(续)

将配置改成 Redshift 导出贴图，如图 4-53 所示。

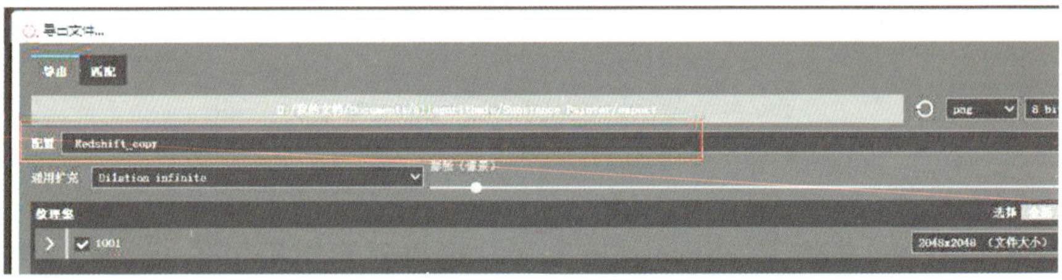

图 4-53　导出贴图

打开导出路径，可见刚才导出的贴图，如图 4-54 所示。

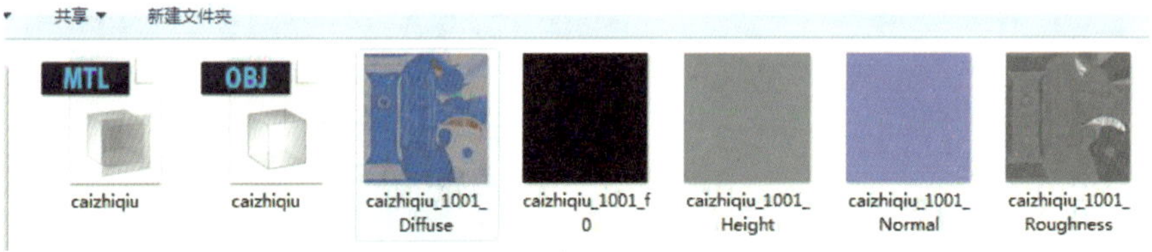

图 4-54　导出的贴图

(26) Maya 连接贴图渲染：

在 Maya 中打开文件，如图 4-55 所示。

创建一个 Redshift Dome Light 以及 Redshift Physical Light，如图 4-56 所示。

打开平面光的参数(快捷键 Ctrl＋A 可以打开灯光)，将 Light Type 改成 Directional，将 Intensity Multiplier 改成 1，如图 4-57 所示。

选择中间的半圆灯罩，在红框的路径上添加一张 HDR 图像，如图 4-58 所示。

使用从 Substance Painter 里面导出来的图像，在 SP 展架里面选择 Environments 背景层，找到相应的 HDR 导出，如图 4-59 所示。

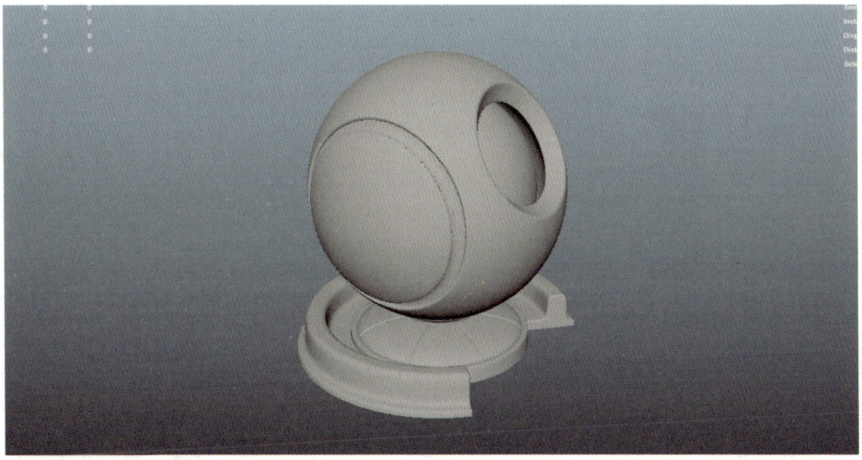

图 4-55 打开文件

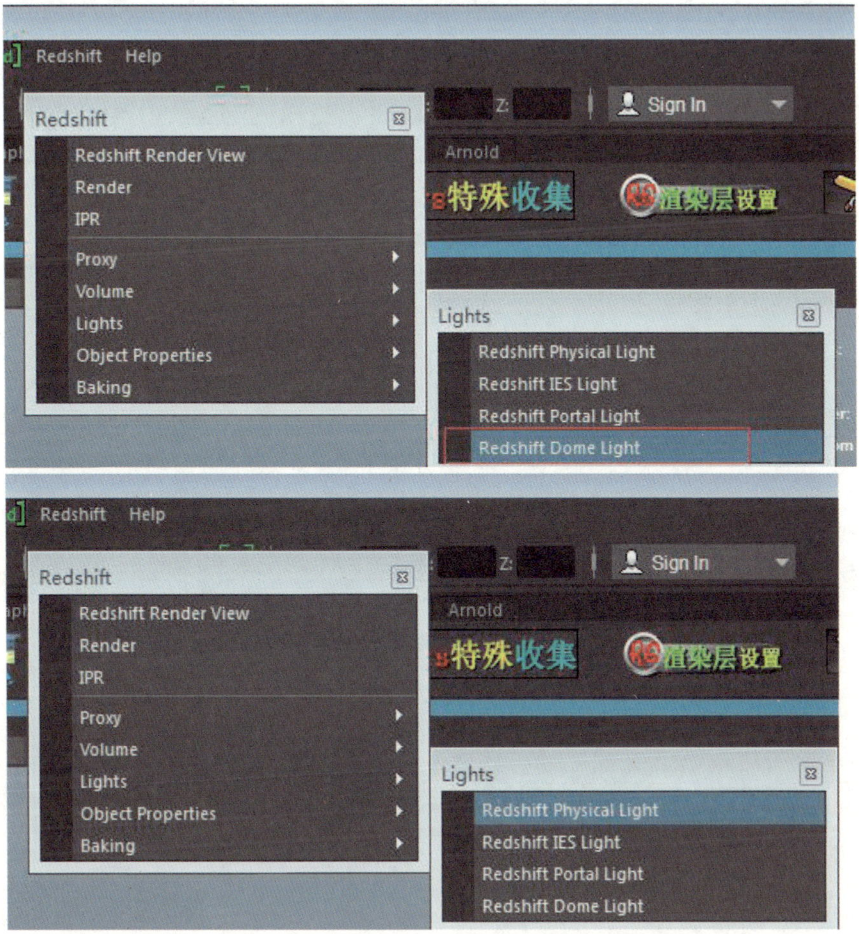

图 4-56 创建光源

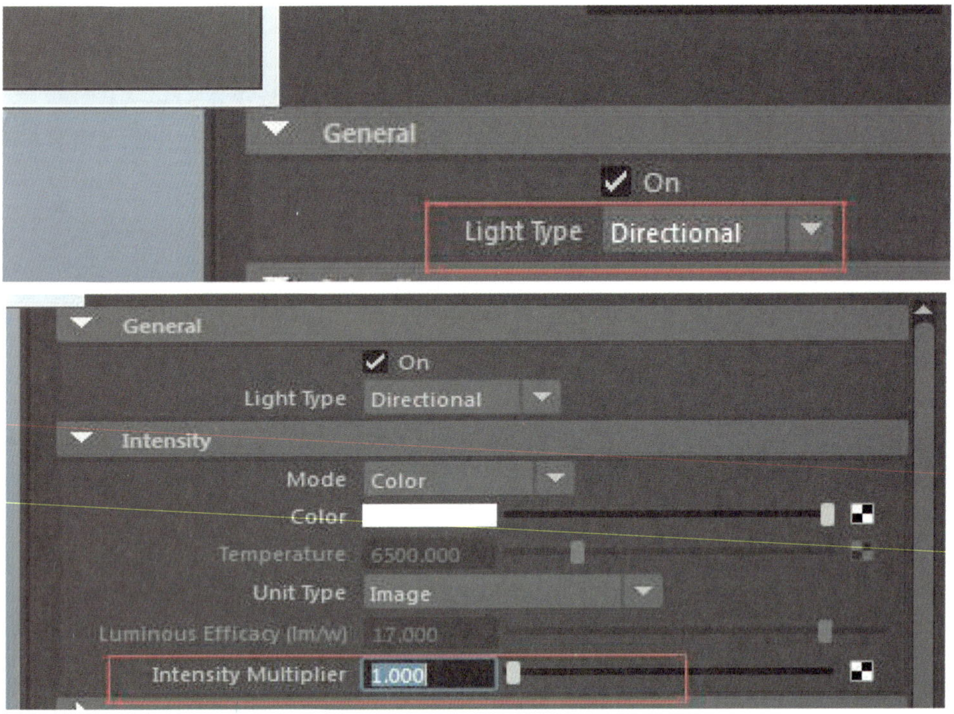

图 4-57　参数设置

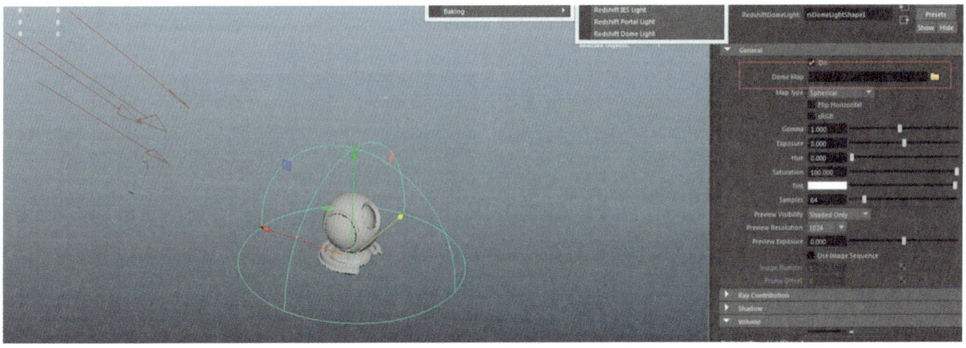

图 4-58　添加图像

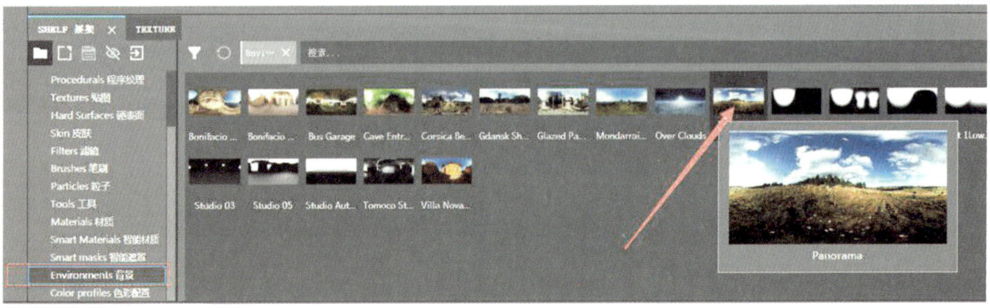

图 4-59　导出图像

连接好刚才的图片，如图 4-60 所示。

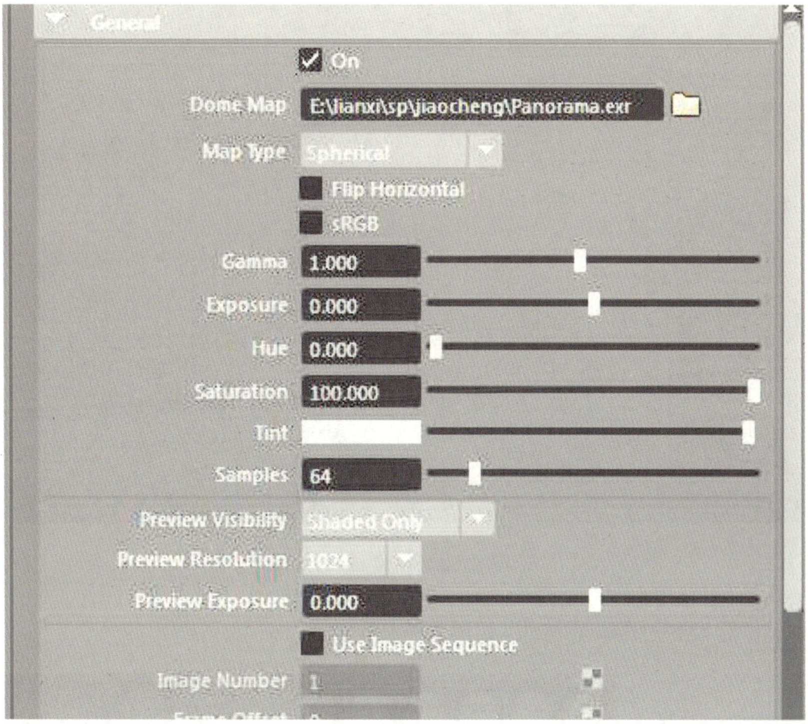

图 4-60　连接图片

打开材质编辑器，如图 4-61 所示。

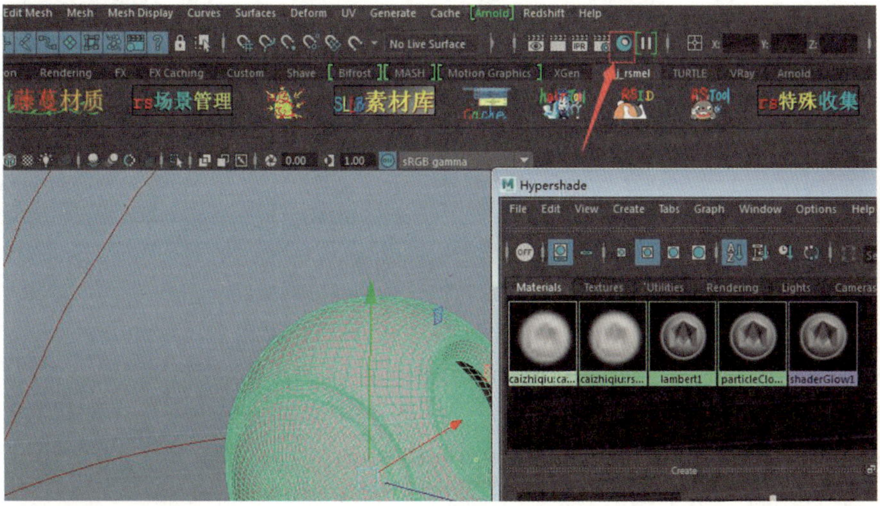

图 4-61　打开材质编辑器

如图 4-62 所示红框内，创建材质球。

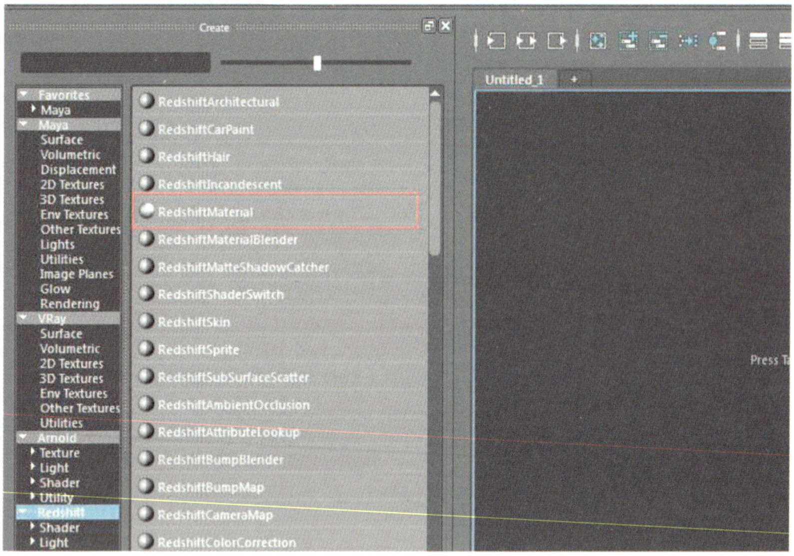

图 4-62　创建材质球

单击鼠标右键，给模型赋予材质，如图 4-63 所示。

图 4-63　赋予材质

查看渲染结果，如图 4-64 所示。打开渲染窗口，将渲染器改成 Redshift。

连接刚才导出的贴图，用鼠标左键选择贴图拖过去，如图 4-65 所示。

选择所有的贴图点击红框 1，2，排布一下效果，如图 4-66 所示。

分别用鼠标点击贴图按住拖到右边相应的位置，如图 4-67 所示。

将除了 Diffuse 之外的贴图 Color Space 改成 Raw，如图 4-68 所示。

Maya 渲染的效果如图 4-69 所示，Substance Painter 渲染效果如图 4-70 所示。

两者效果大致相同，区别是 Maya 的亮度更高，若想获得低一点的亮度，将灯光的强度参数稍微改低即可。

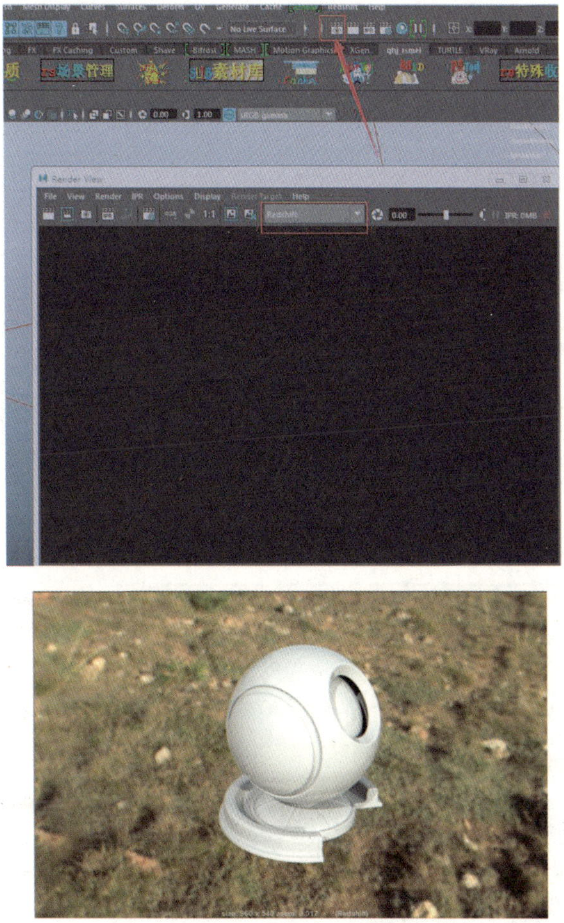

图 4-64　渲染

图 4-65　连接贴图

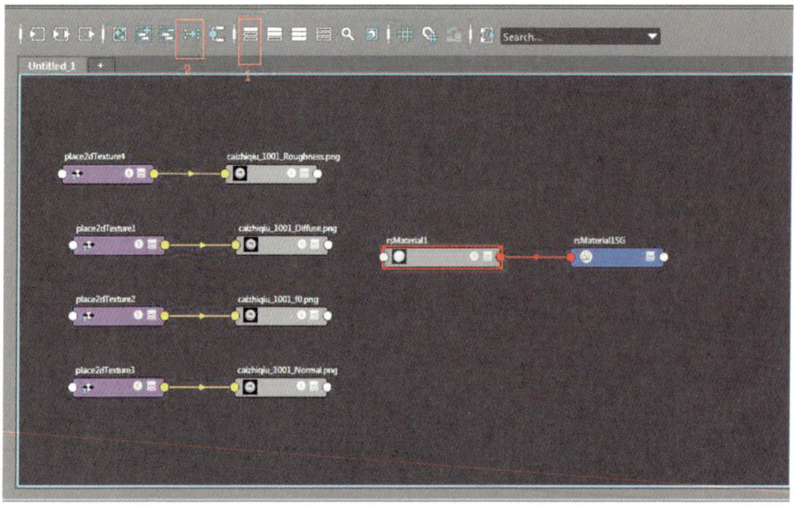

图 4-66　贴图排布

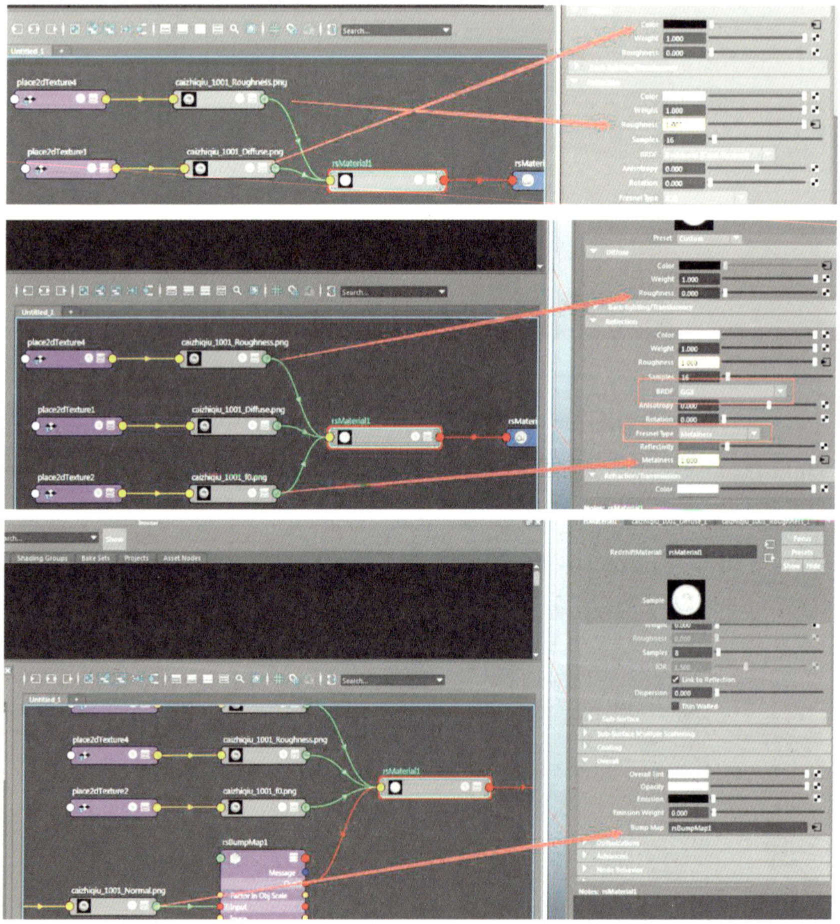

图 4-67　贴图设置

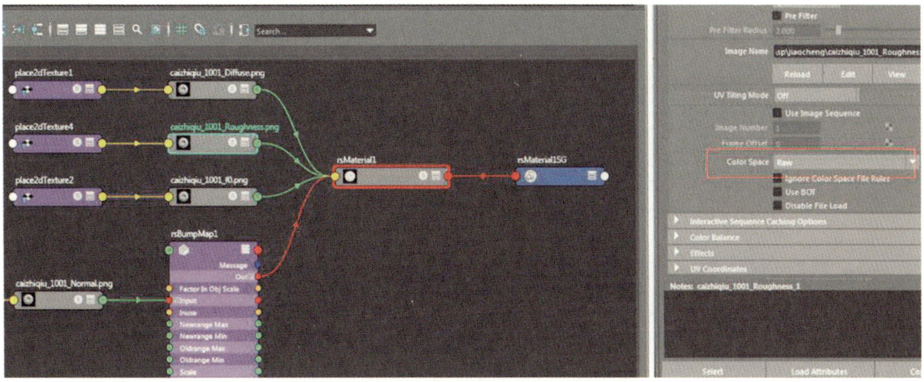

图 4-68　贴图参数设置

图 4-69　Maya 渲染效果

图 4-70　Substance Painter 渲染效果

5 虚拟现实开发平台

本章以 InVision 虚拟现实开发平台为例，介绍虚拟现实系统开发的总体流程。

5.1 虚拟现实平台安装

(1) 开发环境配置

InVision 二次开发环境为 Visual Studio 2010+Qt5.5.1，用户需要安装如下软件(建议按顺序安装)。

① cn_visual_studio_2010_ultimate_x86_dvd_532347.iso：VS2010 旗舰中文版；

② qt-opensource-windows-x86-msvc2010-5.5.1.exe：Qt5.5.1 应用程序开发框架；

③ qt-vs-addin-1.2.4-opensource.exe：Qt 的 VS2010 开发插件。

提示 1：建议安装 Visual Assit X 插件，这是 VS2010 的插件，有代码着色和自动提示功能，能够提高开发效率。

提示 2：在安装完 Qt 开发环境后，必须添加系统环境变量名 QTDIR，变量值设为 Qt 的安装路径(默认安装位置"C:\Qt\5.5.1\5.5\msvc2010")。

(2) InVision SDK 安装

要进行 InVision 的二次开发，用户需要安装的软件如下。

InVision R11 Developer.exe：InVision 的开发包。

提示 1：安装目录默认为"C:\Program Files (x86)\SunstepVision\InVision R11"，建议按默认位置自动安装。如果需要修改安装路径，建议只修改盘符位置，如"C:\.."修改为"D:\.."即可，因为后两个安装包都是基于第一个安装包的内容，必须保证它们的安装目录一致。

提示 2：建议安装完 InVision 开发环境后，添加系统环境变量名 LIMING_SDK，变量值设为 InVision R11 Developer 的安装目录位置(默认位置为"C:\Program Files (x86)\SunstepVision\InVision R11")。

安装后的目录如表 5-1 所示。

(3) 示例小程序安装

为了方便本书进行 InVision 二次开发演示讲解，用户需要安装基于 InVision 二次开发的虚拟教学实验小软件，软件如下：三相电虚拟教学实验.exe。

表 5-1 程序安装目录

目录	内容
/bin	运行目录，包含 dll、exe、配置文件和插件数据等内容
/extern	开发使用的第三方库目录(如第三方开源库 OpenSceneGraph 等)
/lib	InVision 提供的链接库目录

5.2 应用程序界面配置

InVision SDK 提供了一套完整开放的开发框架，其主要思路是以 App＋配置＋功能插件的方式完成对软件的二次开发。InVision SDK 架构如图 5-1 所示。

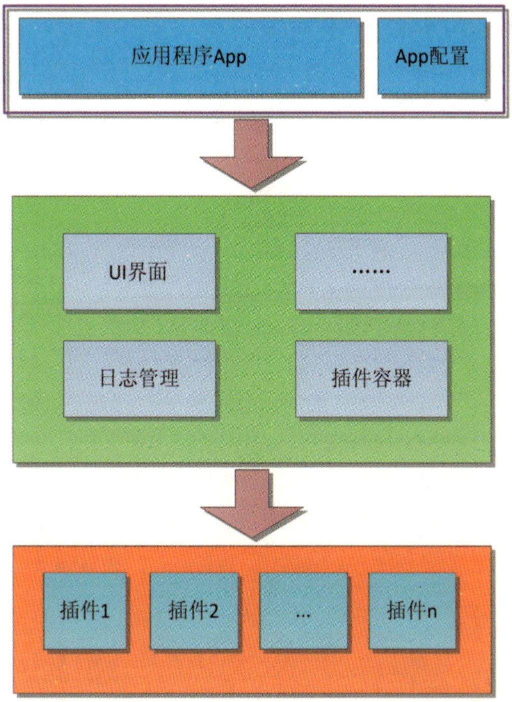

图 5-1 InVision SDK 架构

应用程序 App 通过配置文件配置界面菜单、插件等，配置文件详情如表 5-2 所示，以三相电软件为例，在目录“/bin/config/ThreePhasePower”下可以看到对应的配置文件。

表 5-2 配置文件

文件	功 能
config. xml	应用 App 标题、描述等信息
config_component. xml	应用 App 加载的插件信息
config_menus. xml	应用 App 的主菜单配置信息

表 5-2(续)

文件	功　能
config_panes. xml	应用 App 的停靠面板配置信息
config_toolbars. xml	应用 App 的工具栏配置信息
config_views. xml	应用 App 的视图配置信息
config_start. xml	应用 App 的启动参数设置

目前用户可以通过两种方法来对应用程序 App 进行配置，一种方法是用户直接修改上表中的配置文件，应用程序将按照配置后的内容进行显示。另一种方法是用 SDK 提供的配置工具进行可视化的操作配置，运行 gis_app_config_tool. exe。工具界面如图 5-2 所示。

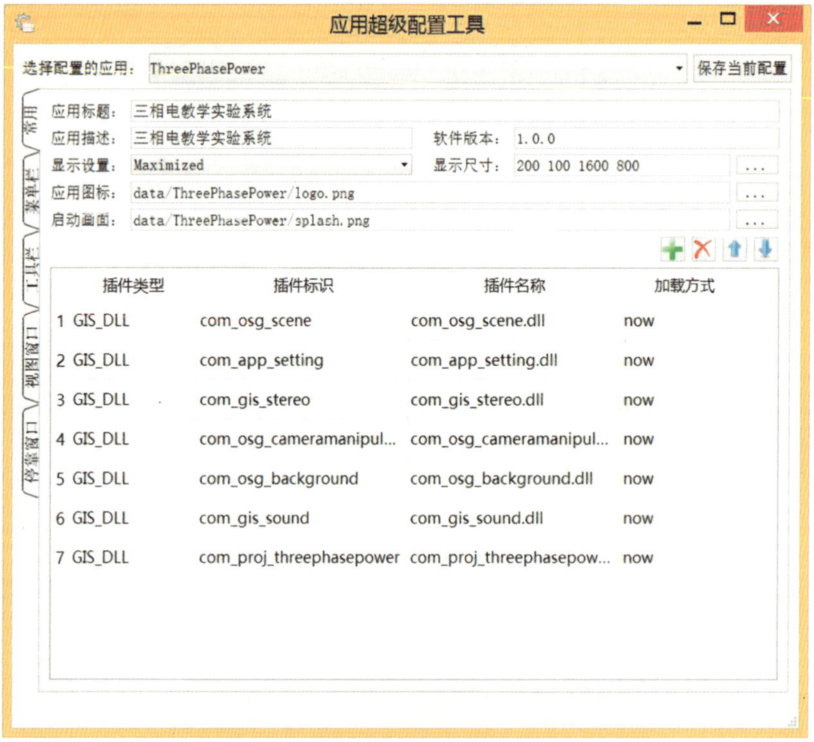

图 5-2　配置工具

5.3　业务插件开发过程

5.3.1　插件编译

打开 Visual Studio 2010，在第一行菜单栏中选择 Qt5→Open Qt Project File(. pro)，选择工程文件 C:\Program Files (x86)\SunstepVision\InVisionR11\src\plugins\com_demo\com_demo. pro，如图 5-3 所示。

成功加载后，Visual Studio 如图 5-4 所示。注意，有些操作系统由于存在权限问题，导

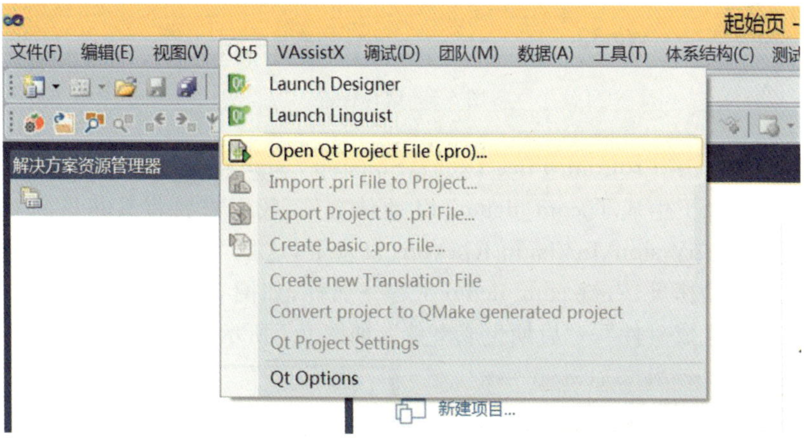

图 5-3　打开工程文件

致在加载 com_demo. pro 文件的过程中可能会失败，此时使用管理员模式重新打开 Visual Studio 2010，再次通过 Qt5 导入 com_demo. pro 工程即可。

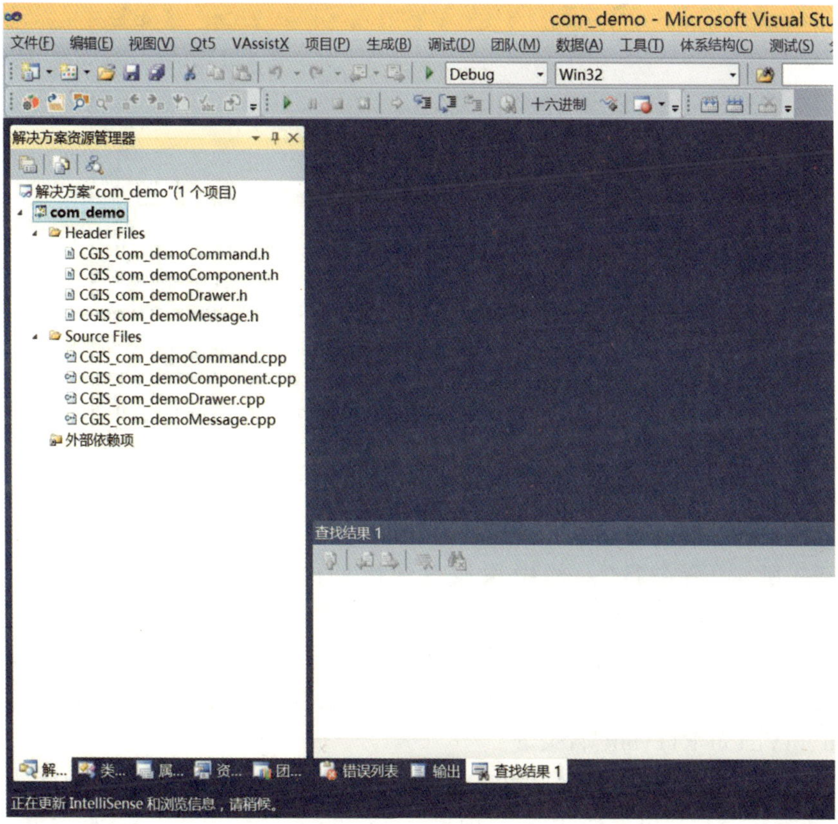

图 5-4　工程加载

在工具栏中切换当前模式为 Release 模式后，编译工程(菜单栏“生成”→生成解决方案，或者使用快捷键 F7)，弹出工程另存文件为弹窗，点击保存即可，如图 5-5 所示。

图 5-5　编译保存

编译成功后在 C:\Program Files (x86)\SunstepVision\InVisionR11\src\plugins\com_demo\release 目录下生成了 com_demo.dll 插件文件，我们需要将其拷贝到 C:\Program Files (x86)\SunstepVision\InVision R11\bin 目录下，这里可以使用 VS2010 的后期生成事件功能，让其自动拷贝（右键 com_demo 工程→属性，如图 5-6 所示），在属性对话框中选择"配置属性"→"生成事件"→"后期生成事件"，如图 5-7 所示。

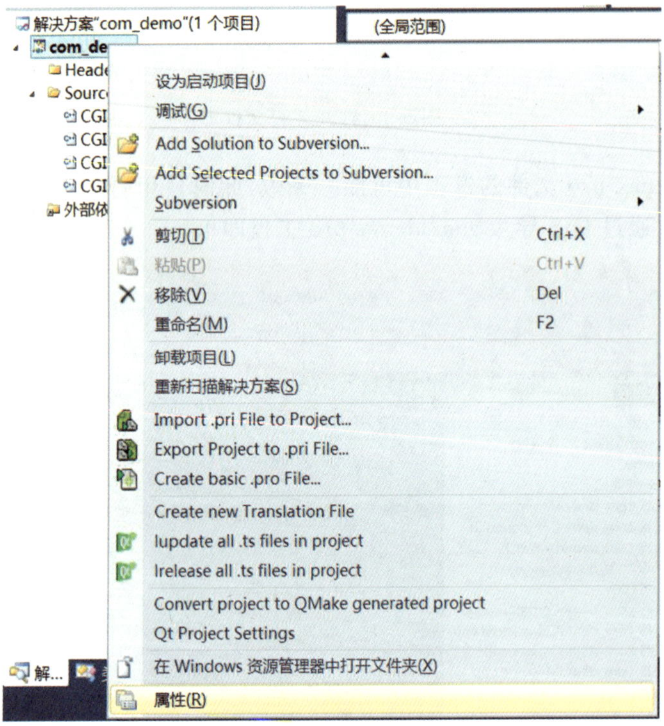

图 5-6　属性菜单

在图 5-7 所示"命令行"一栏中添加自动拷贝代码：copy " $(OutDir)/*.dll" " $(LIMING_SDK)/bin"。

提示：LIMING_SDK 是一个环境变量值，在 5.1 节中提示 2 部分我们已经设置了该环境变量值，该命令的作用其实就是将生成的 dll 拷贝到"C:\Program Files (x86)\SunstepVision\InVision R11\bin"目录下。

自动拷贝配置完成后，重新生成解决方案，我们发现 com_demo.dll 自动拷贝到\bin 目录下，现在重新运行三相电软件后，不再弹出"com_demo 插件加载失败"提示框，说明该插件已经被正确加载。

5.3.2　添加模型

在三维场景中添加模型场景，用户需要将 SCENE.ive 模型文件放到/bin 目录下。

提示：SCENE.ive 文件是基于三相电业务插件 com_proj_threephasepower 的插件数

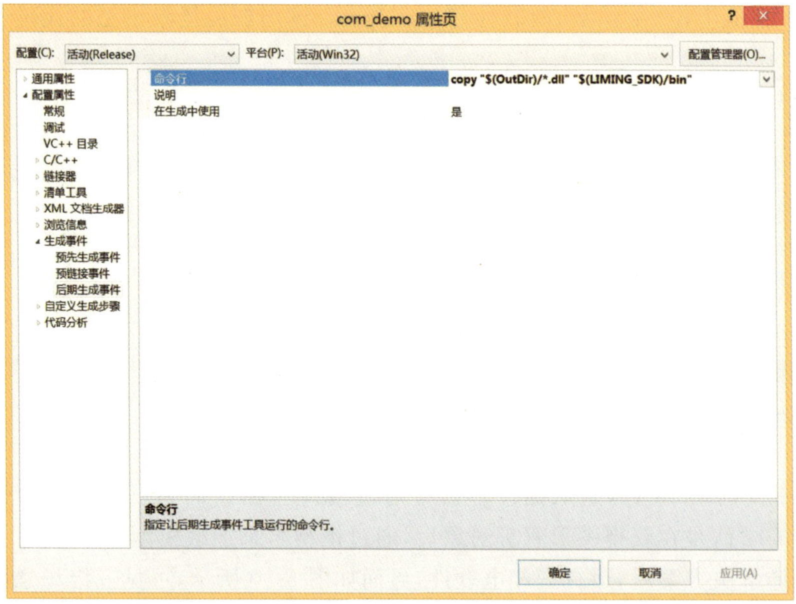

图 5-7 属性设置

据文件 C:\Program Files (x86)\SunstepVision\InVision R11\bin\plugins\com_proj_threephasepower\data\models\SXD-zhu. IVE，通过 InVision 软件删除不需要的场景部分并重新定位起始视点后的场景模型。具体删除和定位视点操作可参考 InVision 软件使用手册，这里不再介绍。

在 CGIS_com_demoComponent. cpp 中添加应用头文件，如图 5-8 所示。

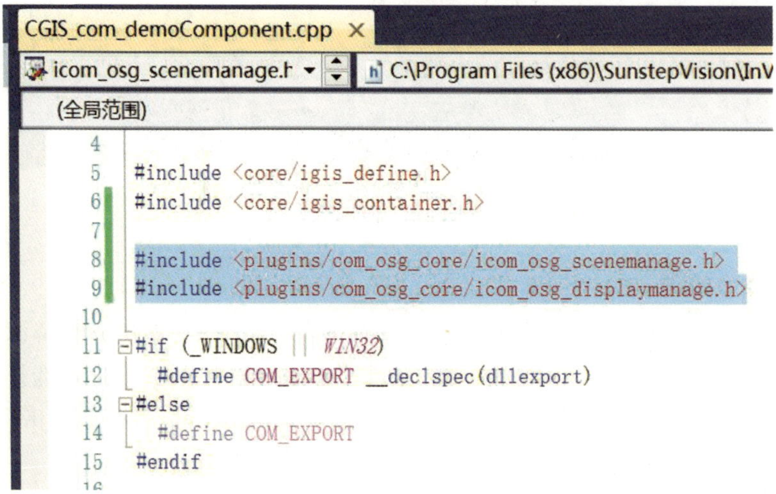

图 5-8 添加头文件

在 CGIS_com_demoComponent. cpp 文件的 InitialUpdate 函数中编写读取场景模型文件的代码，如图 5-9 所示。

函数说明：InitialUpdate 函数为插件初始化更新函数，App 应用程序在加载此插件后会自动调用 InitialUpdate 函数，故软件启动后会自动调用加载场景模型的代码。

```
52 bool CGIS_com_demoComponent::InitialUpdate()
53 {
54     //在此添加用户代码
55     //todo
56     ICOM_OSG_SceneManage* pSceneMgr = (ICOM_OSG_SceneManage*)m_pContainer->GetInterfaceByName(
57         "OSG_INTERFACE_SCENEMANAGE");
58     if (pSceneMgr)
59     {
60         pSceneMgr->OpenScene("SCENE.ive");
61     }
62 
63     return true;
64 }
```

图 5-9　读取场景模型文件

图 5-9 中代码第 56 行，是从插件容器中通过接口名称查询到三维场景的图形管理对象。代码第 60 行，是在获得图形管理对象后，通过模型名来加载模型。

重新编译解决方案后，运行三相电软件，界面如图 5-10 所示，可见三维场景按我们的意图加载了一个场景模型。

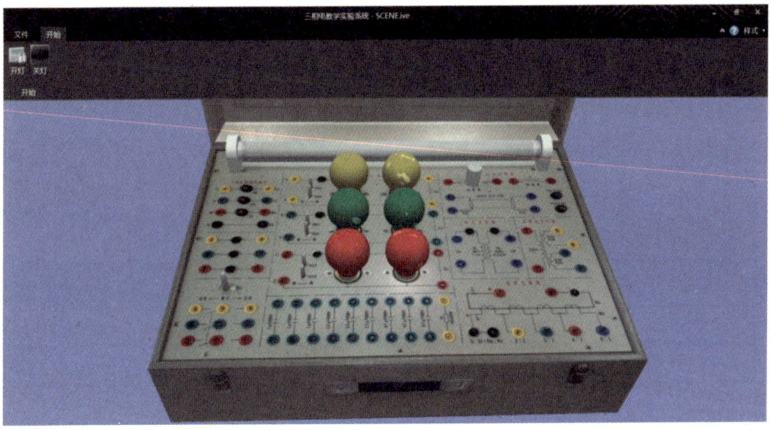

图 5-10　三维场景

5.3.3　菜单命令映射

首先创建类 LightControl 用来控制模型中灯的开、关——在解决方案资源管理器面板中右键单击 com_demo 工程，在右键菜单中选择“添加”→“类”(图 5-11)，选择 C++类添加，在一般 C++类向导对话框中设置类名为 LightControl(图 5-12)并点击“完成”即可。此时，工程中自动生成了 LightControl.h、LightControl.cpp 两个文件。

在 LightControl.h 头文件中修改代码，如图 5-13 所示。

代码说明：第 9 行提供了单实例的方法，方便调用灯光控制对象。第 11 行，Init 为灯光控制对象 LightControl 的初始化函数。第 14 行，作为进行灯光“开”“关”控制的总入口。第 17～19 行，分别对应控制模型黄色灯、绿色灯、红色灯开关行为的函数。第 23 行为按索引顺序控制每一个灯的显示、不显示状态的函数。第 29 行，m_lightNodes 对象为场景模型中的所有灯节点模型列表。

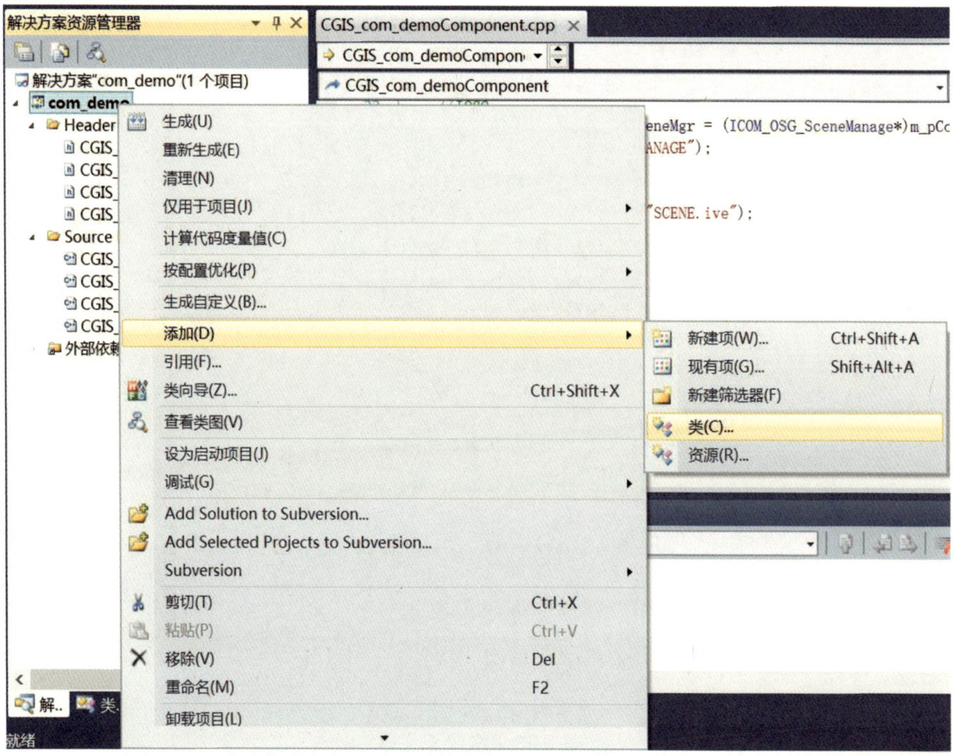

图 5-11 添加类

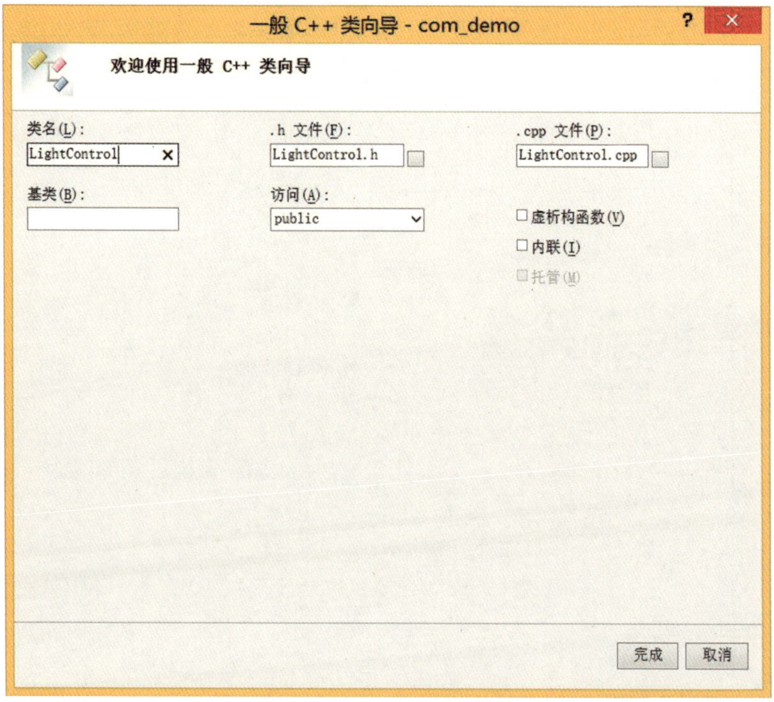

图 5-12 类设置

```cpp
#pragma once

#include <osg/Node>
#include <QList>

class LightControl
{
public:
	static LightControl* GetInstance();

	void Init(osg::Node* node);

	//=true 打开灯; =false 关闭灯;
	void SetAllLightOn(bool on);


	void SetYellowOn(bool on);
	void SetGreenOn(bool on);
	void SetRedOn(bool on);

protected:

	void SetLightOnByIndex(int index, bool on);

protected:
	LightControl(void);
	~LightControl(void);

	QList<osg::Node*> m_lightNodes;
};
```

图 5-13　修改头文件

下面在 LightControl. cpp 中实现在头文件中声明的函数,代码如图 5-14 所示。

```cpp
#include "LightControl.h"
#include <FindNodeVisitor.h>

LightControl::LightControl(void)
{
}


LightControl::~LightControl(void)
{
}

LightControl* LightControl::GetInstance()
{
	static LightControl sLC;
	return &sLC;
}

void LightControl::Init(osg::Node* node)
{
	if (0 == node)
		return;

	QStringList params;
	params<<"HAD-01"<<"HAD-01-Z"<<"HAD-02"<<"HAD-02-Z";
	params<<"LD-01"<<"LD-01-Z"<<"LD-02"<<"LD-02-Z";
	params<<"HD-01"<<"HD-01-Z"<<"HD-02"<<"HD-02-Z";

	//搜索所有
	foreach(QString str, params)
	{
		osgLMExt::FindNodeVisitor nv(osg::NodeVisitor::TRAVERSE_ALL_CHILDREN,
			str.toLocal8Bit());

		node->accept(nv);

		if (nv.GetFirstFindNode())
		{
			m_lightNodes.append(nv.GetFirstFindNode());
		}
		else
			m_lightNodes.append(NULL);
	}
}
```

图 5-14　LightControl. cpp

```
46 void LightControl::SetAllLightOn(bool on)
47 {
48         SetYellowOn(on);
49         SetGreenOn(on);
50         SetRedOn(on);
51 }
52
53 void LightControl::SetYellowOn(bool on)
54 {
55         if (on)
56         {
57                 SetLightOnByIndex(0, false);
58                 SetLightOnByIndex(1, true);
59                 SetLightOnByIndex(2, false);
60                 SetLightOnByIndex(3, true);
61         }
62         else
63         {
64                 SetLightOnByIndex(0, true);
65                 SetLightOnByIndex(1, false);
66                 SetLightOnByIndex(2, true);
67                 SetLightOnByIndex(3, false);
68         }
69 }
70
71 void LightControl::SetGreenOn(bool on)
72 {
73         if (on)
74         {
75                 SetLightOnByIndex(4, false);
76                 SetLightOnByIndex(5, true);
77                 SetLightOnByIndex(6, false);
78                 SetLightOnByIndex(7, true);
79         }
80         else
81         {
82                 SetLightOnByIndex(4, true);
83                 SetLightOnByIndex(5, false);
84                 SetLightOnByIndex(6, true);
85                 SetLightOnByIndex(7, false);
86         }
87 }
```

```
89 void LightControl::SetRedOn(bool on)
90 {
91         if (on)
92         {
93                 SetLightOnByIndex(8, false);
94                 SetLightOnByIndex(9, true);
95                 SetLightOnByIndex(10, false);
96                 SetLightOnByIndex(11, true);
97         }
98         else
99         {
100                SetLightOnByIndex(8, true);
101                SetLightOnByIndex(9, false);
102                SetLightOnByIndex(10, true);
103                SetLightOnByIndex(11, false);
104        }
105 }
106
107 void LightControl::SetLightOnByIndex(int index, bool on)
108 {
109        int cnt = m_lightNodes.size();
110        if (index <0 || index>=cnt)
111                return;
112
113        osg::Node* node = m_lightNodes.at(index);
114        if (node)
115        {
116                if (on) node->setNodeMask(~0);
117                else node->setNodeMask(0);
118        }
119 }
120
```

图 5-14(续)

代码说明：第 24～27 行，字符串列表按名称存储模型中各个颜色灯对象对应子节点的名称，如“HAD-01”对应第一个黄灯关灯的子节点，“HAD-01-Z”对应第一个黄灯开灯的子节点；“LD-01”对应第一个绿灯关灯的子节点，“LD-01-Z”对应第一个绿灯开灯的子节点；“HD-01”对应第一个红灯关灯的子节点，“HD-01-Z”对应第一个红灯开灯的子节点。第 30～43 行，按节点名称顺序搜索对应灯的子节点，并将子节点模型对象保存到成员变量 m_lightNodes 中，便于对这些灯进行直接控制。第 48～50 行，开、关灯函数依次调用所有的黄灯、绿灯、红灯三类灯的打开、关闭操作。第 53 行，SetYellowOn 函数，调用黄色灯的打开、关闭操作，对应操作 m_lightNodes 列表中黄色灯对应索引节点的显示、不显示，第 25 行对应的都是黄灯名称，索引名称为 0～3，当黄灯开时就是索引号 1、3 两个节点显示，当黄灯关时就是索引号对应 0、2 两个节点显示。第 71、89 两个函数实现原理与 SetYellowOn 函数是一致的。第 107 行函数，用来直接控制指定索引号的灯节点显示、不显示。

至此，完成了灯光控制类的代码，但此时编译无法通过，我们还需要添加头文件目录、链接库目录，并添加依赖的 lib 库，过程如下：

（1）右键单击工程 com_demo→属性→配置属性→C/C++→常规→附加包含目录，添加两个头文件目录：

C:\Program Files (x86)\SunstepVision\InVision R11\extern\OpenSceneGraph\include

C:\Program Files (x86)\SunstepVision\InVision R11\extern\osgLMExt\include

（2）配置属性→链接器→常规→附加库目录，添加两个库文件目录：

C:\Program Files (x86)\SunstepVision\InVision R11\extern\OpenSceneGraph\lib

C:\Program Files (x86)\SunstepVision\InVision R11\extern\osgLMExt\lib

（3）配置属性→链接器→输入→附加库依赖项，添加两个库 osg. lib、osgLMExt. lib。

完成以上属性设置后，重新编译解决方案，则可以正确生成编译结果。

接下来对 LightControl 类提供的单实例对象进行初始化工作：

打开 CGIS_com_demoMessage. cpp 文件，先在前面添加头文件引用 #include <osg/Node> 和 #include “LightControl. h”。

之后 GetMessageCount 函数返回响应消息数量，GetMessageName 返回响应消息名称，消息“OSG_MSG_OPEN_SCENE”是场景模型加载后的自动发送的消息，在 OnMessage 函数中响应此消息，调用 LightControl 初始化函数，如图 5-15 所示。第 43 行，场景打开时发送的模型参数；第 44 行，LightControl 初始化；第 45 行，初始化后默认关闭所有的灯。

```
18  int CGIS_com_demoMessage::GetMessageCount()
19  {
20          //返回用户消息个数
21          //todo
22      return 1;
23  }
24
25  const char* CGIS_com_demoMessage::GetMessageName(int iIndex)
26  {
27          //返回用户关注的消息名称
28          //todo like
29          switch(iIndex)
30          {
31          case 0:
32                  return "OSG_MSG_OPEN_SCENE";
33          }
34
35      return "";
36  }
37
38  void CGIS_com_demoMessage::OnMessage(const char* szMsg, int iVal, void* pVal)
39  {
40          //todo 响应消息发生处理
41          if (strcmp(szMsg, "OSG_MSG_OPEN_SCENE") == 0)
42          {
43                  osg::Node* node = (osg::Node*)pVal;
44                  LightControl::GetInstance()->Init(node);
45                  LightControl::GetInstance()->SetAllLightOn(false);
46          }
47  }
48
```

图 5-15　OnMessage 函数

最后打开 CGIS_com_demoCommand. cpp 文件，在 GetCommandCount()函数中返回菜单命令数量，并在 GetCommandName(int iIndex)函数中返回命令对应的字符串名称，如图 5-16 所示。

这里 GctCommandName 函数中返回的两个命令名称分别为“COMMAND_LIGHT_

```
int CGIS_com_demoCommand::GetCommandCount()
{
    //返回用户事件个数
    //todo
    return 2;
}

const char* CGIS_com_demoCommand::GetCommandName(int iIndex)
{
    //返回用户事件名称
    //todo like
    switch(iIndex)
    {
    case 0:
        return "COMMAND_LIGHT_ON";
    case 1:
        return "COMMAND_LIGHT_OFF";
    }

    return "";
}
```

图 5-16　GetCommandName 函数

ON""COMMAND_LIGHT_OFF",这两个名称与前面配置菜单中的响应命令必须一致。

在 CGIS_com_demoCommand.cpp 第 2 行添加头文件 #include "LightControl.h",并在菜单操作响应函数 ExecuteCommand 中添加相应开灯、关灯命令操作,通过 LightControl 类实现灯的开灯、关灯显示,代码如图 5-17 所示。

```
void CGIS_com_demoCommand::ExecuteCommand(const char* szCommand, SGIS_CmdProperty* pPropertyIn, SGIS_CmdProperty* pPropertyOut)
{
    //执行用户命令
    //todo like
    if(strcmp(szCommand, "COMMAND_LIGHT_ON") == 0)
    {
        LightControl::GetInstance()->SetAllLightOn(true);
    }
    else if (strcmp(szCommand, "COMMAND_LIGHT_OFF") == 0)
    {
        LightControl::GetInstance()->SetAllLightOn(false);
    }
}
```

图 5-17　ExecuteCommand 函数

重新编译解决方案后,打开三相电软件,分别点击菜单"开灯""关灯",可以观察到场景模型随着菜单操作发生变化。

5.3.4　场景交互操作

以鼠标左键单击为例,当鼠标左键点击选中场景中的电笔模型时,自动点亮所有的灯,当左键点击时不在电笔模型上时,自动熄灭所有的灯。

首先,加载电笔模型,在 CGIS_com_demoMessage.cpp 文件中添加头文件:

#include <osgDB/ReadFile>

#include <plugins/com_osg_core/icom_osg_scenemanage.h>

#include <osg/MatrixTransform>

在 OnMessage 函数中添加代码来读取电笔模型并加载到场景中显示,如图 5-18 所示。

```
46        osg::Node* node = (osg::Node*)pVal;
47        LightControl::GetInstance()->Init(node);
48        LightControl::GetInstance()->SetAllLightOn(false);
49
50        //加载电笔模型代码
51        osg::Node* biNode = osgDB::readNodeFile("SXD-bi.IVE");
52        ICOM_OSG_SceneManage* pSceneMgr = (ICOM_OSG_SceneManage*)m_pContainer->GetInterfaceByName(
53            "OSG_INTERFACE_SCENEMANAGE");
54        if (pSceneMgr)
55        {
56            osg::Group* root = (osg::Group*)pSceneMgr->GetRootNode();
57
58            osg::MatrixTransform* mtNode = new osg::MatrixTransform;
59            mtNode->addChild(biNode);
60
61            //mtNode->setMatrix(osg::Matrix::translate(0.5, 0, 0));
62            root->addChild(mtNode);
63        }
```

图 5-18　加载电笔模型

图 5-18 中的选中部分代码为新增代码——第 51 行，读取电笔的模型文件。第 52 行，获得场景管理对象。第 58 行，创建一个矩阵节点，方便对电笔模型进行位置设置。第 59 行，将电笔模型作为矩阵节点的子节点。第 61 行，给模型矩阵节点设置一个初始位置。第 62 行，将矩阵节点挂载到场景管理对象的根节点上，从而可以在三维场景视图中显示。

由于使用<osgDB/ReadFile>进行模型读取，还要在工程中添加 osgDB.lib 的依赖库，方法：右键单击 com_demo 工程→属性→链接器→输入→附加依赖项，添加 osgDB.lib。重新编译解决方法后，运行三相电软件，可见三维视图场景中出现了电笔模型，如图 5-19 所示。

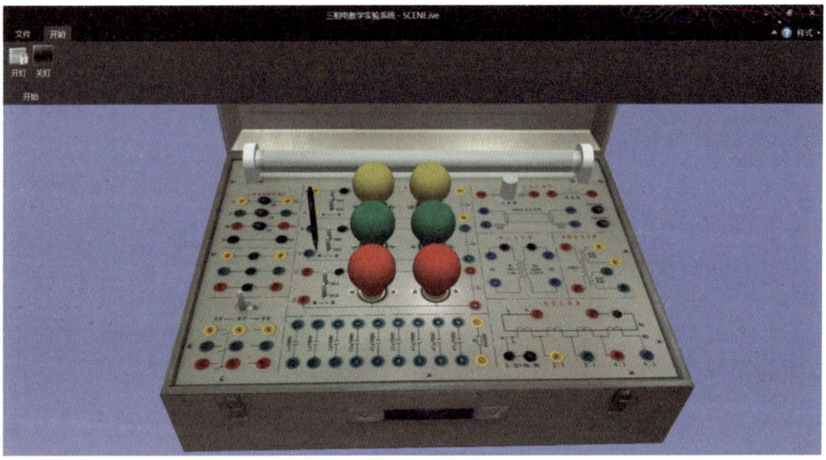

图 5-19　电笔模型场景

有了电笔模型，接下来编写交互功能类 ClickEvent——该类响应鼠标点击事件，只要鼠标左键单击在电笔上，则点亮所有的灯；否则，关闭所有的灯。

类似于前面类向导创建类的过程，现在用同样的方法创建新的 C++类 ClickEvent，类向导内容如图 5-20 所示。

其中基类为 osgGA::GUIEventHandler，点击完成(向导提示找不到该基类，点击继续添加：是)。添加完成后，分别打开工程中新增的 ClickEvent.h、ClickEvent.cpp 文件，修改代码，如图 5-21 所示。

图 5-21 为 ClickEvent.h 文件中的全部代码。第 3 行，添加了基类 osgGA::GUIEventHandler 所在的头文件，该基类用来响应三维场景中的键鼠交互事件。第 13 行，重写基类的虚函数，该虚函数用来接收键鼠事件，可在此函数中处理交互事件的处理逻辑。

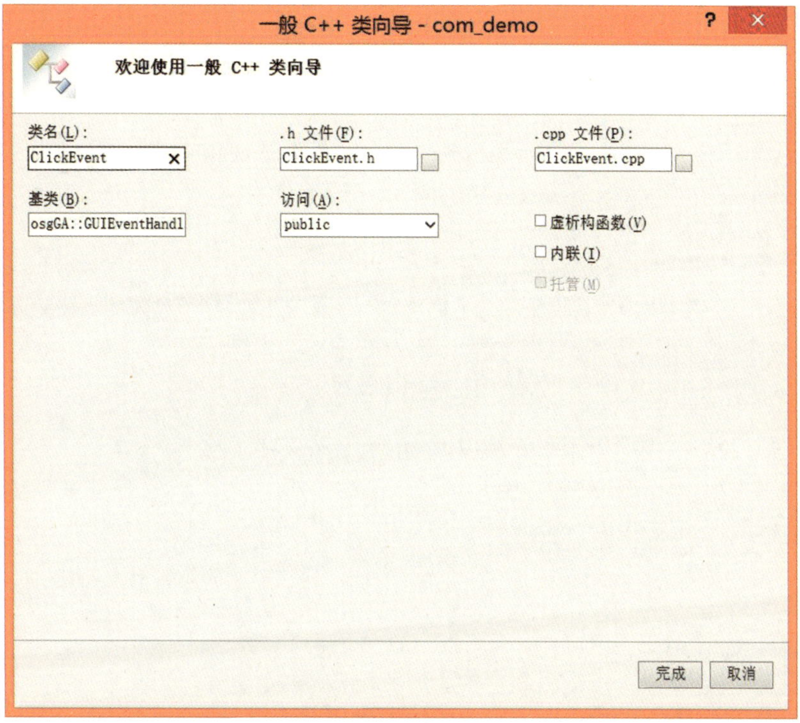

图 5-20 类向导

```
1  #pragma once
2  
3  #include <osgGA/GUIEventHandler>
4  
5  class ClickEvent :
6      public osgGA::GUIEventHandler
7  {
8  public:
9      ClickEvent(void);
10     ~ClickEvent(void);
11 
12     /** Deprecated, Handle events, return true if handled, false otherwise. */
13     virtual bool handle(const osgGA::GUIEventAdapter&, osgGA::GUIActionAdapter&);
14 };
15 
```

图 5-21 ClickEvent.h

图 5-22 为 ClickEvent.cpp 文件中的全部代码。第 2～4 行，添加了引用的头文件。第 17 行，将参数强制转换成 osgViewer 视图类，此类后续还需进行(第 26 行)求交计算。

```cpp
#include "ClickEvent.h"
#include <osgViewer/View>
#include "LightControl.h"
#include <QString>

ClickEvent::ClickEvent(void)
{
}


ClickEvent::~ClickEvent(void)
{
}

bool ClickEvent::handle(const osgGA::GUIEventAdapter& ea, osgGA::GUIActionAdapter& aa)
{
    osgViewer::View* pView = dynamic_cast<osgViewer::View*>(&aa);

    //获得鼠标事件
    osgGA::GUIEventAdapter::EventType type = ea.getEventType();

    if ( (type == osgGA::GUIEventAdapter::PUSH && ea.getButton() == osgGA::GUIEventAdapter::LEFT_MOUSE_BUTTON))
    {
        typedef osgUtil::LineSegmentIntersector::Intersections Intersections;
        Intersections its;
        pView->computeIntersections(ea.getX(), ea.getY(), its);
        if (its.begin() != its.end())
        {
            osgUtil::LineSegmentIntersector::Intersections::iterator itr = its.begin();
            osg::Vec3 pos;
            for (; itr != its.end(); itr++)
            {
                int cnt = itr->nodePath.size();
                for (int i=0; i<cnt; i++)
                {
```


```cpp
#include "ClickEvent.h"
#include <osgViewer/View>
#include "LightControl.h"
#include <QString>

ClickEvent::ClickEvent(void)
{
}


ClickEvent::~ClickEvent(void)
{
}

bool ClickEvent::handle(const osgGA::GUIEventAdapter& ea, osgGA::GUIActionAdapter& aa)
{
    osgViewer::View* pView = dynamic_cast<osgViewer::View*>(&aa);

    //获得鼠标事件
    osgGA::GUIEventAdapter::EventType type = ea.getEventType();

    if ( (type == osgGA::GUIEventAdapter::PUSH && ea.getButton() == osgGA::GUIEventAdapter::LEFT_MOUSE_BUTTON))
    {
        typedef osgUtil::LineSegmentIntersector::Intersections Intersections;
        Intersections its;
        pView->computeIntersections(ea.getX(), ea.getY(), its);
        if (its.begin() != its.end())
        {
            osgUtil::LineSegmentIntersector::Intersections::iterator itr = its.begin();
            osg::Vec3 pos;
            for (; itr != its.end(); itr++)
            {
                int cnt = itr->nodePath.size();
                for (int i=0; i<cnt; i++)
                {
```


图 5-22　ClickEvent.cpp

```
36                 QString strName = itr->nodePath.at(i)->getName().c_str();
37                 if (strName.isEmpty())
38                     continue;
39
40                 if (strName == "SXD-DB-01")
41                 {
42                     LightControl::GetInstance()->SetAllLightOn(true);
43                     return false;
44                 }
45             }
46         }
47
48         osg::Vec3d world = its.begin()->getWorldIntersectPoint();
49         LightControl::GetInstance()->SetAllLightOn(false);
50     }
51
52     return false;
53 }
54
55 return false;
56 }
```

图 5-22(续)

第 22 行，判断当前交互操作是一个鼠标按下并且是鼠标左键的操作。第 26 行，使用当前鼠标屏幕点坐标，与三维场景进行射线求交计算，获得的所有交点信息结果保存到变量 its 中。第 27～43 行，如果存在交点，则依次遍历所有的交点信息，查询到交点的子节点模型中若存在电笔模型(通过电笔模型的名称比对，第 40 行)，则点亮所有的灯(第 42 行)。第 49 行，若与电笔模型没有交点，则关闭所有的灯。

ClickEvent 类代码完成后，还需要在工程中添加链接库 osgGA.lib、osgUtil.lib、osgViewer.lib，编译解决方案。编译完成后打开三相电软件，进行电笔点击操作，此时灯并未被点亮。因为目前只实现了 ClickEvent 类功能，还未将 ClickEvent 类创建的对象绑定到三维场景上。

最后，将创建交互操作类 ClickEvent 对象，并使之响应交互操作。打开 CGIS_com_demoComponent.cpp 文件，在第 11 行的位置添加头文件引用：

```
#include <osgViewer/View>
#include "ClickEvent.h"
```

在 InitialUpdate 函数中添加图 5-23 中选中的部分代码。

```
bool CGIS_com_demoComponent::InitialUpdate()
{
    //在此添加用户代码
    //todo
    ICOM_OSG_SceneManage* pSceneMgr = (ICOM_OSG_SceneManage*)m_pContainer->GetInterfaceByName(
        "OSG_INTERFACE_SCENEMANAGE");
    if (pSceneMgr)
    {
        pSceneMgr->OpenScene("SCENE.ive");
    }

    ICOM_OSG_DisplayManage* pDispMgr = (ICOM_OSG_DisplayManage*)m_pContainer->GetInterfaceByName(
        "OSG_INTERFACE_DISPLAYMANAGE");
    if (pDispMgr)
    {
        osgViewer::View* view = (osgViewer::View*)pDispMgr->GetMainView();
        if (view)
        {
            ClickEvent* ce = new ClickEvent;
            view->addEventHandler(ce);
        }
    }

    return true;
}
```

图 5-23　InitialUpdate 函数

图 5-23 中第 66 行，通过接口名称获得场景展示管理对象。第 70 行，展示管理对象获得的当前场景的视图对象。第 73 行，创建 ClickEvent 类的交互操作对象。第 74 行，将交互操作对象绑定到场景中，使之响应交互操作。

至此，完成了本示例的全部代码，重新编译解决方案后运行三相电软件(图 5-24)，通过鼠标点击电笔便可控制灯的点亮与熄灭。

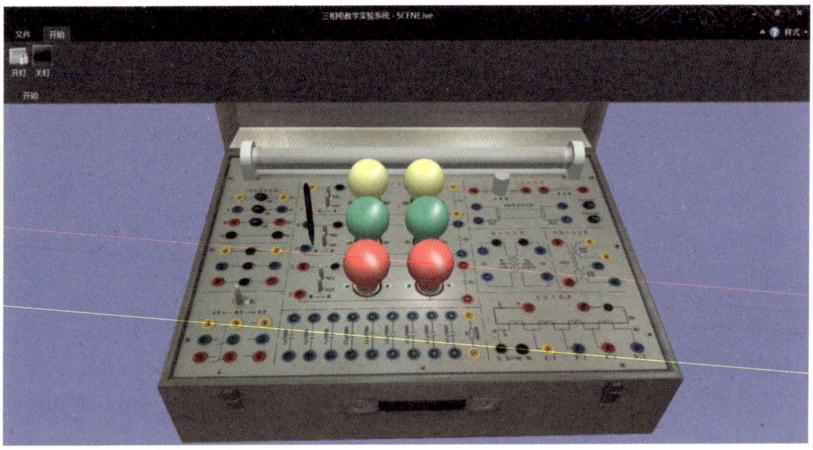

图 5-24　三相电软件界面

6 Unity3D 虚拟现实开发引擎

Unity 是由 Unity Technologies 研发的跨平台 2D/3D 游戏引擎，是一款可用于研发电子游戏、建筑可视化、实时三维动画等类型互动内容的综合型创作工具。Unity 类似于 Director、Blender Game Engine、Virtools 或 Torque Game Builder 等，是一款具有图形化交互界面的软件。其编辑器运行在 Windows 和 Mac OS X 下，可发布游戏至 Windows、Mac、Wii、iPhone、WebGL(需要 HTML5)、Windows phone 8 和 Android 平台。

Unity3D 支持 Mac 和 Windows 的网页浏览，开发者可以轻松创建多种三维模型。Unity编辑能力极为强大，不仅能够提供基本场景模型，还能实现对模型的操控及对模型真实动作的模拟，在节约了开发者工作时间的同时，大大提升了工作效率。Unity 的兼容性强，能够和大多数应用程序共同协作，如 3D MAX、Maya 等软件所建模型可以方便地导入 Unity 中。Unity 支持一键发布，并且可在多个平台上运行。Unity 可以完成三维虚拟场景动画的运行，适合虚拟现实开发。

接下来结合示例对 Unity 进行简要的介绍。

6.1 新建工程

(1) 双击 Unity 图标，打开 Unity，点击 New，新建一个 Project，如图 6-1 所示。

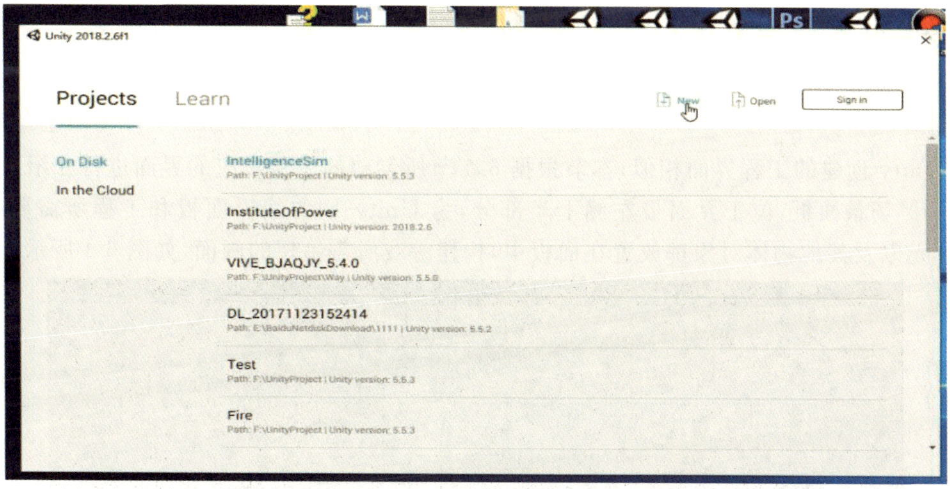

图 6-1　打开 Unity

（2）输入工程名称、路径、创建的类型，点击 Create project，创建工程，如图 6-2 所示。

图 6-2　创建工程

（3）创建工程后进入创建好的工程界面，如图 6-3 所示。

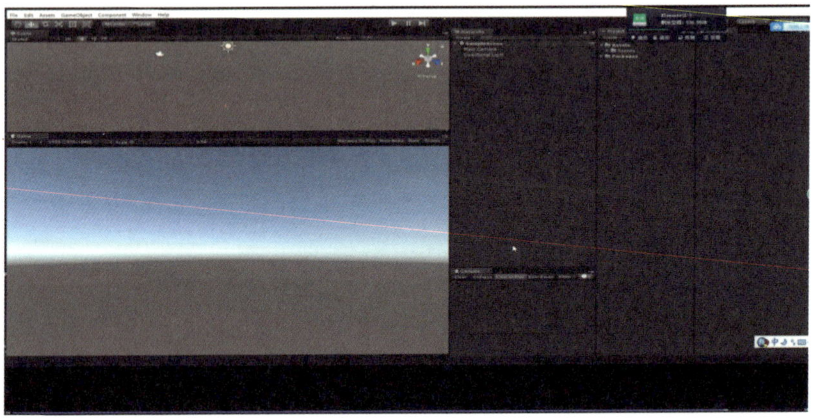

图 6-3　新工程界面

6.2　界面介绍

Unity 创建的工程界面相似，本节根据 6.1 节所创建的工程对应的界面进行介绍。

（1）场景面板：位于界面最左侧上半部分，为 Unity3D 的编辑面板和工程所需要的模型，灯光以及其他物体对象都放置在面板中，构建游戏所需呈现的画面，如图 6-4 所示。

图 6-4　场景面板

(2) 游戏面板:位于界面最左侧下半部分,显示的是游戏运行时的画面,即玩家直接看到的画面,可以根据游戏面板的效果在场景面板进行相应的调整,如图 6-5 所示。

图 6-5 游戏面板

(3) 层次面板:位于场景面板的右侧,显示放在场景面板中的所有的物体对象,可以设置父子关系或者分立关系,如图 6-6 所示。

图 6-6 层次面板

(4) 项目面板:位于层次面板的右侧,显示该游戏项目中的资源,如材质、模型、字体等,如图 6-7 所示。

图 6-7 项目面板

(5) 检测面板:位于界面最右侧,呈现各个对象的固有属性,如三维坐标、旋转量、缩放大小、脚本等,如图 6-8 所示。

图 6-8 检测面板

(6) 工具栏:从左到右分别表示手型工具、移动工具、旋转工具、缩放工具和 UI 缩放工具,对应快捷键:Q、W、E、R、T,如图 6-9 所示。

图 6-9 工具栏

(7) 菜单栏:包含 File、Edit、Assert、GameObject、Component、Window、Help,如图 6-10 所示。

图 6-10 菜单栏

各菜单说明如下:

① File〖文件〗(表 6-1)

表 6-1 File 子菜单说明

名称	说明
New Scene	创建新的场景。Unity3D 为用户提供了方便的场景管理。用户可以自由地创建出自己所需要的场景,并把若干场景链接起来组成一个完整的游戏
Open Scene	打开一个已经创建的场景
Save Scene	保存当前场景
Save Scene as	当前场景另存为新场景
New Project	新建一个新的项目工程。制作游戏的第一步是创建一个工程,工程中包含了游戏的所有元素。新建新的项目工程后,用户可以在该工程里面添加场景
Open Project	打开一个已经创建的工程项目
Save Project	保存当前项目
Build Setting	项目的编译设置。在编译设置选项里面,可以选择游戏所在的平台,管理工程中的各个场景。可以添加当前的场景加入工程的编译队列当中。其中在 Player Settings 选项中能够设置程序的图标、分辨率、启动画面等
Build & Run	编译并运行项目
Exit	退出 Unity3D

② Edit〖编辑〗(表 6-2)

表 6-2 Edit 子菜单说明

名称	说明
Undo	撤销上一步操作
Redo	重复上一步操作
Cut	剪切
Copy	复制

表 6-2(续)

名称	说明
Paste	粘贴
Duplicate	复制并粘贴
Delete	删除
Frame Selected	选择一个物体后,使用此功能可以把视角调整为以选中的物体为焦点
Find	在资源区可以按资源的名称来查找对应物体
Select All	可以选中所有物体
Preferences	选项设置。对 Unity3D 的一些参数进行设置,如:指定第三方脚本编辑器、皮肤、各种颜色的设置,设置一些用户基本的快捷键
Play	编译并在 Unity3D 中运行程序
Pause	停止程序
Step	单步执行程序
Load Selection	载入保存的对象组
Save Selection	保存所选的对象组
Project Settings	项目设置。包含输入设置、标签设置(对场景中的元素设置不同类型的标签,方便场景的管理)、音频设置、运行时间的设置、用户设置、物理设置(包括重力、弹力、摩擦力)、品质设置(常用选项,用户可以设置工程默认的渲染品质)、网络管理和编辑器管理等
Render Settings	渲染设置。若整体画面的色彩质量不符合要求,可在此处进行调节
Graphics Emulation	图形仿真。配合一些图形加速器
Network Emulation	网络仿真。选择相应的网络类型进行仿真
Snap Settings	临时环境,可理解为快照设置

③ Assets〖资源〗(表 6-3)

表 6-3　Assets 子菜单说明

名称	说明
Reimport	重新导入资源
Create	创建功能。用来创建脚本、动画、材质、字体、贴图、物理材质、GUI 皮肤等
Show In Explorer	打开资源所在的目录位置
Open	打开选中文件
Delete	删除选中的资源文件
Import New Asset	导入新的资源
Refresh	刷新,用于导入资源包之后
Import Package	导入资源包。创建项目工程的时候,若有资源包没有导入进来,但是开发过程中需要使用,便可以用到导入资源包的功能
Export Package	导出资源包
Select Dependencies	选择依赖项

表 6-3(续)

名称	说明
Reimport	全部重新导入
Sync MonoDevelop Project	同步开发项目

④ GameObject〖游戏对象〗(表 6-4)

表 6-4　GameObject 子菜单说明

名称	说明
Create Empty	创建一个空的游戏对象。可对空的对象添加各种组件
Create Other	创建其他类型的游戏对象。这里面包括了很多内容,基本上囊括了 Unity3D 所支持的所有对象。其中有粒子系统、摄像机、界面文字、界面贴图、3D 的文字效果、点光源、聚光灯、平行光、长方体、球、包囊、圆柱体、平面、表面、音频混音区域、树、玩偶、风域等
Center On Children	这个功能是针对父节点的,即将父节点的位置移动到子节点的中心位置
Make Parent	选中多个物体后,点击这个功能可以将选中的物体组成父子关系,其中在层级视图中最上面的那个为父节点,其他为这个节点的子节点
Apply Change To Prefab	应用变更为预置
Move To View	将选中的物体移动到当前编辑视角的中心位置,以便快速定位
Align With View	将选中的物体移动到当前编辑视角的中心位置,深度为 0,即移动到和视角同一个平面上
Align View To Selected	将编辑视角移动到选中物体的中心位置

⑤ Component〖组件〗(表 6-5)

表 6-5　Component 子菜单说明

名称	说明
Mesh	添加网格属性,将物体渲染出来
Particles	粒子系统,编辑逼真的流体效果
Physics	物理系统,创建物理属性
Audio	音频,创建声音源和声音听者
Rendering	渲染
Miscellaneous	杂项
Scripts	脚本,可以控制项目逻辑
Camera-Control	摄像机控制

⑥ Terrain〖地形〗(表 6-6)

表 6-6 Terrain 子菜单说明

名称	说明
Creat Terrain	创建地形
Import Heightmap-Raw	导入高度图
Export Heightmap-Raw	导出高度图
Set Resolution	设置 Game 视图分辨率
Create Lightmap	创建光影图
Mass Place Trees	批量种植树
Flatten Heightmap	展平高度图
Refresh Tree And Detail Prototypes	刷新树及预置细节

⑦ Window〖窗口〗(表 6-7)

表 6-7 Window 子菜单说明

名称	说明
Next Window	下个窗口
Previous Window	前一个窗口
Layouts	布局
Scene	场景窗口
Game	游戏窗口
Inspector	检视窗口，展示并编辑对象的属性，也称为属性面板
Hierarchy	层次窗口
Project	工程窗口
Animation	动画窗口。创建时间动画的面板
Profiler	探查窗口
Asset Server	源服务器
Console	控制台

⑧ Help〖帮助〗(表 6-8)

表 6-8 Help 子菜单说明

名称	说明
About Unity	关于 Unity
Enter Serial Number	输入序列号
Unity Manual	Unity 手册
Reference Manual	参考手册
Scripting Manual	脚本手册
Unity Forum	Unity 论坛

表 6-8(续)

名称	说明
Welcome Screen	欢迎窗口
Release Notes	发行说明
Report a Problem	问题反馈

6.3 模型贴图导入

(1) 从 Maya 或者 3D MAX 导入预先准备好的模型和贴图，如图 6-11 所示。

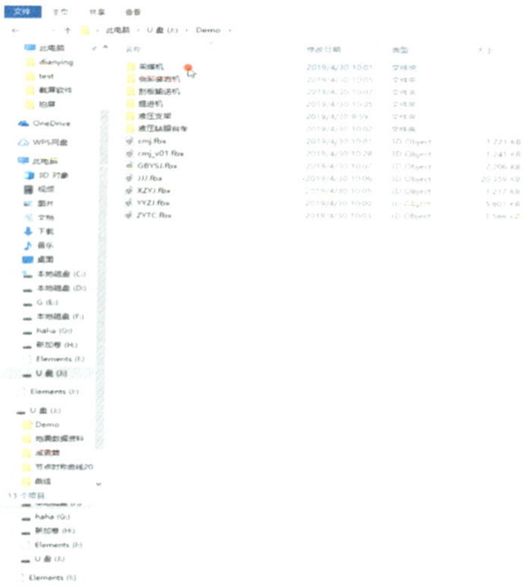

图 6-11　贴图材料

(2) 在 Unity 的 Assets 文件夹下新建一个 Texture 文件夹，将准备好的贴图拷贝到文件夹中，如图 6-12 所示。

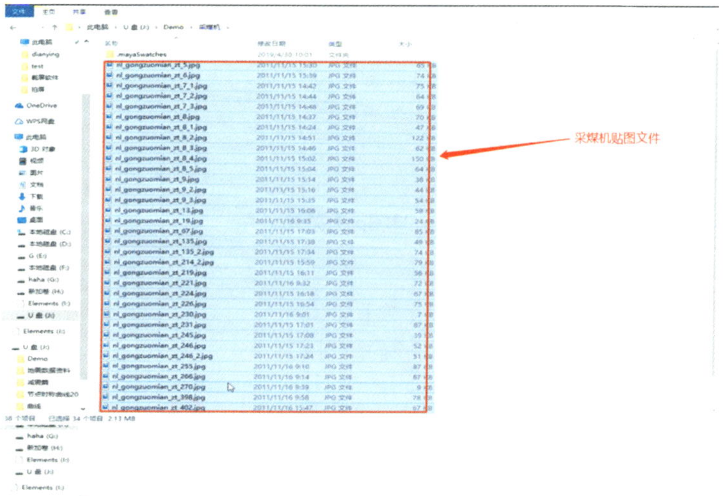

图 6-12　贴图文件

(3) 在 Assets 文件夹下再新建一个 Model 文件夹，将相关模型文件拷贝进文件夹，如图 6-13 所示。

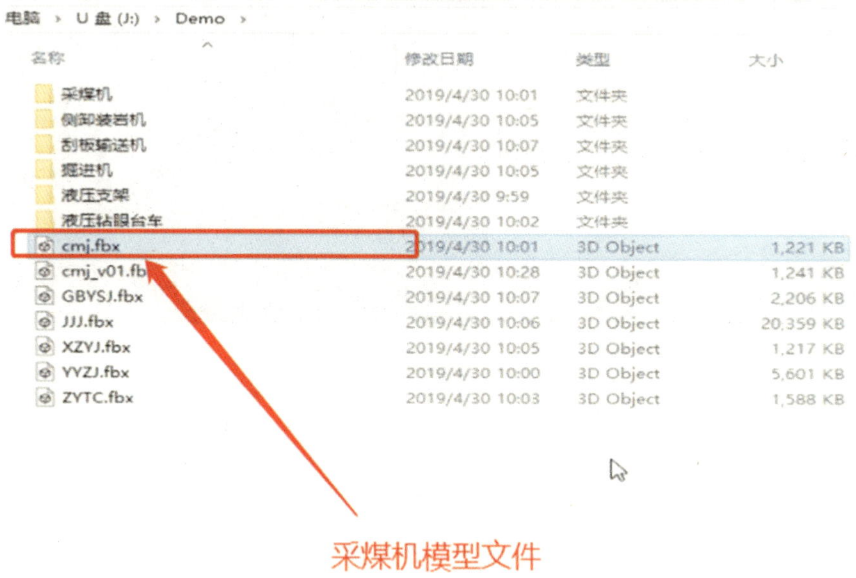

图 6-13　模型文件

(4) 在 Unity 资源面板里看到已有的贴图的模型文件，如图 6-14 所示。

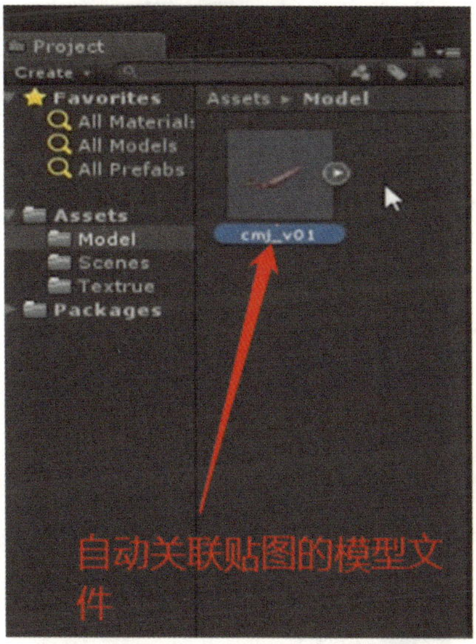

图 6-14　资源面板

(5) 将模型文件拖动到 Unity 的 Hierarchy 面板下，在 Scene 面板下查看模型效果，如图 6-15 所示。

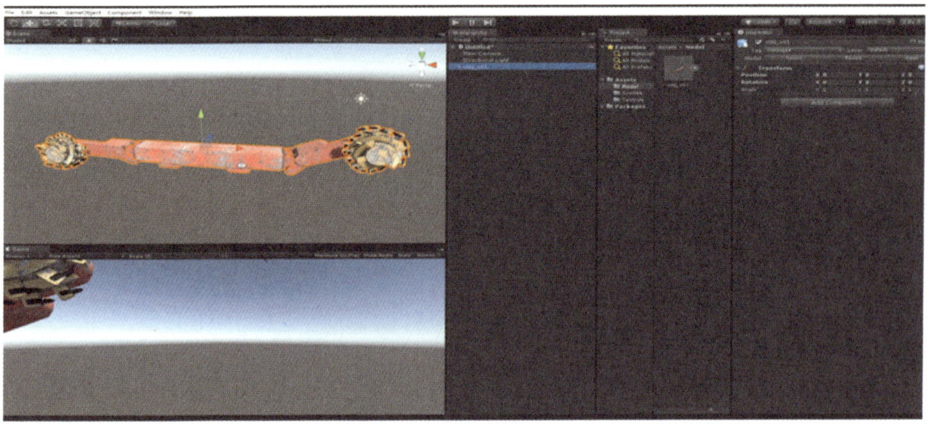

图 6-15　查看模型

6.4　动画介绍

Unity 的帧动画用 Animation 制作，下面是一个使用 Animation 制作 Cube 移动动画的示例。

(1) 创建一个 Cube 作为后续待添加动画的物体，选中 Cube，然后按 Ctrl＋6（或者在 Window 中选择 Animation），如图 6-16 所示。

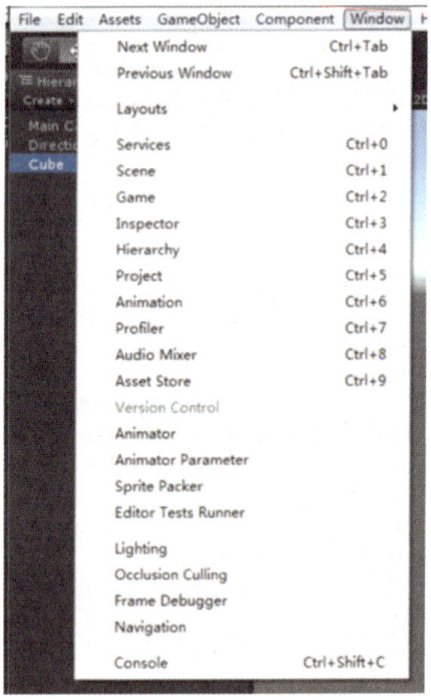

图 6-16　创建 Cube

(2) 图 6-17 为制作帧动画的界面。点击图 6-17 中的 Create 创建动画文件，进入如图 6-18 所示界面，每个键都有其自己的含义，点击红点按钮进行动画的录制，再次点击红点按钮停止动画录制。三角符号可以控制视频的播放，左右对称符号可以进行关键帧的切换，红

图 6-17　创建帧动画

线表示当前录制的帧，红线所在帧即为当前正在调整的动画帧。左边带有加号的按钮可以添加关键帧，右边带有加号的按钮可以添加帧事件。Samples 选项可以用来设置帧率。

图 6-18　动画编辑界面

(3) Cube 动画示例，如图 6-19 所示。

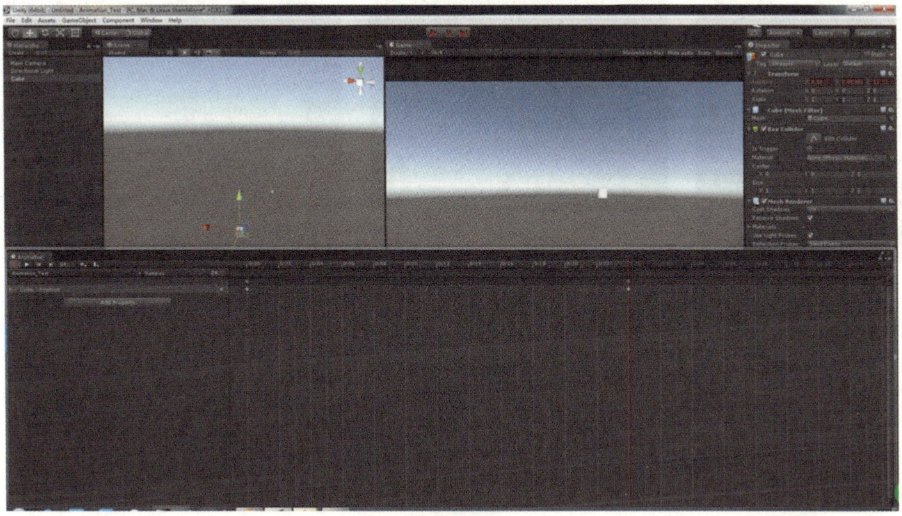

图 6-19　Cube 动画

(4) 假如期望 Cube 在一秒时间内运动到某一位置，选中 Cube:Position 点击下方的曲线按钮，即可调整动作曲线，如图 6-20 所示。

(5) 在曲线上点击右键添加关键帧，再在关键帧上点击右键，将显示这几个参数，如图 6-21 所示。

图 6-20　动作曲线

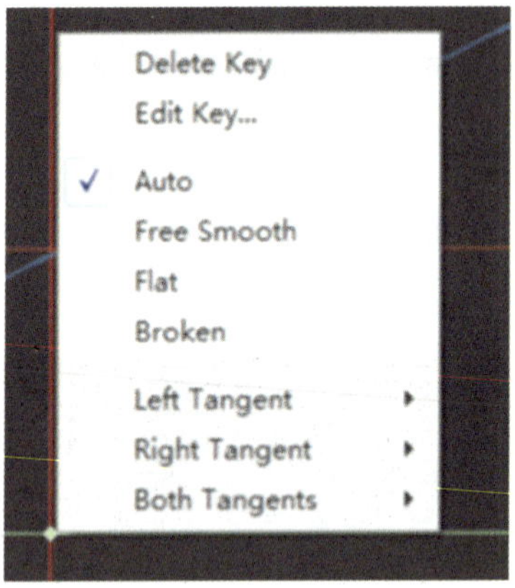

图 6-21　右键菜单

(6) 使用动画文件：重新创建一个 Cube，添加 Animator 组件，将之前开发好的动画控制文件，添加到 Animator 的 Controller 里，如图 6-22 所示。

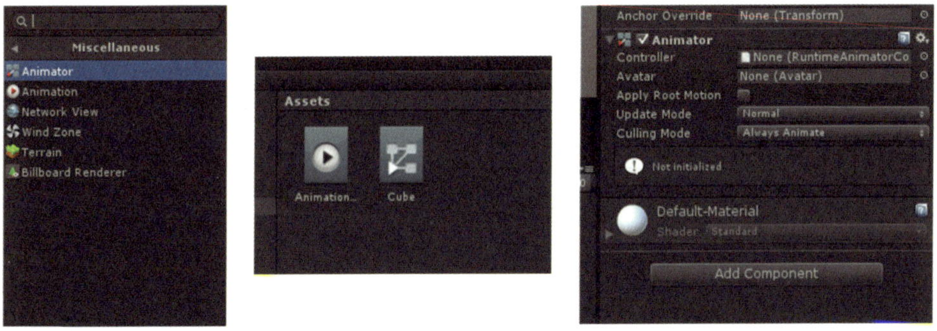

图 6-22　使用动画文件

6.5　代码控制

本节对一些常用的类以及相关的按钮之间的继承关系进行介绍。

(1) 类关系图

类关系如图 6-23 所示。

(2) ButtonClick 类解析

ButtonClick 类解析如图 6-24(a)所示。

(3) ButtonMoveClick 类解析

ButtonMoveClick 类解析如图 6-24(b)所示。

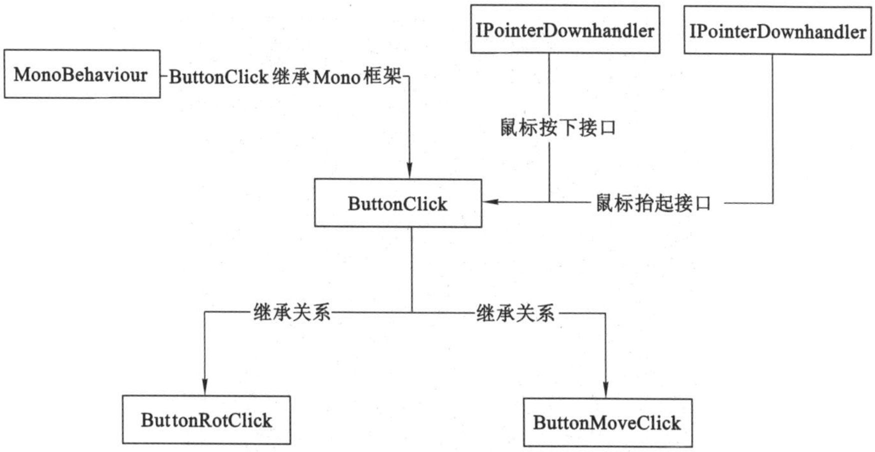

图 6-23 类关系图

(4) ButtonRotClick 类分解

ButtonRotClick 类分解如图 6-24(c)所示。

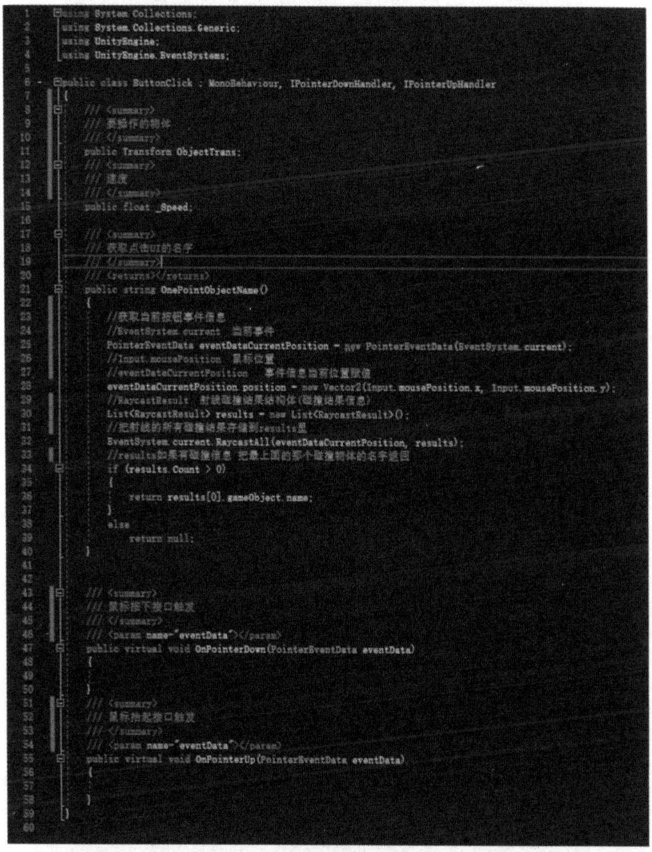

```
using System.Collections;
using System.Collections.Generic;
using UnityEngine;
using UnityEngine.EventSystems;

public class ButtonClick : MonoBehaviour, IPointerDownHandler, IPointerUpHandler
{
    /// <summary>
    /// 要操作的物体
    /// </summary>
    public Transform ObjectTrans;
    /// <summary>
    /// 速度
    /// </summary>
    public float _Speed;

    /// <summary>
    /// 获取点击UI的名字
    /// </summary>
    /// <returns></returns>
    public string OnePointObjectName()
    {
        //获取当前按钮事件信息
        //EventSystem.current 当前事件
        PointerEventData eventDataCurrentPosition = new PointerEventData(EventSystem.current);
        //Input.mousePosition 鼠标位置
        //eventDataCurrentPosition 事件信息当前位置赋值
        eventDataCurrentPosition.position = new Vector2(Input.mousePosition.x, Input.mousePosition.y);
        //RaycastResult 射线碰撞结果结构体(碰撞结果信息)
        List<RaycastResult> results = new List<RaycastResult>();
        //把射线的所有碰撞结果存储到results里
        EventSystem.current.RaycastAll(eventDataCurrentPosition, results);
        //results如果有碰撞信息 把最上面的那个碰撞物体的名字返回
        if (results.Count > 0)
        {
            return results[0].gameObject.name;
        }
        else
            return null;
    }


    /// <summary>
    /// 鼠标按下接口触发
    /// </summary>
    /// <param name="eventData"></param>
    public virtual void OnPointerDown(PointerEventData eventData)
    {

    }
    /// <summary>
    /// 鼠标抬起接口触发
    /// </summary>
    /// <param name="eventData"></param>
    public virtual void OnPointerUp(PointerEventData eventData)
    {

    }
}
```

(a) ButtonClick类

图 6-24 代码片段

```
using System.Collections;
using System.Collections.Generic;
using UnityEngine;
using UnityEngine.EventSystems;

public class ButtonMoveClick : ButtonClick
{
    /// <summary>
    /// 是否移动标志位
    /// </summary>
    private bool isMove = false;

    void Update()
    {
        //当isMove为True时移动
        if (isMove)
        {
            GetMove();
        }
    }


    void GetMove()
    {
        //当OnePointObjectName()射线返回的名字等于脚本挂载UI的名字
        if (OnePointObjectName().Equals(transform.name))
        {
            //ObjectTrans物体按照Vector3.right方向以_Speed的速度移动
            ObjectTrans.Translate(Vector3.right * _Speed, Space.World);
        }
    }

    /// <summary>
    /// 当鼠标按下的时候isMove为True
    /// </summary>
    /// <param name="eventData"></param>
    public override void OnPointerDown(PointerEventData eventData)
    {
        isMove = true;
    }
    /// <summary>
    /// 当鼠标抬起的时候isMove为false
    /// </summary>
    /// <param name="eventData"></param>
    public override void OnPointerUp(PointerEventData eventData)
    {
        isMove = false;
    }
}
```

(b) ButtonMoreClick类

```
using System.Collections;
using System.Collections.Generic;
using UnityEngine;
using UnityEngine.EventSystems;

public class ButtonRotClick : ButtonClick
{
    /// <summary>
    /// 是否旋转标志位
    /// </summary>
    private bool isRot = false;

    void Update()
    {
        //当isRot为true时,ObjectTrans物体旋转
        if (isRot)
        {
            GetRotDir();
        }
    }

    void GetRotDir()
    {
        //当OnePointObjectName()射线返回的名字等于脚本挂载UI的名字
        if (OnePointObjectName().Equals(transform.name))
        {
            //ObjectTrans物体围绕Vector3.forward方向以_Speed的速度旋转
            ObjectTrans.Rotate(Vector3.forward * _Speed, Space.World);
        }
    }

    /// <summary>
    /// 当鼠标按下的时候isRot为True
    /// </summary>
    /// <param name="eventData"></param>
    public override void OnPointerDown(PointerEventData eventData)
    {
        isRot = true;
    }
    /// <summary>
    /// 当鼠标抬起的时候isRot为false
    /// </summary>
    /// <param name="eventData"></param>
    public override void OnPointerUp(PointerEventData eventData)
    {
        isRot = false;
    }
}
```

(c) ButtonRotClick类

图 6-24(续)

6.6 PC 打包

(1) 选择 File，选中 Build Setting 命令，打开 Build Setting 面板，如图 6-25 所示。

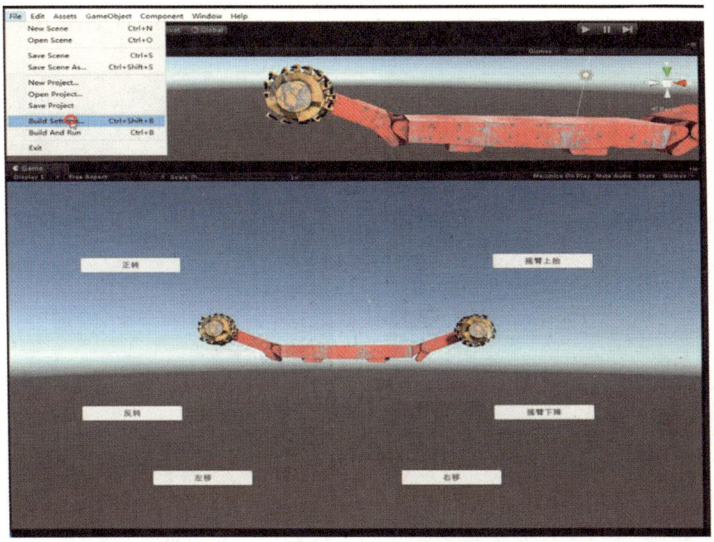

图 6-25 Build Setting

(2) 把要输出的 Scene 拖到 Scenes In Build 里，点击 Player Setting 进行打包设置，如图 6-26 所示。

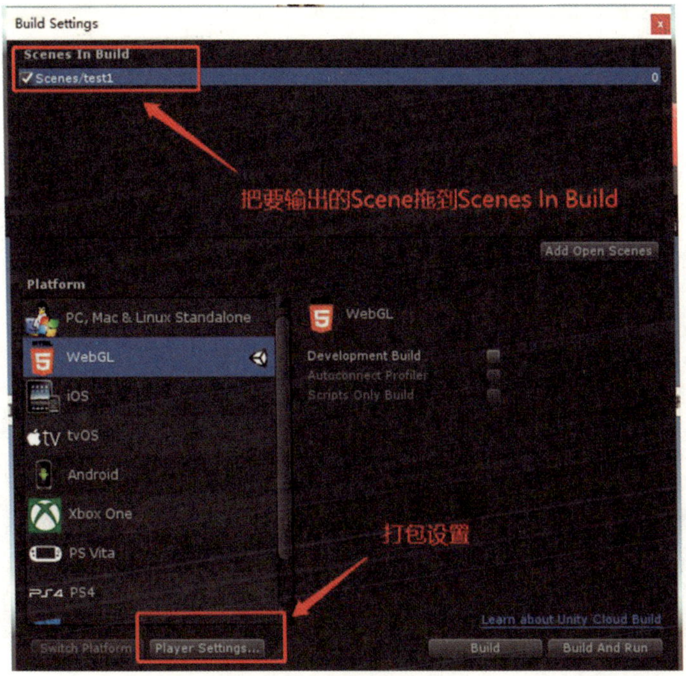

图 6-26 选择输出场景

（3）在平台设定中，能够设置游戏的一些平台属性，比如游戏图标、logo 和游戏名称。

设置的方式为点击 Edit→Project Setting→Player，调出设置面板，设置面板中有 4 大设定，如图 6-27 所示。

① Company Name 和 Product Name 分别对应公司名字和产品名字，图中 1 号红色边框代表的是 Default Icon，是发布软件时生成的可执行文件的图标，如图 6-28 所示。

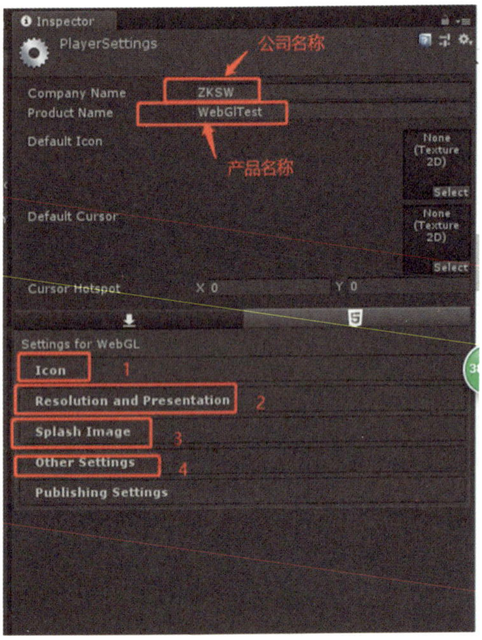

图 6-27　参数设置

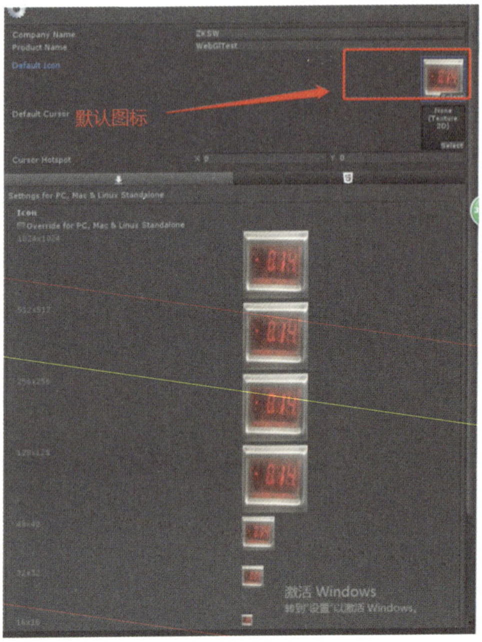

图 6-28　文件图标

② Resolution and Presentation 子面板展开后如图 6-29 所示。

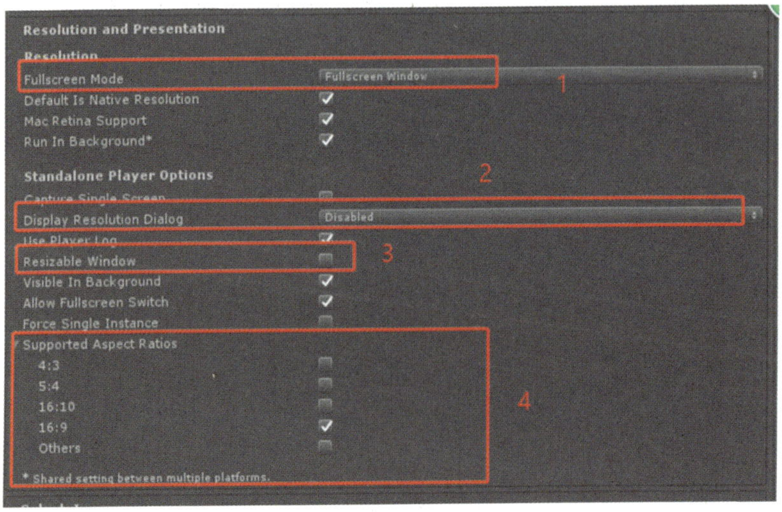

图 6-29　Resolution and presentation

③ Splash Image 子面板展开后如图 6-30 所示。

图 6-30　Splash Image

④ Other Setting:其他设置。

6.7　网页版输出

Unity 能够将工程编译发布到多种平台,其中 WebGL 工程选项以 JavaScript 形式发布项目,使用 HTML5 技术和 WebGL 渲染 API,在网页浏览器中运行 Unity 内容。发布流程如下:打开 Unity 工程后,通过 File→Build Settings…选项进入编译设置界面,如图 6-31 所示。

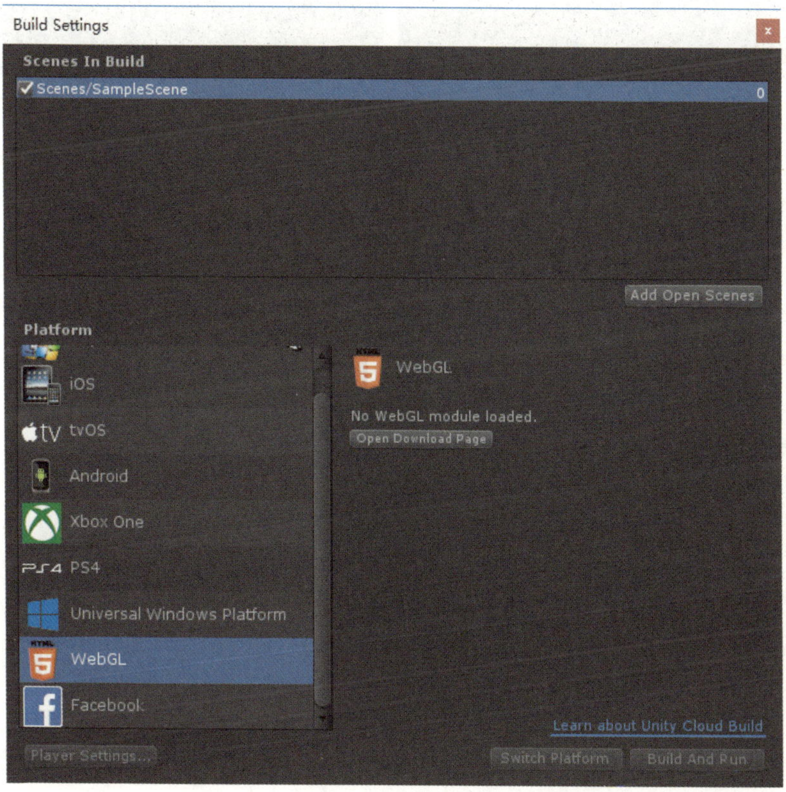

图 6-31　编译设置

在图 6-31 所示界面，如果显示 No WebGL module loaded，可以单击 Open DownLoad Page 下载“UnitySetup-WebGL-Support-for-Editor-2018. 3. 14f1. exe”，下载后双击可执行文件进行安装。

安装完成后退出 Unity，再次进入 WebGL 发布界面，出现发布选项，即可将内容发布到 WebGL，如图 6-32 所示。编译时若勾选 Development Build，编译后的文件将非常大，这里选择不勾选。单击界面上方“Add Open Scenes”，添加当前场景。如果当前不是 WebGL 平台，可选中 WebGL 后再单击下方“Switch Platform”，切换编译平台，切换完成后，该按钮将变为“Build”。

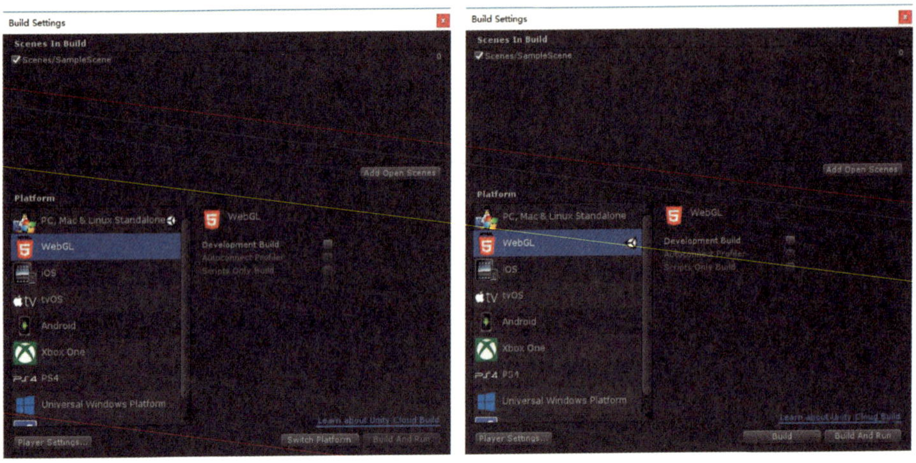

图 6-32　WebGL 编译

单击“Built”，在系统弹出的界面中设置文件保存位置，然后开始编译。

在 Build 路径选择时应注意：① 路径中不要有中文。② 在工程文件夹同级目录下建立新文件夹，保存编译生成的工程，如图 6-33 所示。例如，本示例项目所在文件夹路径为 D:\Project\webTest，则在该级别目录下建立 WebGL，在建立路径时，选择 D:\Project\webGL，在该路径下存放编译生成的工程。

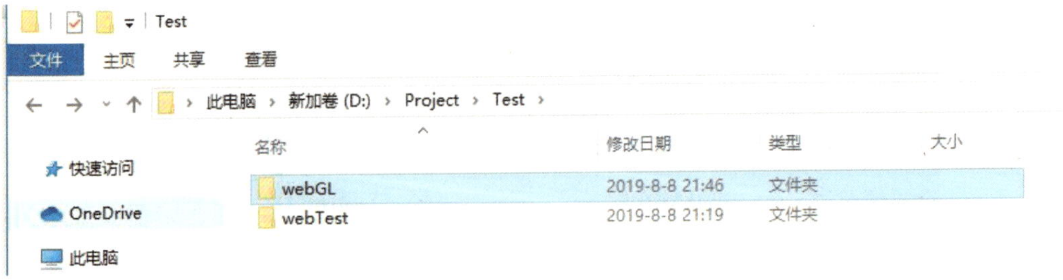

图 6-33　编译路径选择

编译生成后的工程文件如图 6-34 所示。注意 index. html 文件不能直接访问，需要部署在 Web 服务器上才能通过浏览器访问。

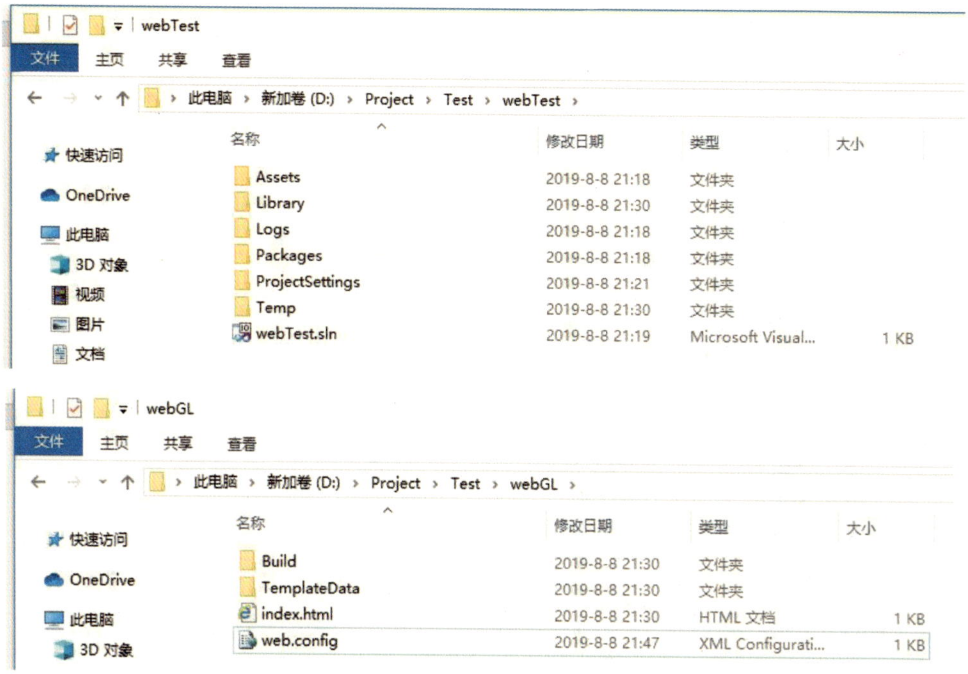

图 6-34 编译文件对比

6.8 Web 服务器部署

6.8.1 Web 部署

本节以 Windows 平台下 IIS 服务器为例阐述上一节所编译的 WebGL 文件在 Web 服务器上的部署。

运行 IIS 服务器，在导航目录网站节点上单击右键，添加网站，填写网站信息（注意端口是否已被其他应用占用），如图 6-35 所示。

单击确定后，转到新建网站的内容视图，在 index. html 上单击右键浏览即可，如图 6-36 所示。浏览成功界面如图 6-37 所示。

6.8.2 典型错误处理

（1）浏览器不兼容问题：应在发布后测试不同浏览器，以避免此问题。

（2）出现“SyntaxError：expected expression，got ′<′”或者“Uncaught SyntaxError：Unexpected token < in JSON at position 0”错误时，应设置 IIS 支持解析 json，如图 6-38 所示。在编辑网站的 MIME 类型以及处理程序映射中，分别添加 MIME 类型以及脚本映射，如图 6-39 所示。

同时，应修改 web. config 中 staticContent 结点，如图 6-40 所示。

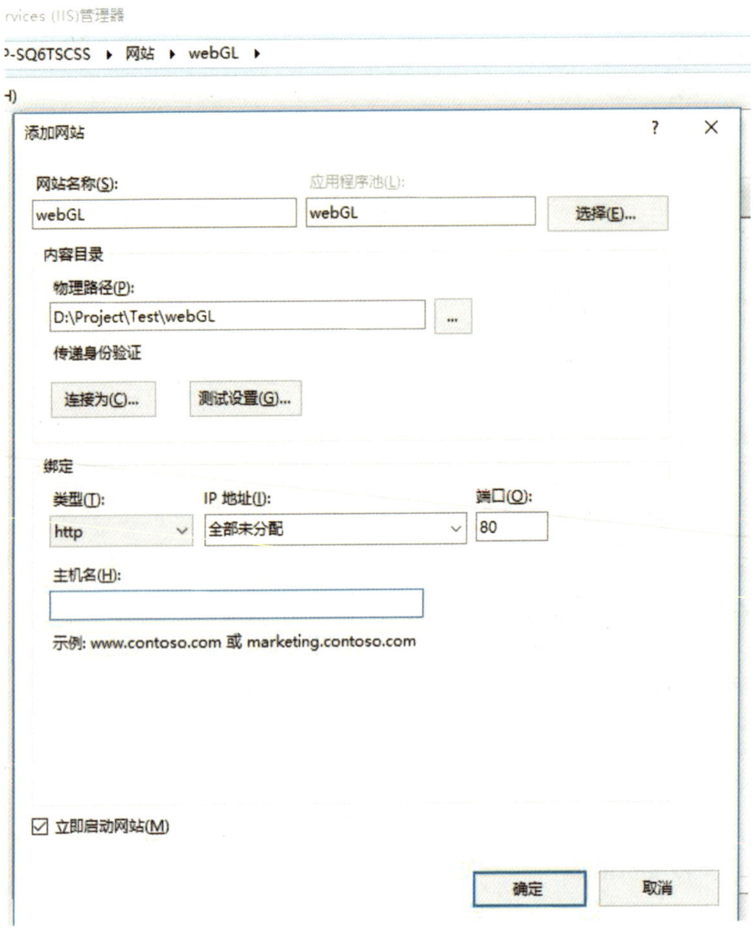

图 6-35　添加网站

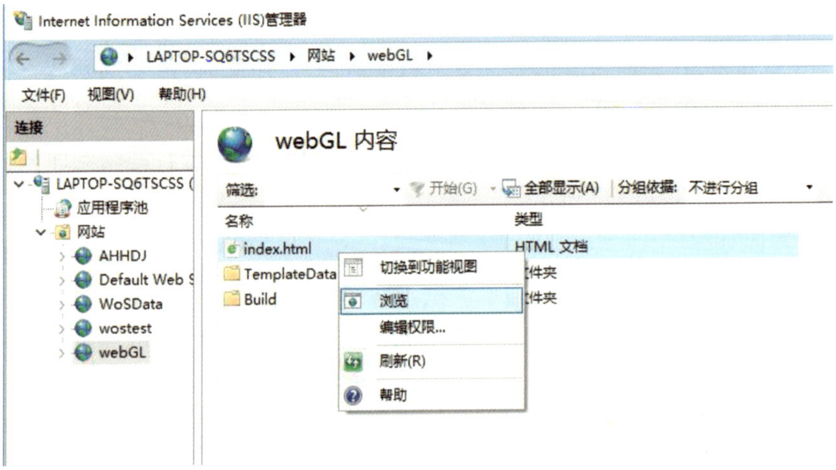

图 6-36　浏览网站

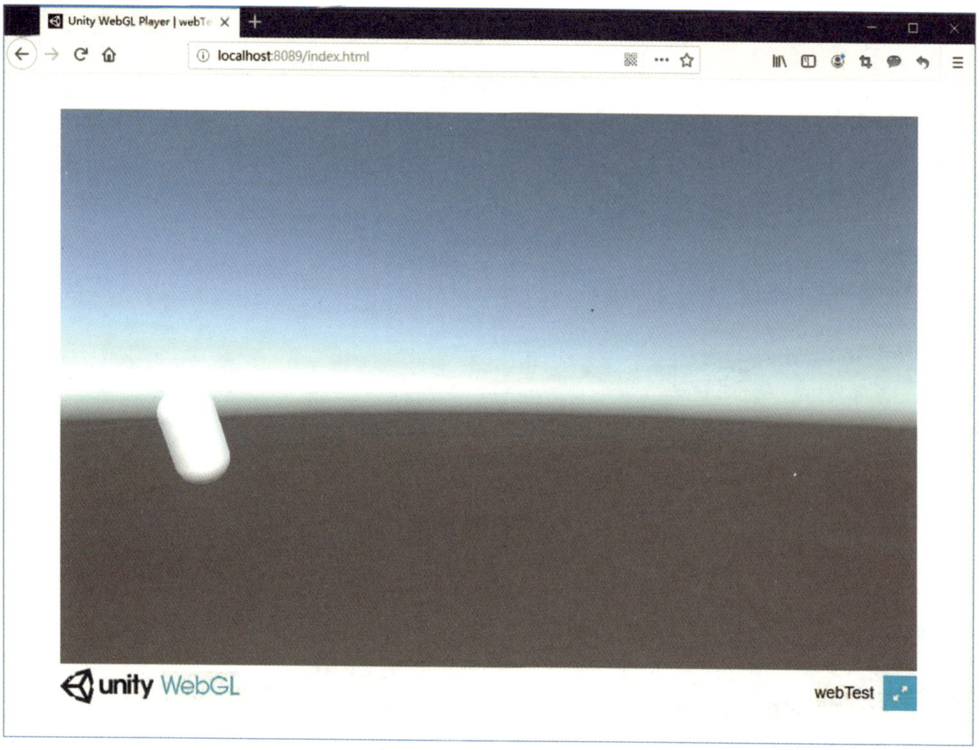

图 6-37　Web 发布成功

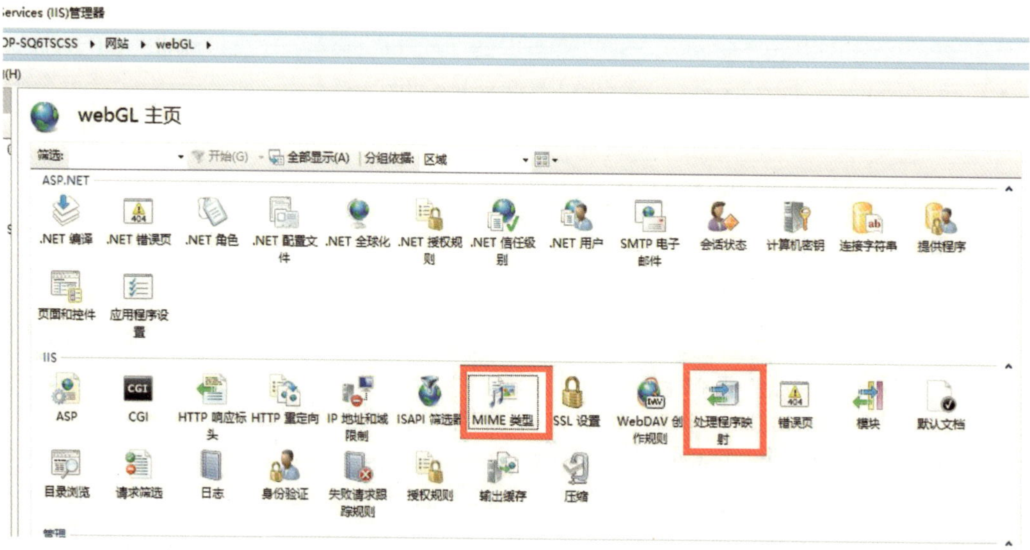

图 6-38　处理 json 解析

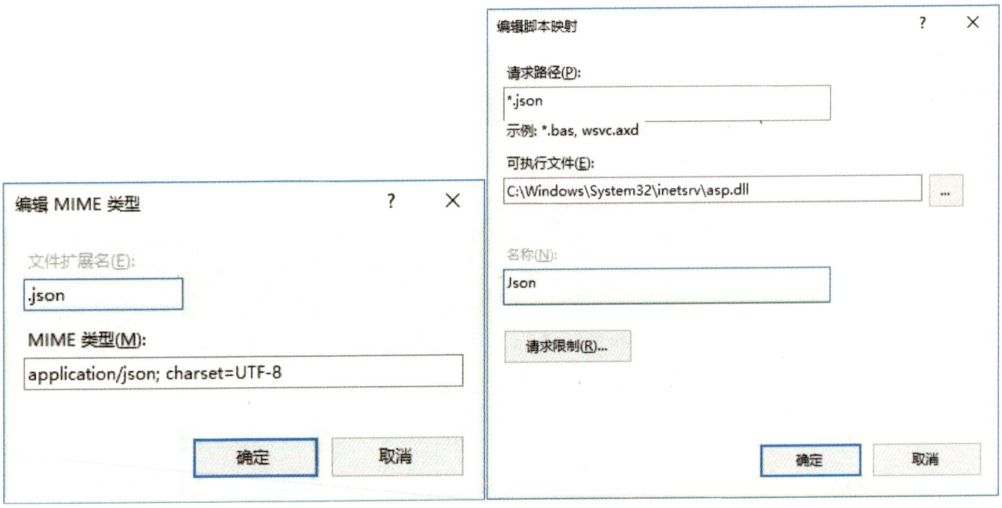

图 6-39　参数设置

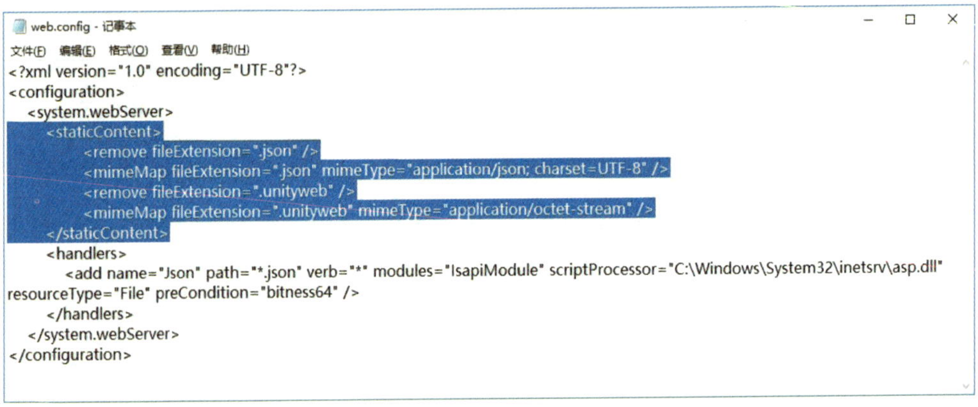

图 6-40　修改 web.config

6.9　Unity 简单案例之矿井漫游

6.9.1　创建游戏工程和场景

(1) 启动 Unity 应用程序，在弹出的对话框中单击右上方的 New 按钮，然后修改项目工程名称为 CoalMineWondering，更改项目路径为 D:\Unity5.0_Projects，单击对话框右侧的 3D 选项，然后单击右下角的 Create Project 按钮新建游戏工程，如图 6-41 所示。

(2) 完成以上步骤后，Unity 会自动创建一个新的项目工程，在场景中包含一台名为 Main Camera 的摄像机以及 Directional Light(方向光)，在 Hierarchy 视图中选择该摄像机，在 Scene 视图中的右下角会弹出 Camera Preview(摄像机预览)缩略图，如图 6-42 所示。

(3) 依次选择菜单栏中的 Game Object→3D Object→Plane 命令，为场景添加一个平面，然后在 Plane 的 Inspector 视图中，将 Transform 组件的 Position 属性值设置为(0,0,0)，如图 6-43 所示。

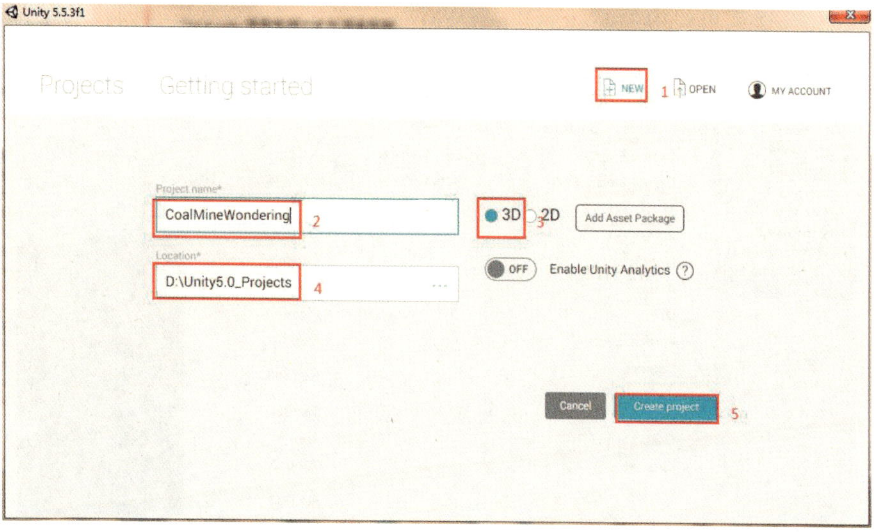

图 6-41 新建游戏工程界面

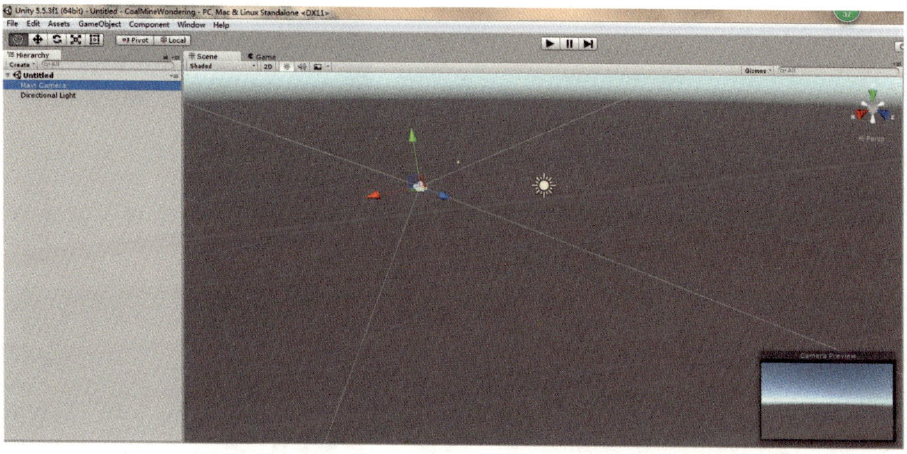

图 6-42 Camera Preview 界面

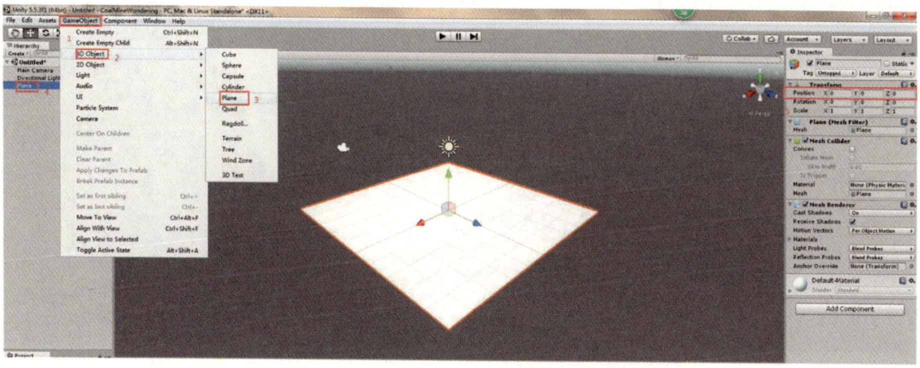

图 6-43 Inspector 视图

(4) 依次选择菜单栏中的 GameObject→3D Object 命令，选择想要创建的基本几何体，如图 6-44 所示。

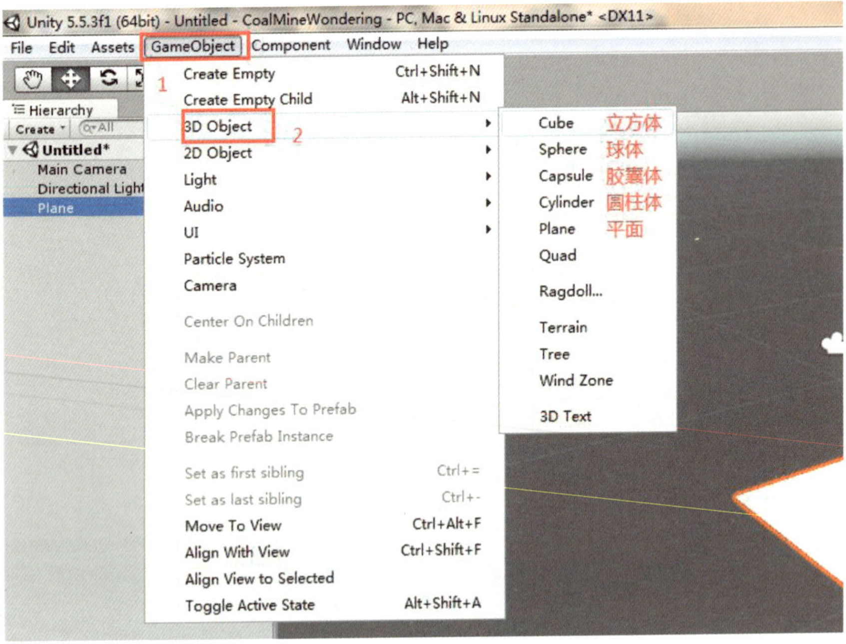

图 6-44 3D Object 界面

(5) 用户还可以利用 Toolbar(工具栏)中的移动、旋转、缩放等命令对所创建的基本几何体进行编辑，编辑完成后如图 6-45 所示。

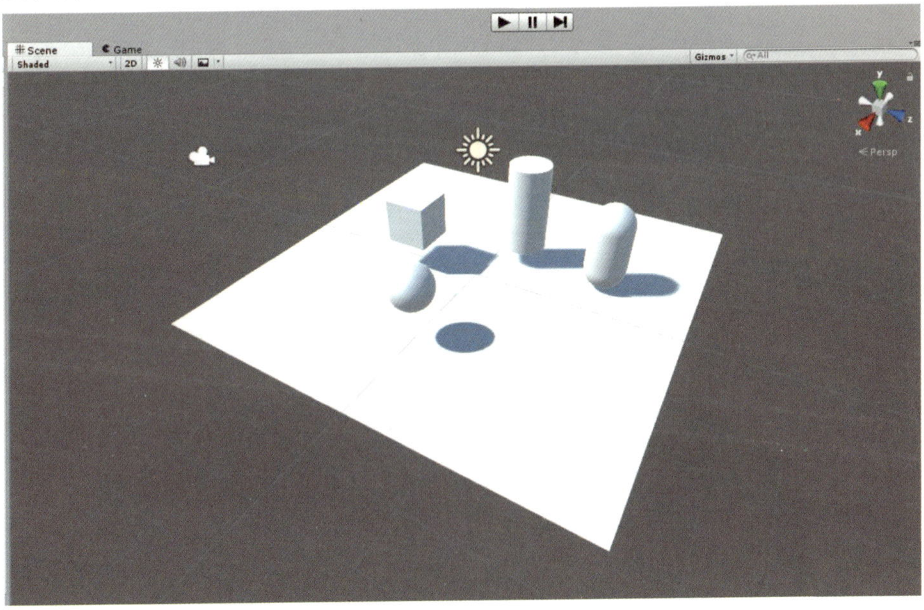

图 6-45 基本几何体编辑界面

(6) 选择菜单栏中的 File→Save Scene 命令，或者按〖Ctrl+S〗组合键，将场景保存，首次保存需要为场景命名，此处将场景命名为 Scene01，如图 6-46 所示，在 Project 视图中的 Assets 文件夹下，可以看到保存的 Scene01 场景文件(图 6-47)。

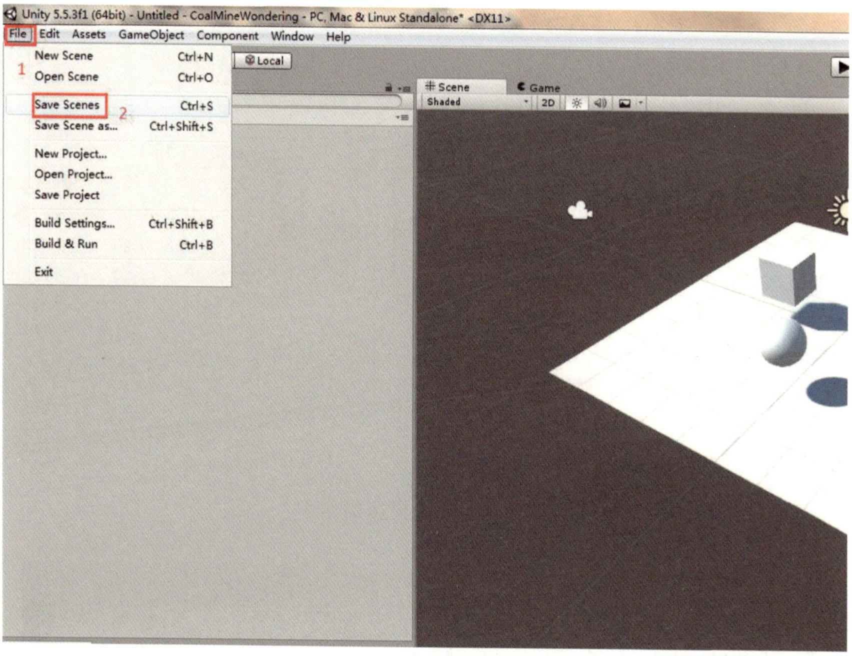

图 6-46 Project 视图

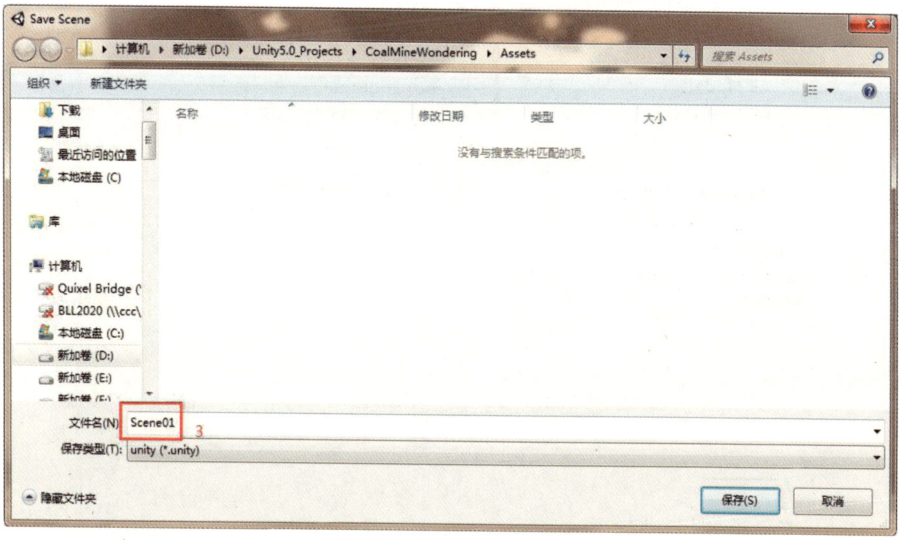

图 6-47 Scene01 场景文件界面

6.9.2 创建场景静态对象

导入外部模型，将图 6-48 所示的资源导入项目中，首先将贴图资源拖拽进入 Unity 的 Project 面板中，接着将模型资源拖拽进入 Project 面板之中，Unity 将会自动找寻对应贴图赋予模型材质球。导入后的资源如图 6-49 所示。

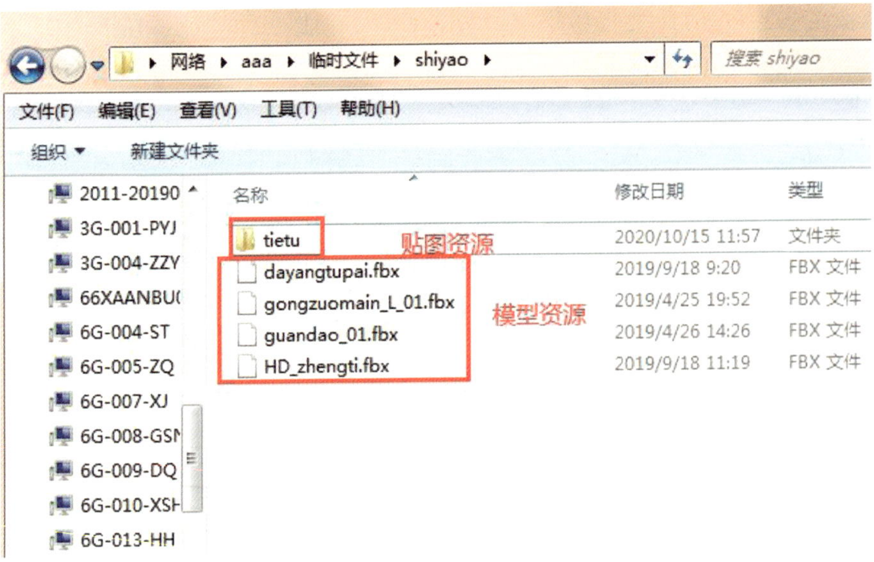

图 6-48　导入资源操作 1

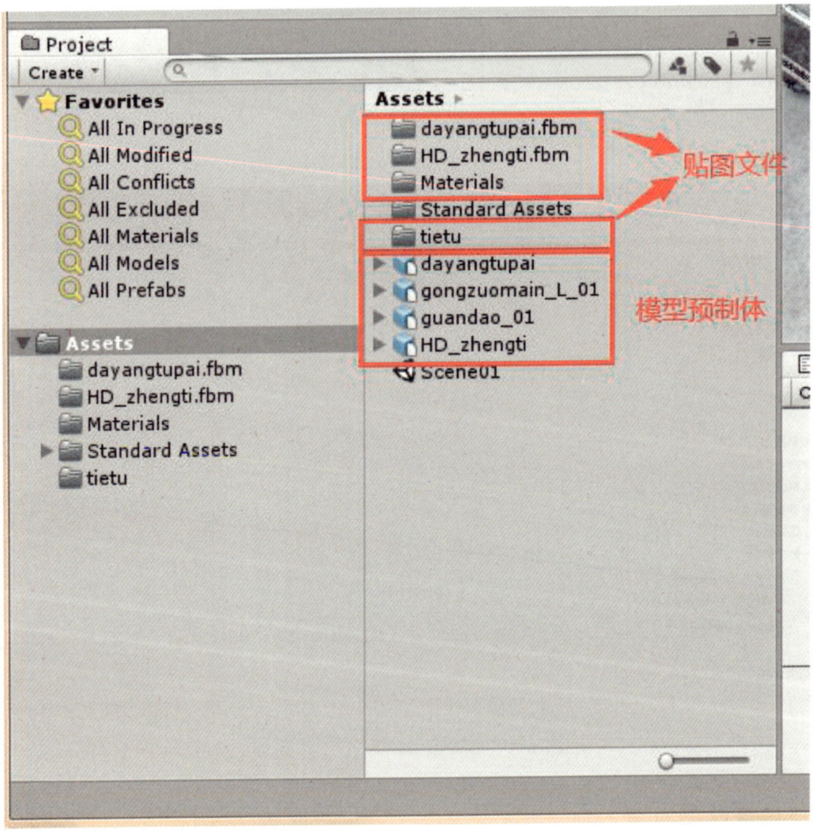

图 6-49　导入资源操作 2

6.9.3 创建物理阻挡

当运行游戏时，第一人称控制器可以穿透模型，因此需要给煤矿巷道模型添加碰撞体来阻挡角色控制器。

(1) 为 HD_zhengti 创建一个空对象来管理房子的碰撞体。在 Hierarchy 视图中选中 HD_zhengti，然后依次选择菜单栏中的 GameObject→Create Empty Child 命令，在 HD_zhengti 下生成一个名为 GameObject 的空对象，将其更名为 coal collision，如图 6-50 所示。

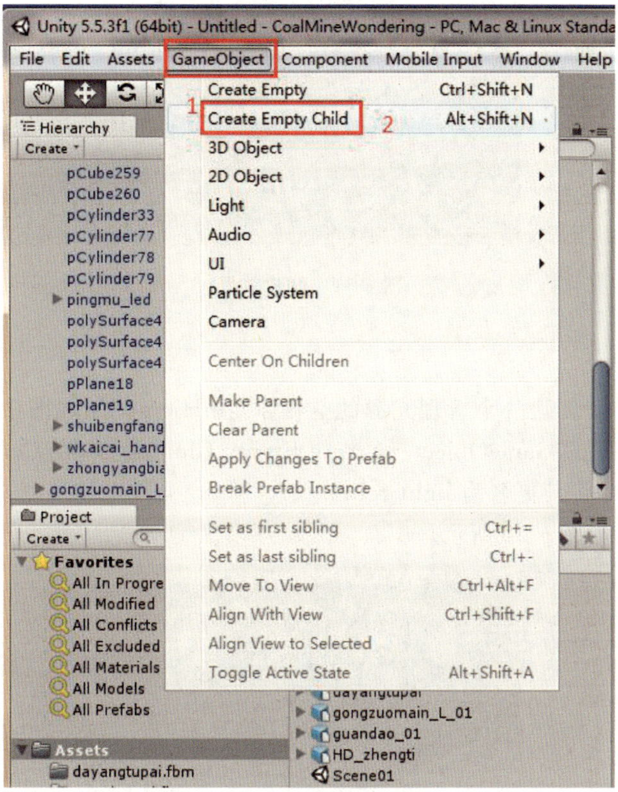

图 6-50 GameObject 命令集

(2) 创建立方体来做碰撞体。依次选择菜单栏中的 GameObject→3D Object→Cube 命令，在 Scene 视图中创建一个立方体，通过缩放按钮、旋转按钮、移动按钮将 Cube 铺在巷道的地面上，如图 6-51 所示。

(3) 按照上一步骤，将煤矿巷道的墙与地面都添加上方块碰撞体(在 Hierarchy 视图中选中一个 Cube，然后按 Ctrl+D 组合键可复制一个 Cube)。

(4) 在 Hierarchy 视图中，将给房子添加的全部碰撞体 Cube 拖动到 CoalMine 下的 house collision 中(按住 Ctrl+单击可选择多个对象，选择连续的多个对象时，可单击选中第一个对象后，按住 Shift 键再单击选择最后一个对象)，然后将 house collision 下的全部 Cube 选中，在 Inspector 视图中取消选中 Mesh Renderer 复选框，在 Scene 视图中这些 Cube 将不会被渲染。

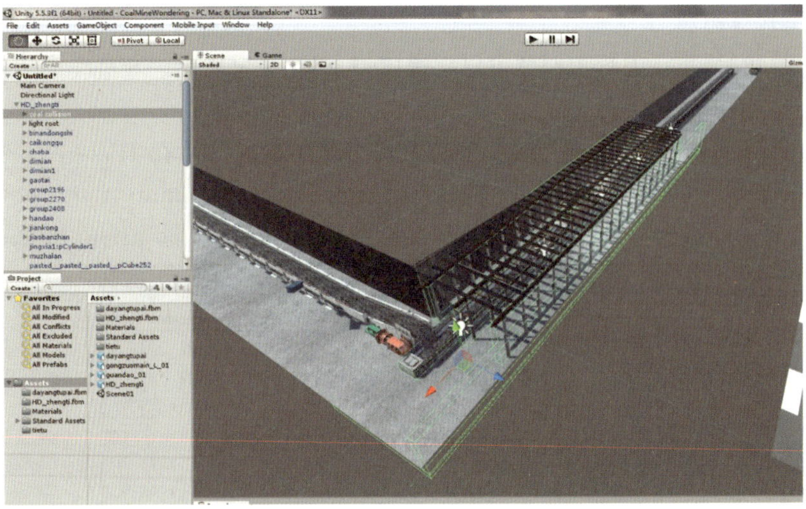

图 6-51　创建效果

6.9.4　创建点光源

（1）为 CoalMine 创建一个管理光源的空物体，在 Hierarchy 视图中选中 CoalMine，然后依次选择菜单栏中的 GameObject→Create Empty Child 命令，在 CoalMine 下生成一个 GameObject 空对象，将其更名为 light root。

（2）创建光源，如图 6-52 所示。

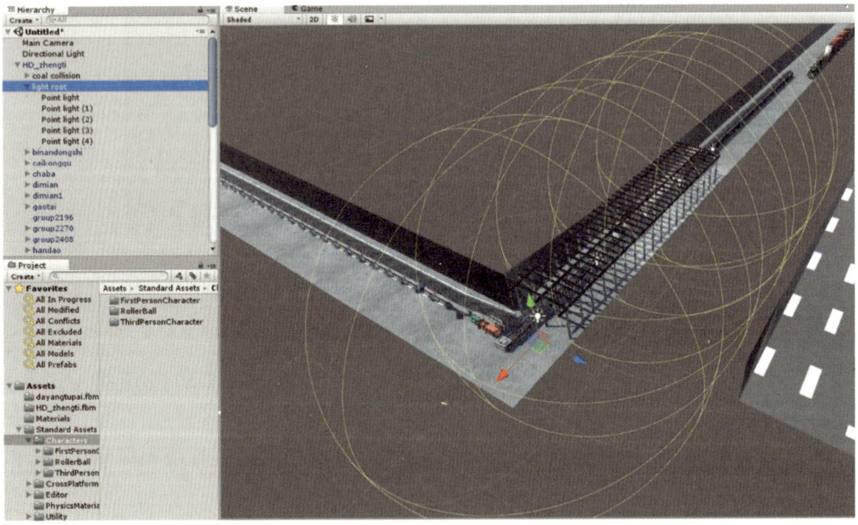

图 6-52　创建点光源

6.9.5　创建第一人称角色控制器

（1）导入角色控制器资源包，依次选择菜单栏中的 Assets→Import Package→Characters 命令，在弹出的 Importing PackageUI 画框中单击右下角的 Import 按钮，将资源导入项目中，如图 6-53 所示。

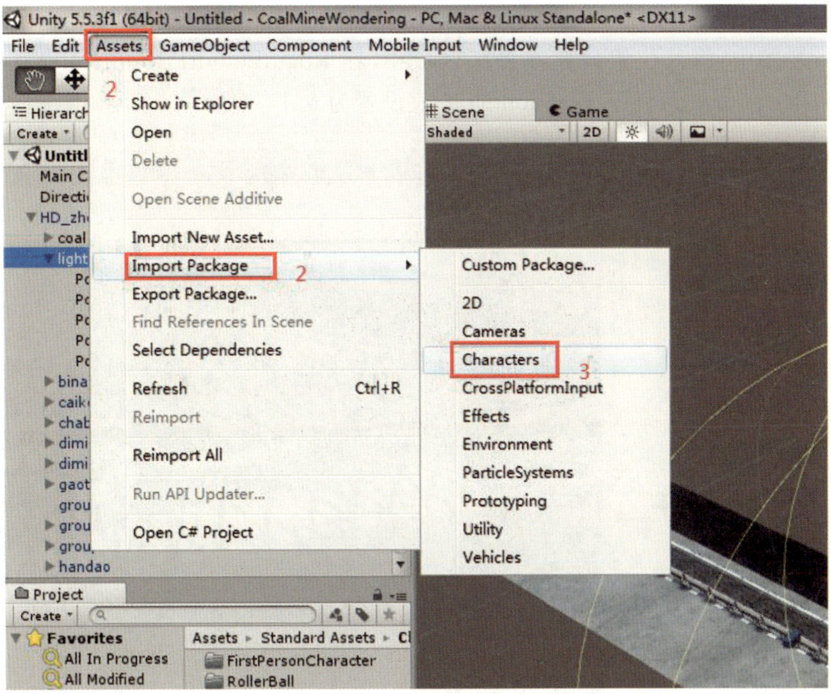

图 6-53 Assets 命令集界面

(2) 在 Project 视图中，依次打开文件夹 Assets→Standard Assets→Characters，可以看到在 Characters 文件夹下有 FirstPersonCharacter(第一人称角色控制器)文件夹和 ThirdPersonCharacter(第三人称角色控制器)文件夹，如图 6-54 所示。

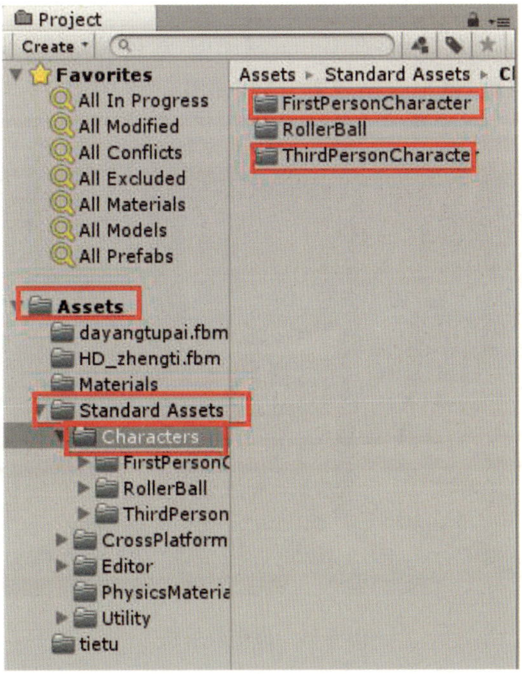

图 6-54 Characters 界面

(3) 将 FirstPersonCharacter→Prefabs 文件夹中的 RigidBodyFPSController 预设体拖动到 Scene 视图中，将其位置放置在漫游区域中，在 RogidBodyFPSController 的 Inspector 视图中，将 Transform 组件下 Position 的 Y 值设置为 6.1，如图 6-55 所示。

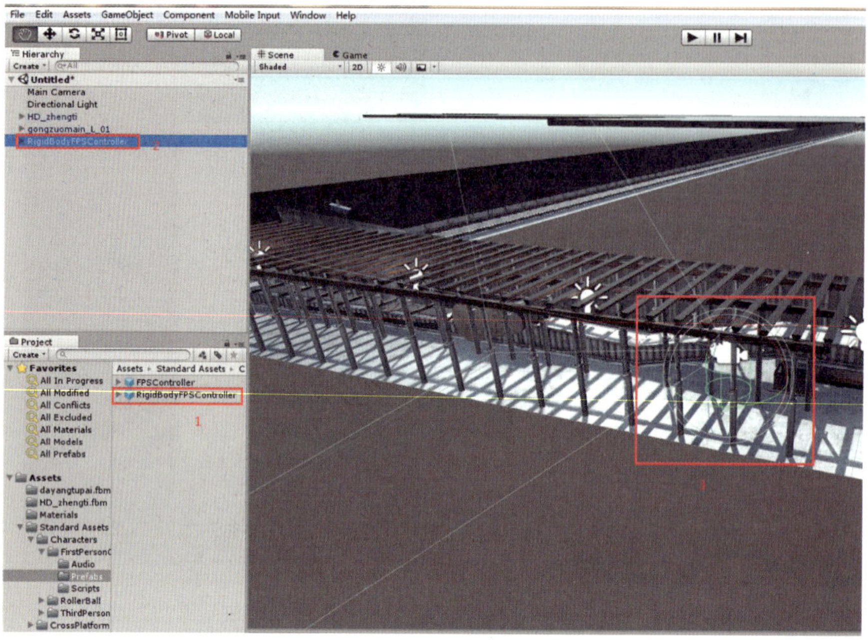

图 6-55　操作效果图

(4) 在 Hierarchy 视图中右击 Main Camera，在快捷菜单中选择 Delete 命令，删除主摄像机。

(5) 单击工具栏中的播放按钮，在 Game 视图中，通过 W、A、S、D 键或者方向键控制角色的移动，空格键控制跳跃，鼠标控制视野方向，如图 6-56 所示。

图 6-56　操作效果图

7　基于 Maya 的矿用机械开发建模案例

作为高阶的三维计算机图形软件，Maya 集成了 Alias、Wave front 等最先进的动画及数字效果技术，Maya 的优势充分体现在矿业机械设计、模型开发中。

在 Maya 中构建模型时，应认真分析三视图以及从网上等找到的真实物体的参考图。有时用户提供的参考图并不清楚，结构不完整，这要求建模者查阅资料、展开想象去分析对象结构，使模型看起来比例更协调，细节更丰富。作为软件学习者，需要通过大量的实践去掌握该模型的构建，充分思考模型的什么位置可以省略不做，以积累经验。

本章将介绍几个基于 Maya 技术的矿用机械开发建模案例。

(1) 模型开发背景

刮板输送机、侧卸式装岩机、采煤机、液压支架和液压钻眼台车等都是矿井生产过程中重要的生产装备。为了让相关专业学生熟悉矿井机械设备，掌握矿井机械设备的使用方法，可利用三维图形软件构建相关设备的模型。这也为后续虚拟现实仿真系统提供环境支撑。

(2) 模型需求分析

所构建的模型，需要满足如下基本需求：

① 3D 模型对象包括刮板输送机、侧卸式装岩机、采煤机、液压支架、液压钻眼台车。

② 支持机构动力学与动态仿真，支持割煤效果动画、刮板运煤动画、滚筒及摆臂动画、移架和移刮板动画。

③ 支持操作前滚筒、操作后滚筒、操作液压支架及刮板输送机等实时交互。

④ 支持装备零部件的装配关系和属性定义。

⑤ 支持 Pro/E、SolidWorks、UG、CATIA V5 等主流 CAD 软件模型导入。

⑥ 基于 OpenGL 三维图形工业标准。

7.1　刮板输送机

在采煤工作面，刮板输送机可以运送煤和物料，是现代化采煤工艺中不可缺少的主要设备。图 7-1 是刮板输送机日常工作中的实体。在 Maya 中最终建立的模型如图 7-2 所示。

(1) 首先，将刮板输送机模型的三视图导入 Maya 的前视图摄像机、侧视图摄像机和顶视图摄像机。然后切换到前视图点开 View，在列表中选择 Image Plane，接着在 Image Plane 里选择 Import Image，点开并导入图片，如图 7-3 所示。

(2) 接着在 Maya 工作环境里面调整图片到合适的位置，根据导入的模型调整图片的大小，调整后如图 7-4 所示。

图 7-1　刮板输送机

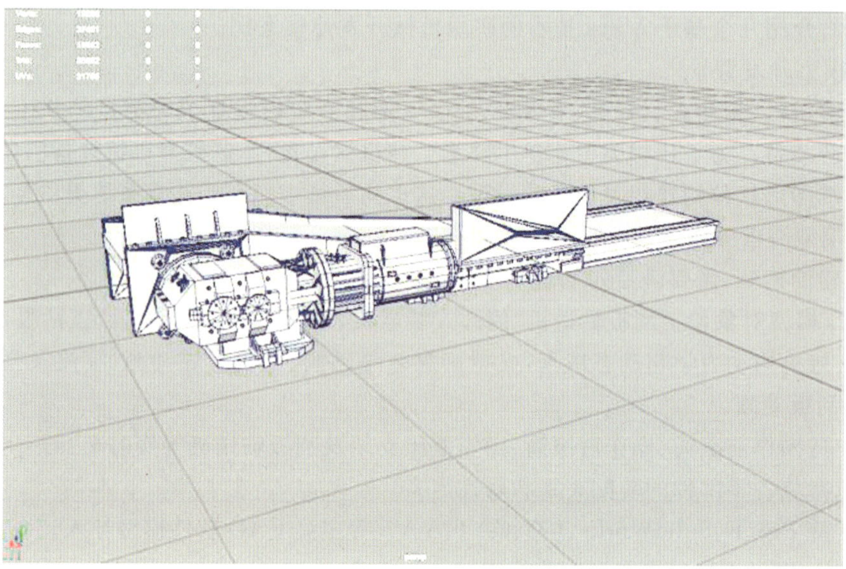

图 7-2　Maya 中刮板输送机模型

(3) 切换回前视图,创建一个 Cube 方盒,再切换到顶视图调整位置,如图 7-5 所示。

(4) 切换回前视图,将模型切换到线模式,选择左面的竖线,利用 Shift+右键向下划到 Insert Edge Loop Tool,再点击竖线,插入一条环形边。重复上一步操作,再在下面插一条等边的环形边,如图 7-6 所示。

(5) 切换到面,选择两边的面以及对称的面,按住 Shift 并单击右键向下划做挤压,挤压完后如图 7-7 所示。

(6) 切换至顶视图,调整大小,接着按住 Ctrl 并点击 D 键复制并移动,如图 7-8 所示。

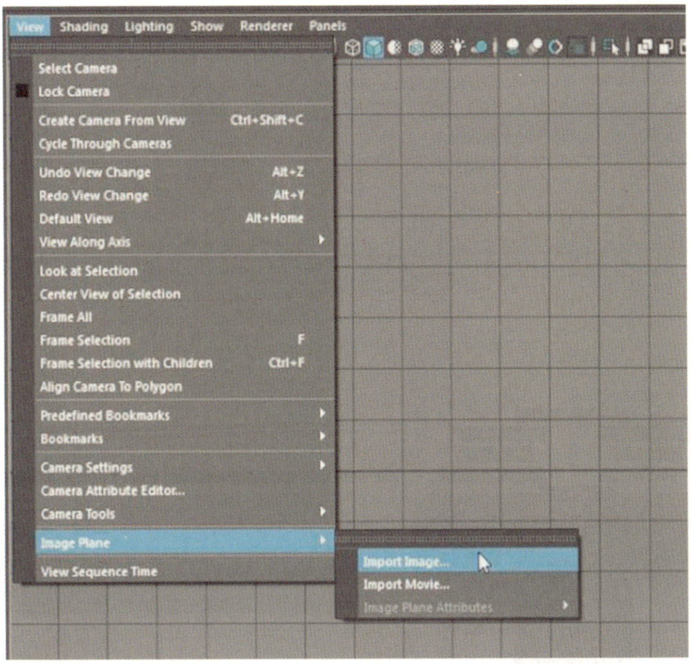

图 7-3　导入图片

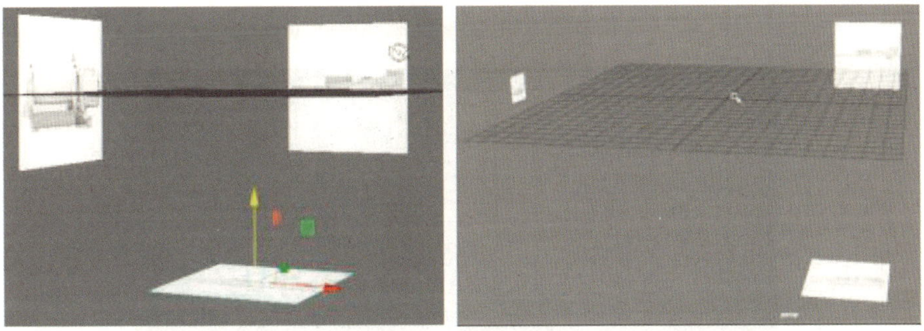

图 7-4　图片调整

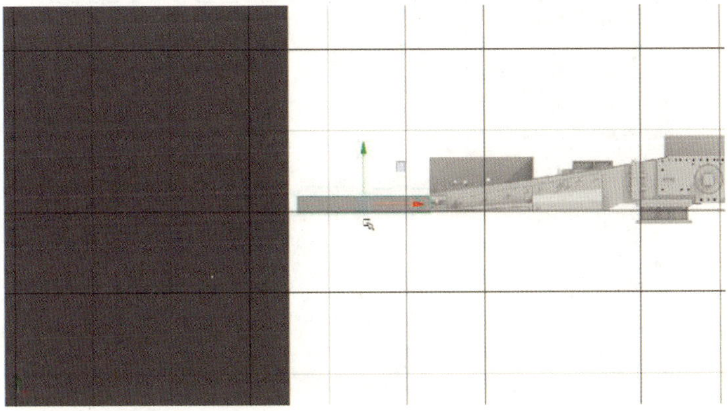

图 7-5　创建 Cube

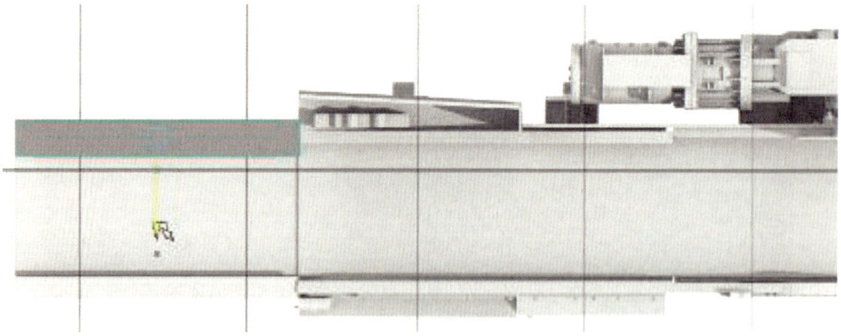

图 7-5(续)

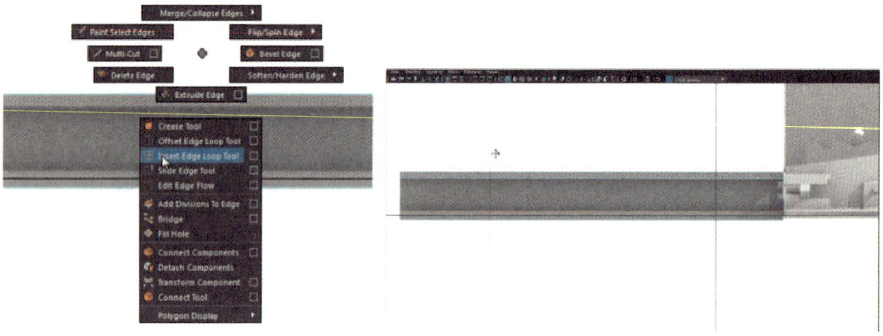

图 7-6　插入循环边

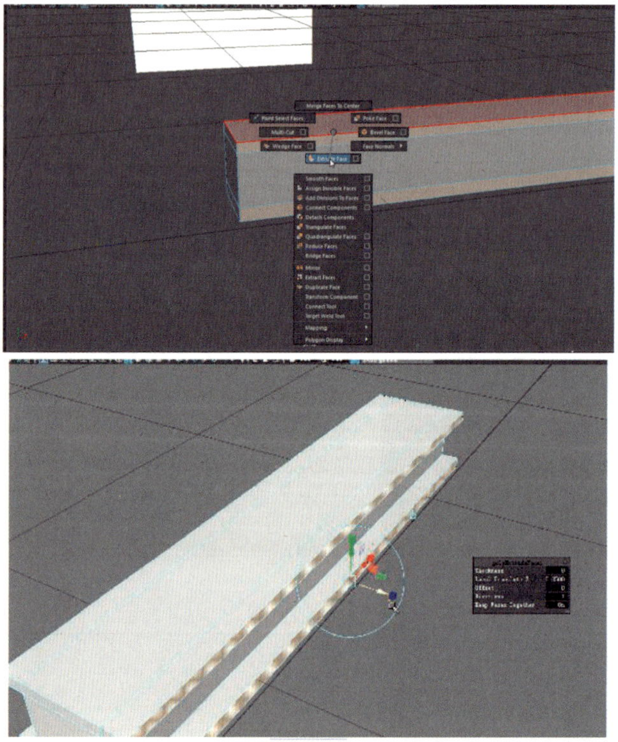

图 7-7　挤压

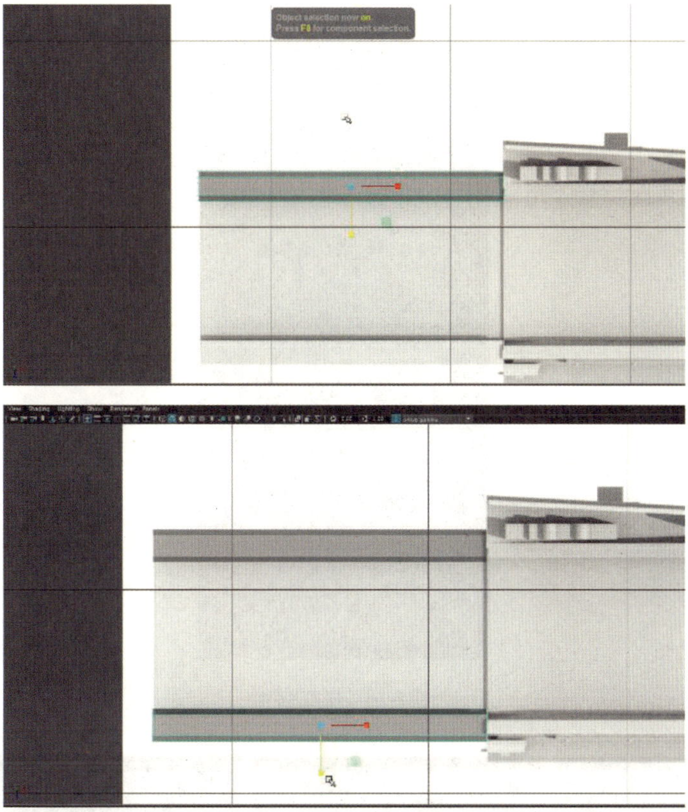

图 7-8 复制并移动

(7) 创建一个方盒做中间的板，注意对齐视图中的位置。调整好位置后利用 Ctrl＋D 键复制拖拽到后面并调整位置，如图 7-9 所示。

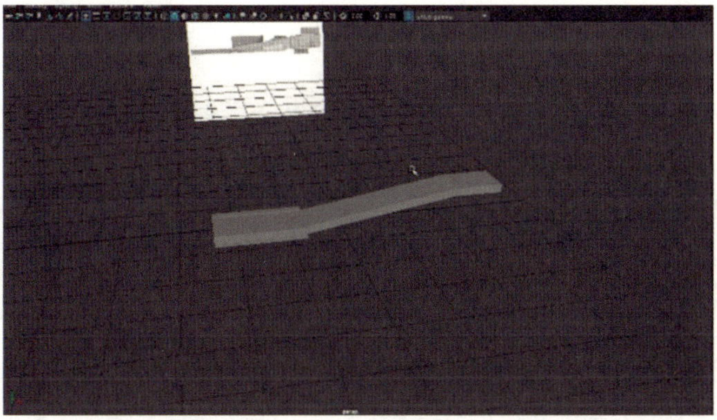

图 7-9 建立底板

(8) 选中所有模型，利用 Ctrl＋G 键打组，选中组后在 Modify 里点击 Center Pivot 选项，并且使坐标居中，如图 7-10 所示。

然后在右侧点击第四个选项，在所选模型上创建一个层，点击前面的“V”符号来隐藏，如图 7-11 所示。

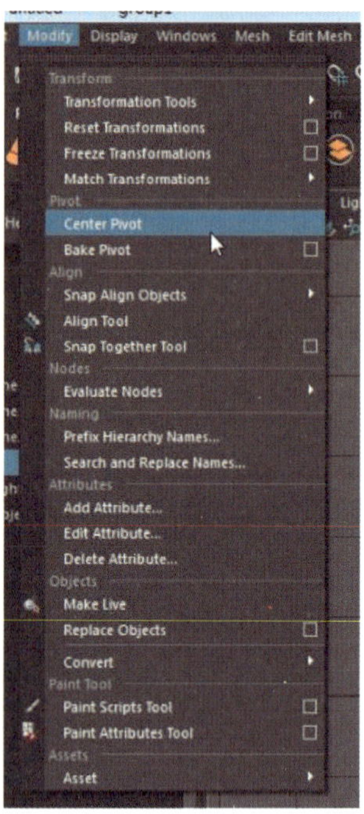

图 7-10　坐标居中

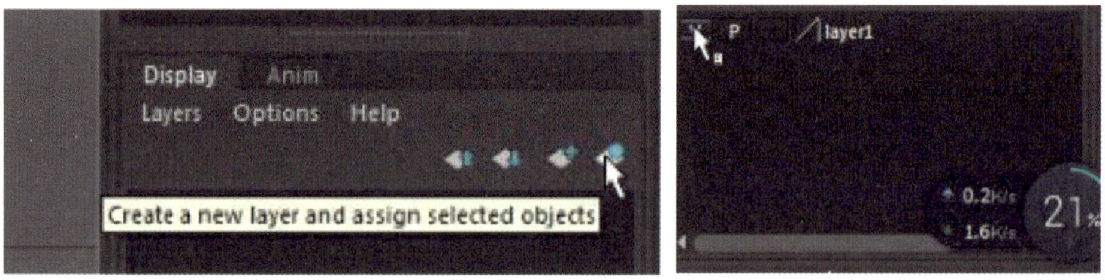

图 7-11　创建层并隐藏

（9）后部外壳制作：创建一个方盒，挤压后面的面，根据视图调整结构，再根据视图复制，如图 7-12 所示，再将隐藏的模型显示出来，对其进行调整，如图 7-13 所示。

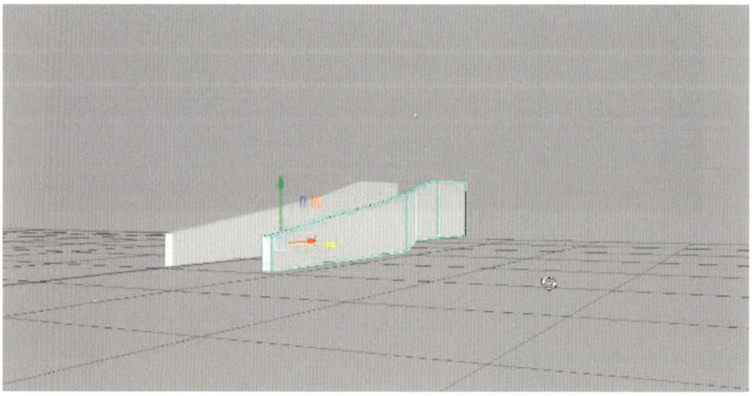

图 7-12　制作外壳

图 7-13 打开隐藏图层

(10) 中间外壳制作:创建一个方盒,根据视图调整外形,根据视图加线,选择上下两边、面挤压出凹槽,接着根据视图调整外形,如图 7-14 所示。

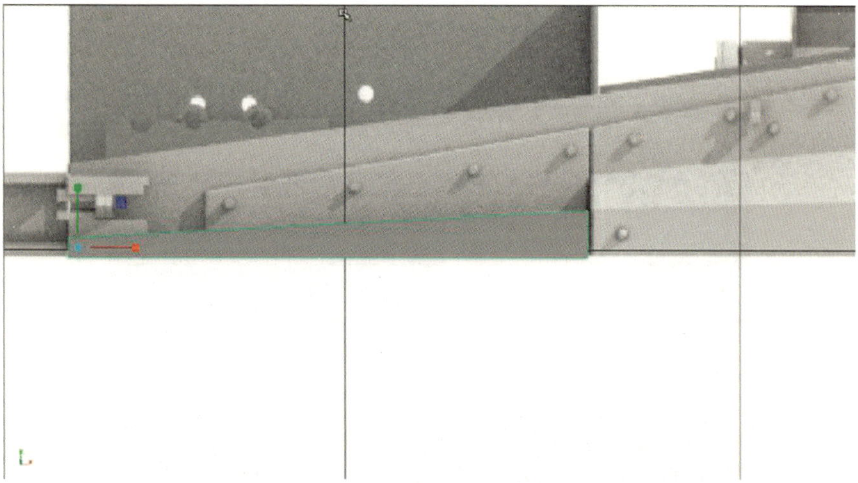

图 7-14 调整外形

(11) 继续根据视图加线,选择中间的面做挤压调整,如图 7-15 和图 7-16 所示。

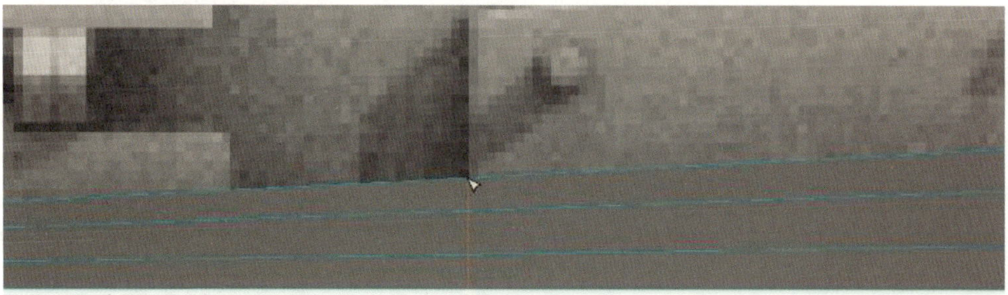

图 7-15 加线

图 7-15(续)

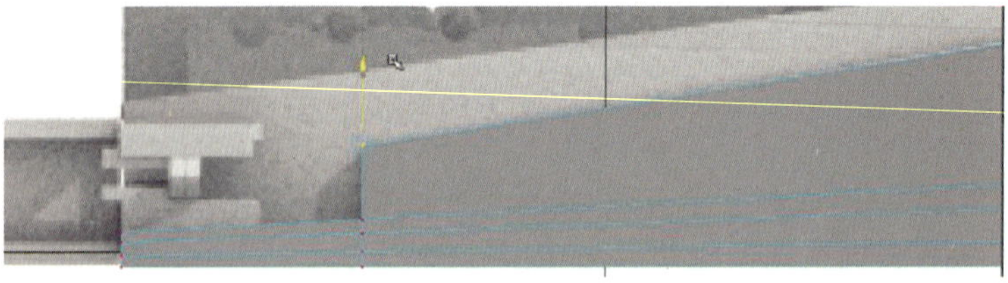

图 7-16　中间面做挤压

(12) 创建一个方盒做后面板,并根据视图调整结构,再根据之前做好的模型进行调整,如图 7-17 所示。

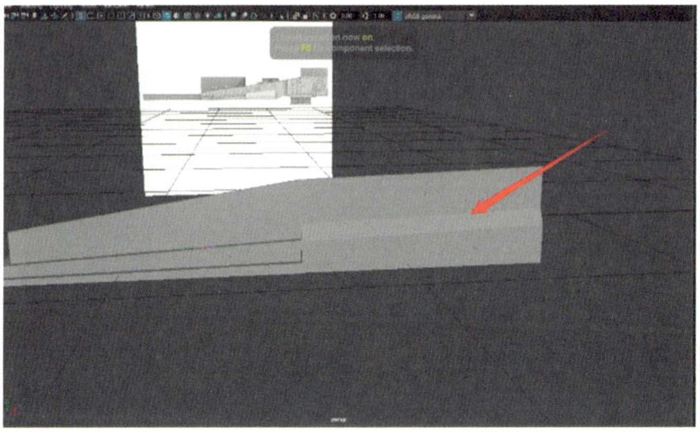

图 7-17　创建后面板

(13) 将这两块模型对称复制,创建一个方盒(根据视图进行调整),再创建一个圆柱制作螺栓(根据视图进行调整),创建一个管道,修改其边数为 6(根据视图进行调整、摆放),再创建一个方盒(根据视图进行调整),复制并摆放,如图 7-18 所示。

(14) 创建一个方盒,加线挤压调整,如图 7-19 所示。

(15) 创建一个圆柱体,将方向旋转到 90°,复制并摆放到对应的孔位,复制完成后将全部组合到一起,先选择板子,再加选圆柱,点击 Mesh 里 Booleans 下的 Difference,接着按住 Shift 并点击右键向下找到 Triangulate 后松开,就完成了孔的制作,如图 7-20 所示。

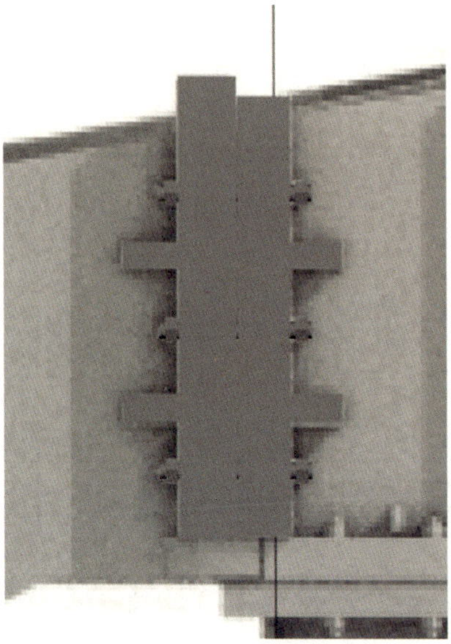

图 7-18 复制摆放

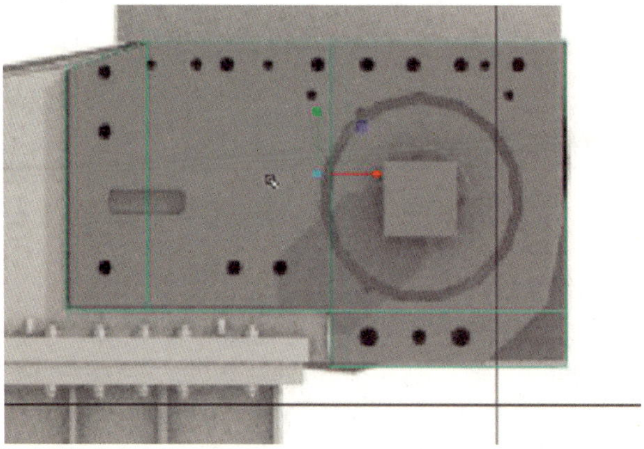

图 7-19 挤压调整

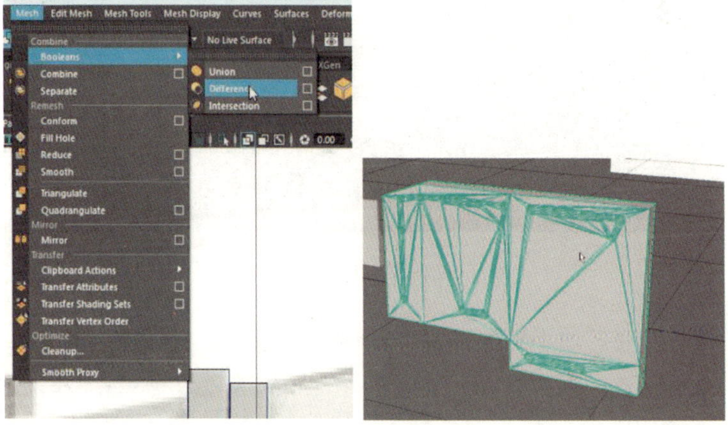

图 7-20 创建孔

（16）创建管道：根据视图，调整管道大小、厚度并放置到合适的位置，注意不要穿过模型，先选择后面的板加选管道，点击 Mesh 下 Booleans 的里 Difference，根据视图摆放所需模型，如图 7-21 所示。

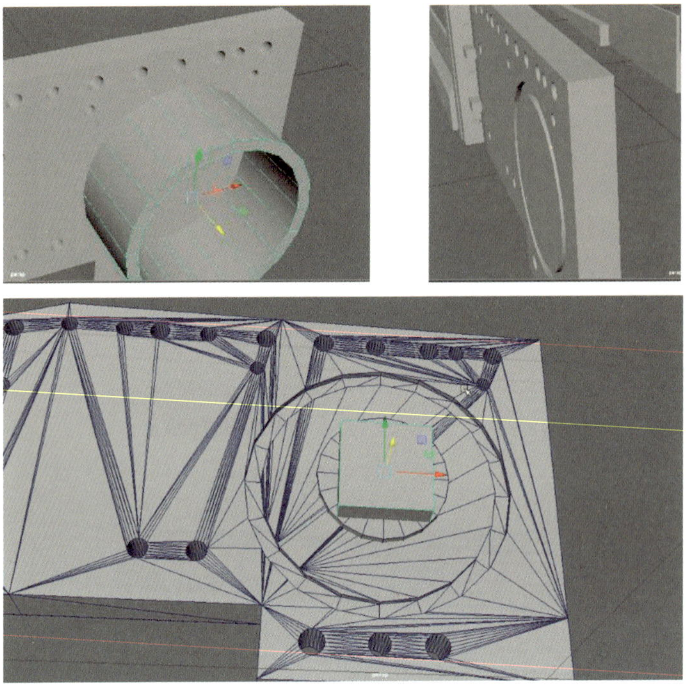

图 7-21　创建管道

（17）整体打组，并冻结变换，坐标居中。接着制作底座，首先根据模型需求创建若干方盒，然后根据视图进行调整，接着再复制之前做好的螺母螺栓，如图 7-22 所示。

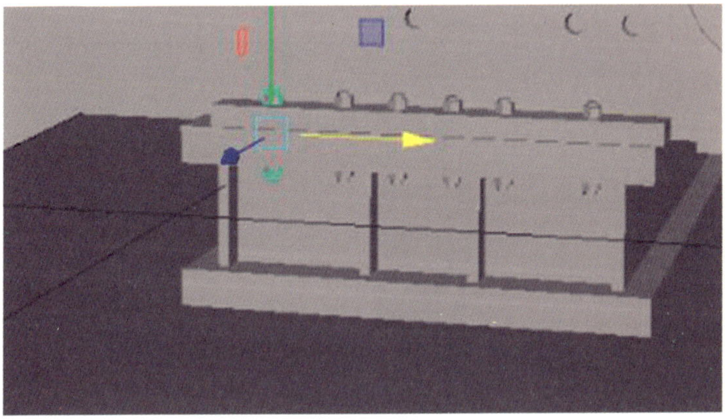

图 7-22　制造底座

（18）根据视图把剩下的小零件添加上去，再根据视图进行调整，如图 7-23 所示。

（19）接下来制作另一侧，导入另一侧的视图，对视图进行调整，创建方盒，根据视图调整、复制、摆放，最终如图 7-24 所示。

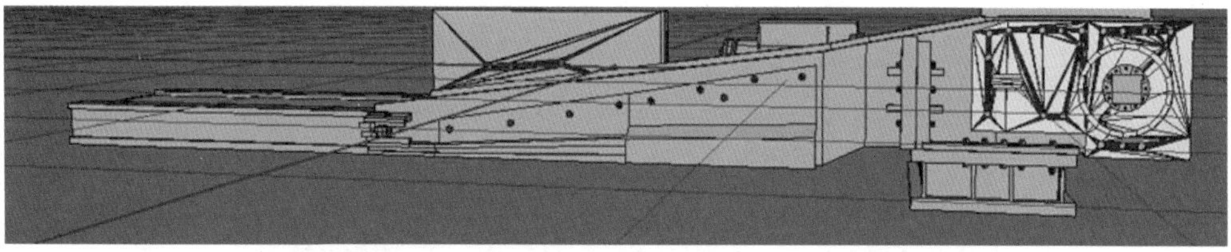

图 7-23 添加零件

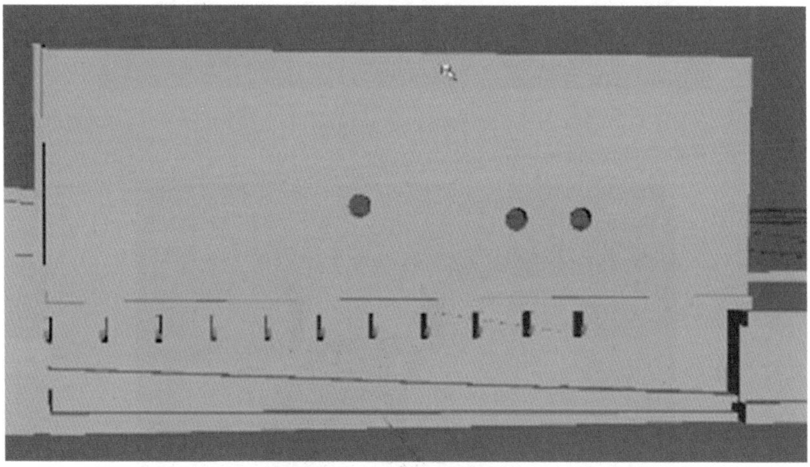

图 7-24 视图调整

(20) 制作下面板,按照前面所提的办法,创建若干方盒并加线调整形态及摆放,如图 7-25所示。

图 7-25 制作下面板

(21) 创建一个方盒,按照前面的方法,根据视图调整,如图 7-26 所示。

(22) 创建一个圆柱删掉两边的面,再删掉一半切换到点模式调整,接着创建圆柱,通过布尔运算在模型上打洞,如图 7-27 所示。

(23) 接着创建圆柱并复制若干份,根据视图进行调整,如图 7-28 所示。

(24) 创建一个方盒加线,根据试图进行调整,如图 7-29 所示。

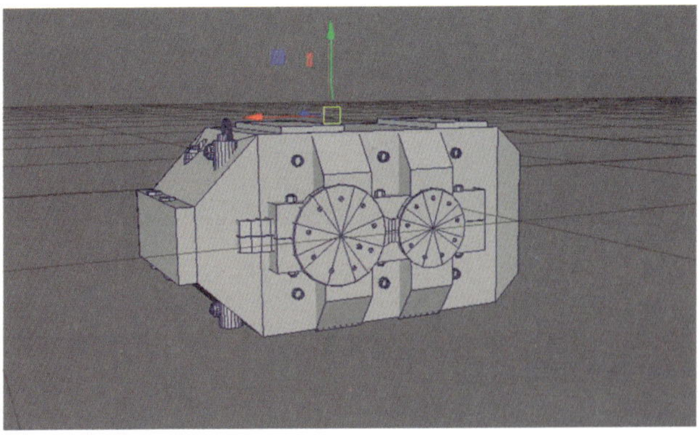

图 7-26　视图调整

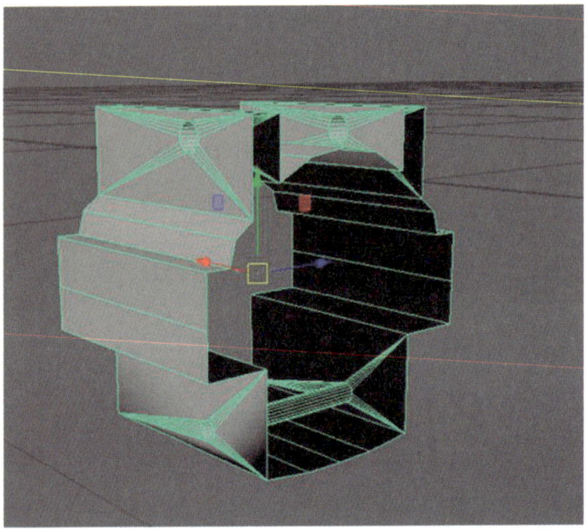

图 7-27　创建孔

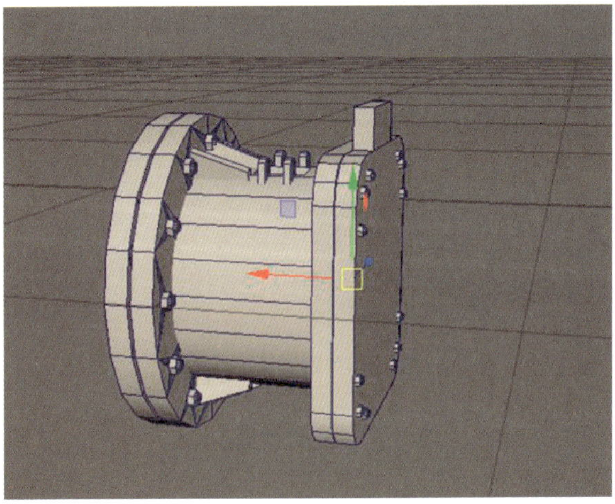

图 7-28　创建圆柱并复制

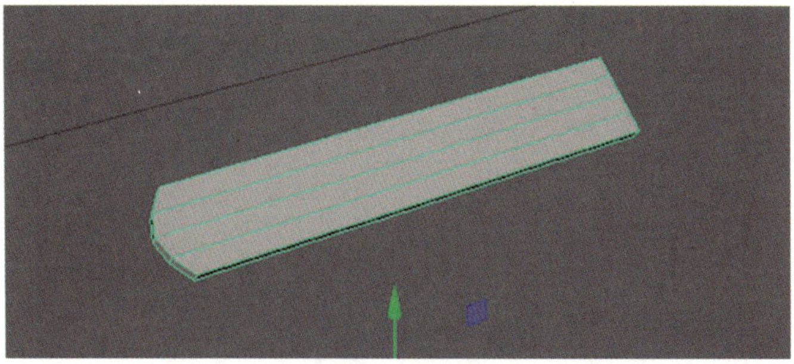

图 7-29 加线

(25) 接着将模型的坐标吸附到图 7-30 模型的中心，按住 V 键移动，然后进行复制，如图 7-31 所示。

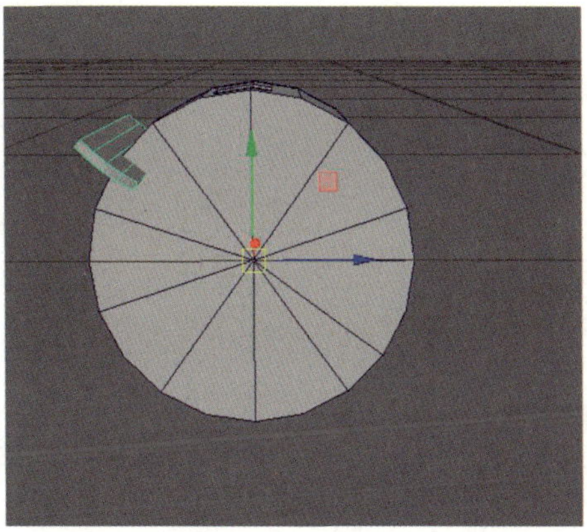

图 7-30 坐标吸附

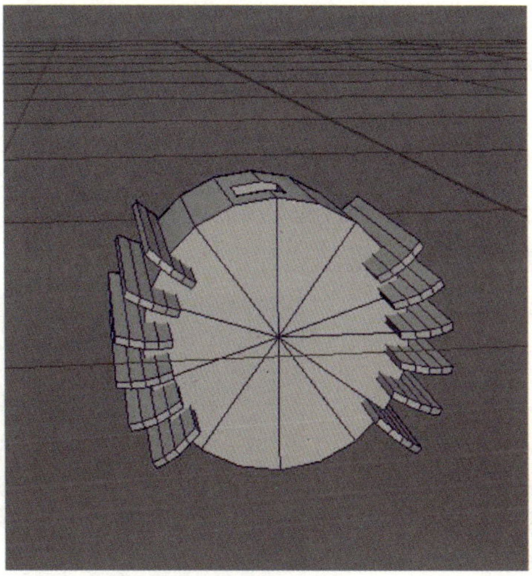

图 7-31 复制

(26) 创建圆柱，根据视图调整，添加小模型，如图 7-32 所示。

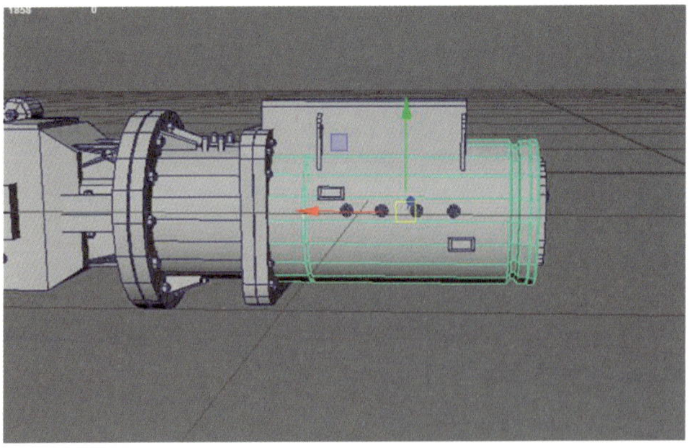

图 7-32　由圆柱创建模型

(27) 最终模型如图 7-33 所示。

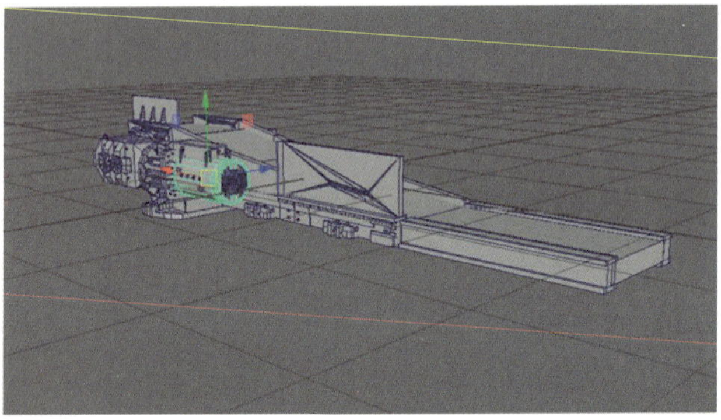

图 7-33　最终模型

7.2　侧卸式装岩机

侧卸式装岩机主要用于煤、半煤岩巷道的煤矿、金属矿、隧道等工程爆破后的松散碎石、矿石的装载作业，也可用于小断面全岩巷道装载作业，是一种高效率的地下装载机械。图 7-34 是侧卸式装岩机的实体以及抽象模型图片。

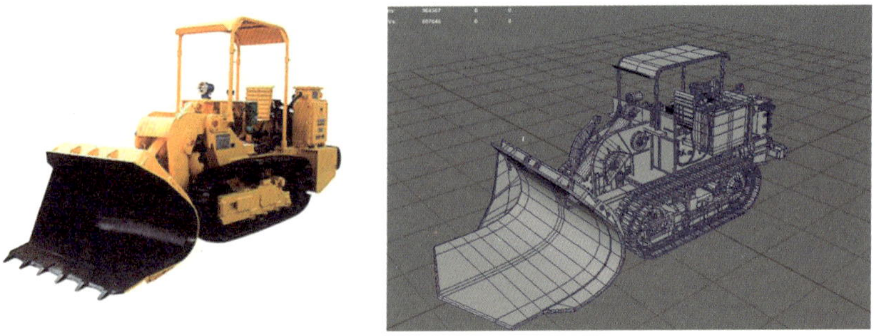

图 7-34　侧卸式装岩机实体及三维模型

(1) 首先创建一个方盒，切换至侧视图，只留侧视图的一侧面，其余的面全部删掉，再切换到点模式，根据视图进行调整，如图 7-35 所示。

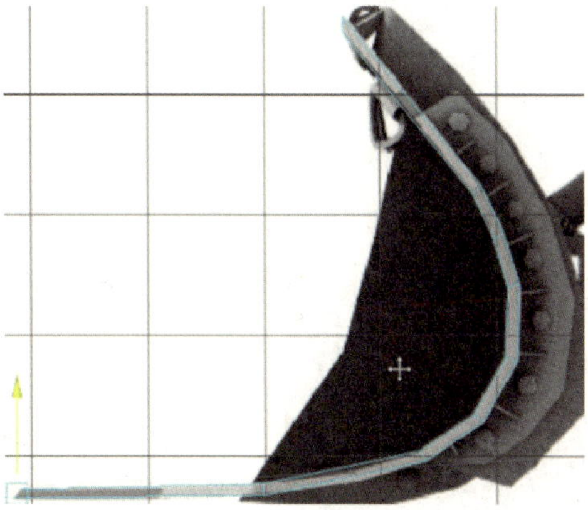

图 7-35 创建侧面

(2) 接着切换到前视图，将面挤压出来，根据前视图进行调整，如图 7-36 所示。

图 7-36 挤压

(3) 接着再创建一个盒子，根据视图加线进行调整，并摆放好，最终如图 7-37 所示。

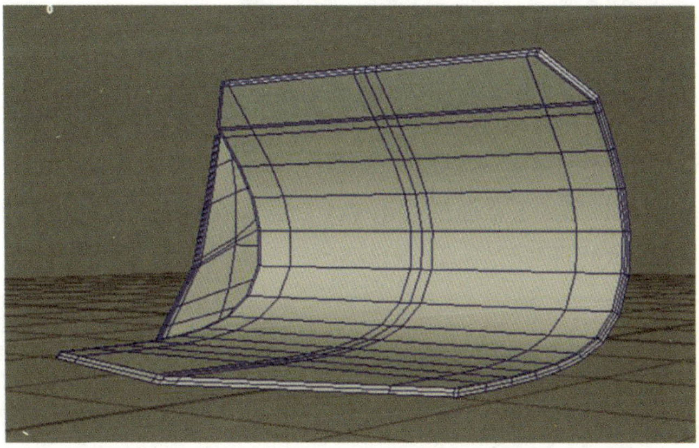

图 7-37 加线调整

(4) 在模型上加条线选中面，Shift＋右键向下划，找到 Duplicate Face，接着创建方盒，增加模型细节，如图 7-38 所示。

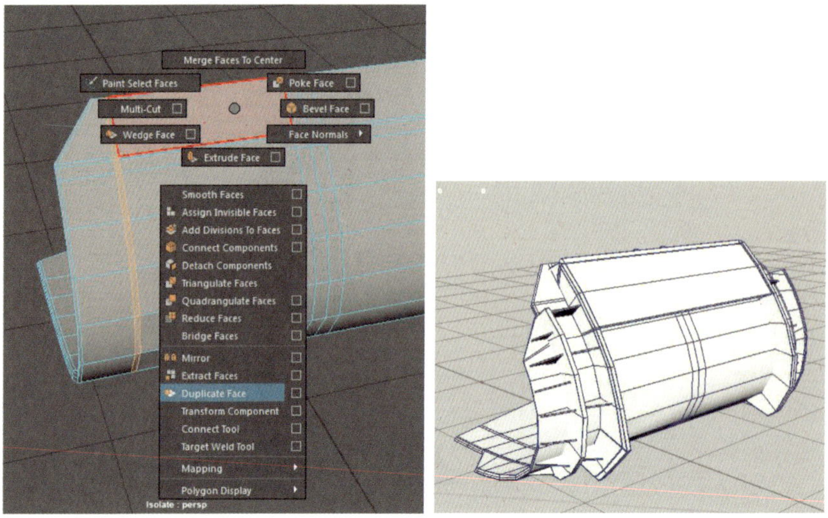

图 7-38　增加模型细节

(5) 创建一个圆柱，将边数改为 6，然后切换到线模式，选择所有的边进行倒角，然后根据视图摆放好，如图 7-39 所示。

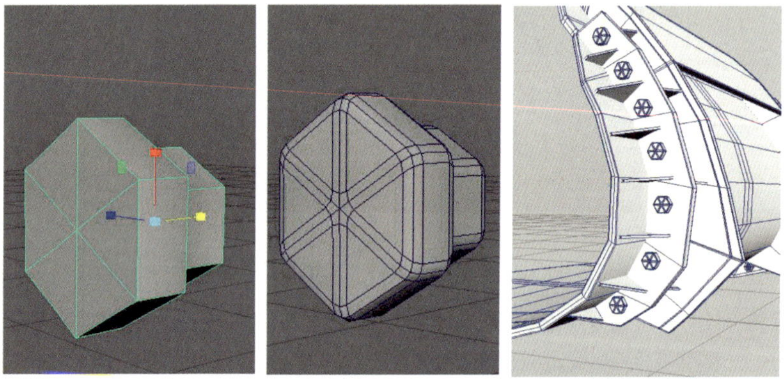

图 7-39　创建螺栓

(6) 制作操作室里的管子，首先创建一个圆柱，删除部分的面，保留底面，接着切换到侧视图，创建一条弯弯曲曲的线（注意面的中心点，一定要在线的末端），然后选中物体，右键选择面模式，如图 7-40 所示。

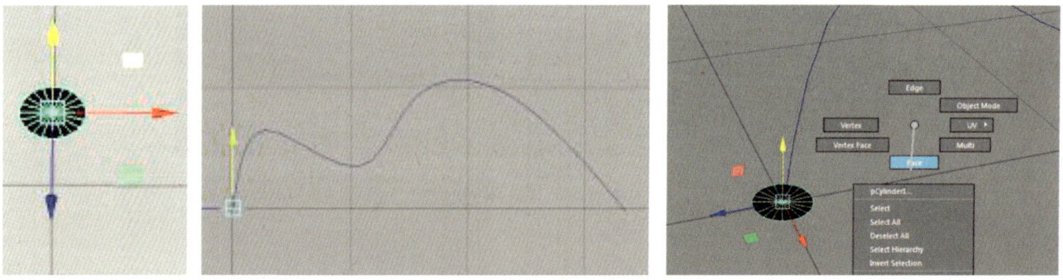

图 7-40　创建面及路径

(7) 框选所有面、加选线，接着 Shift＋右键挤压，如图 7-41 所示。

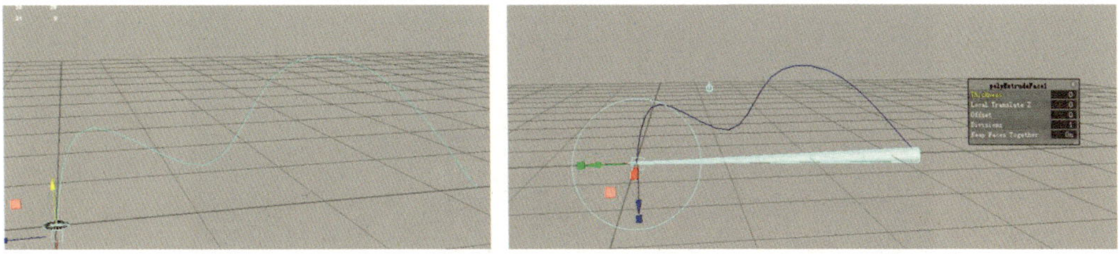

图 7-41 挤压

(8) 在右面的框内找到 Divisions，左键点住字母，左右拖动加线减线，如图 7-42 所示。

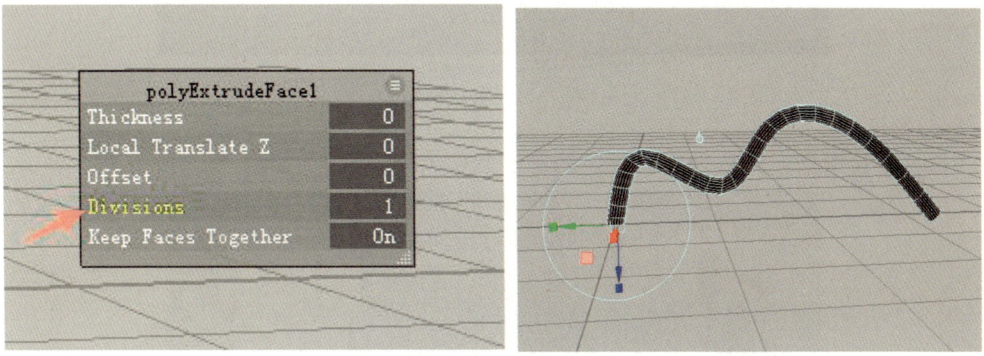

图 7-42 形成管线

(9) 接着切回物体模式，在上面一栏里选择 Mesh Display 里的 Reverse 选项，如图 7-43 所示。

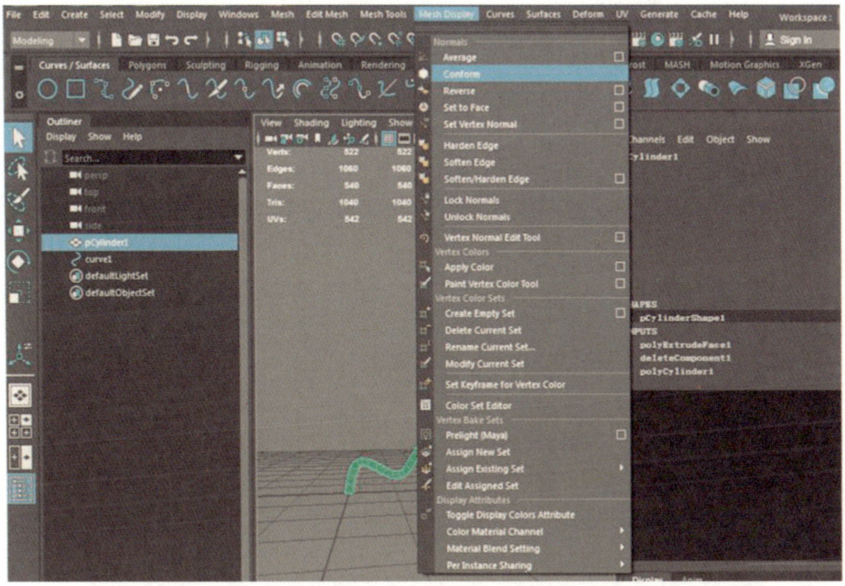

图 7-43 Reverse

(10) 将法线翻转,管线模型如图 7-44 所示。

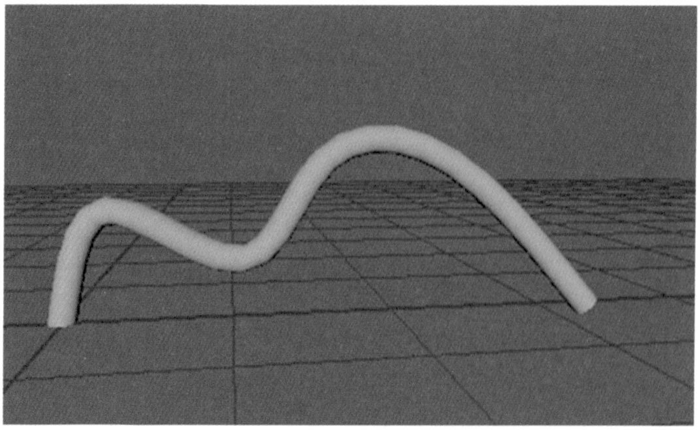

图 7-44　管线模型

(11) 接着根据上面的操作将剩余的管子制作出来并摆放,如图 7-45 所示。

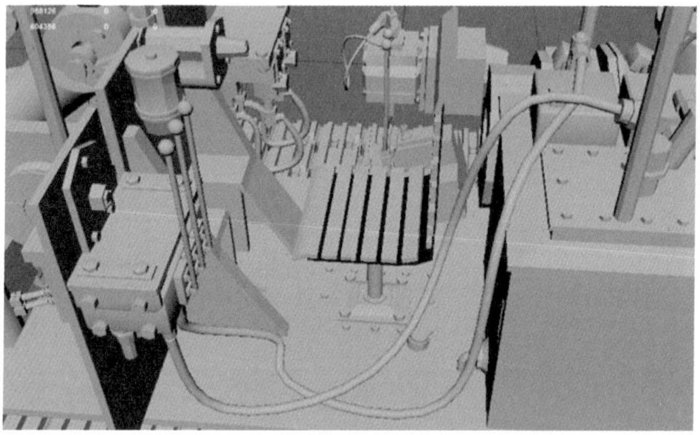

图 7-45　管线制造效果

(12) 接下来将剩下的零件根据视图制作出来并进行摆放,最终模型如图 7-46 所示。

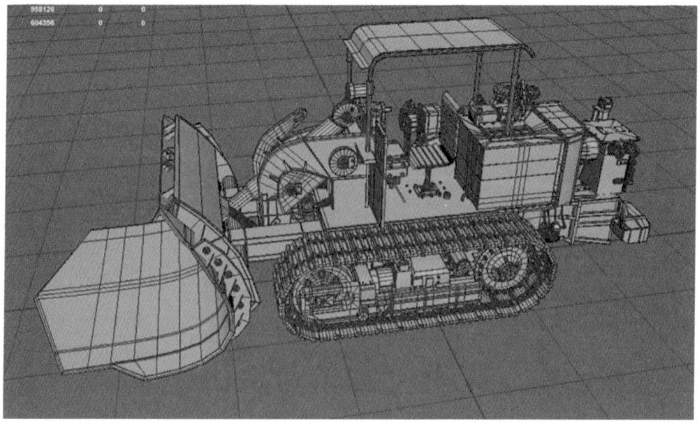

图 7-46　最终模型

7.3 采煤机

采煤机是一个集机械、电气和液压为一体的大型复杂机械。采煤机处在恶劣的工作环境中，如果出现故障将会导致整个采煤工作的中断，造成巨大的经济损失。随着煤炭工业的发展，采煤机的功能越来越多，其自身的结构、组成愈发复杂。图 7-47 是采煤机的实体图及抽象出来的模型。

图 7-47 采煤机实体及模型

7.3.1 制作过程

（1）首先把采煤机的三视图导入 Maya 里面，并根据模型调整图片大小及位置，如图 7-48所示。

图 7-48 图片导入

（2）先创建一个圆柱体，选择一半面，点击 Shift＋右键向下划，点击 Extract Faces 选项后松开，接着将两个模型拉到所需长度，如图 7-49 所示。

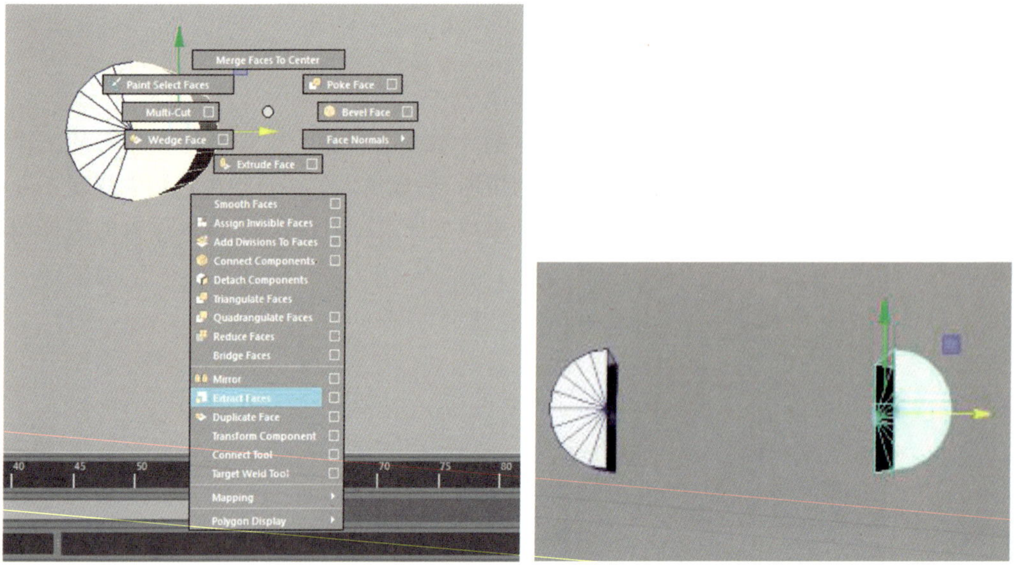

图 7-49　Extract Faces

(3) 将两个模型组合在一起，双击选中两个模型缺口的环线，然后点击 Shift＋右键向下划找到 Bridge 松开，得到如图 7-50 所示模型。

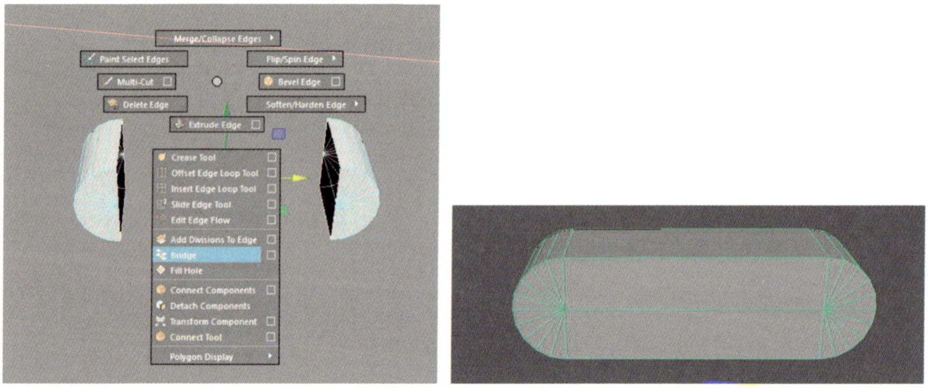

图 7-50　Bridge

(4) 创建模型：根据视图加线调整，挤压摆放，最终得到模型主体，如图 7-51 所示。

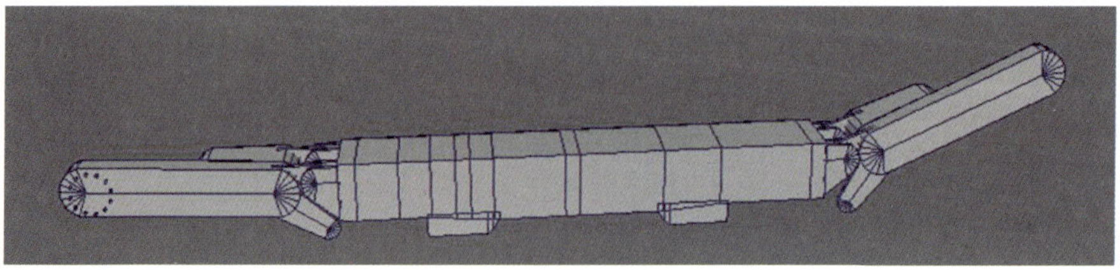

图 7-51　模型主体

(5) 制作采煤机两端的模型，首先创建一个螺旋管道，在 Create 的 Plygon 里面找到 Helix 并点击，并且根据视图调整厚度、长度，如图 7-52 所示。接着删除面，只保留内侧的一面，将多余的面删掉，如图 7-53 所示。

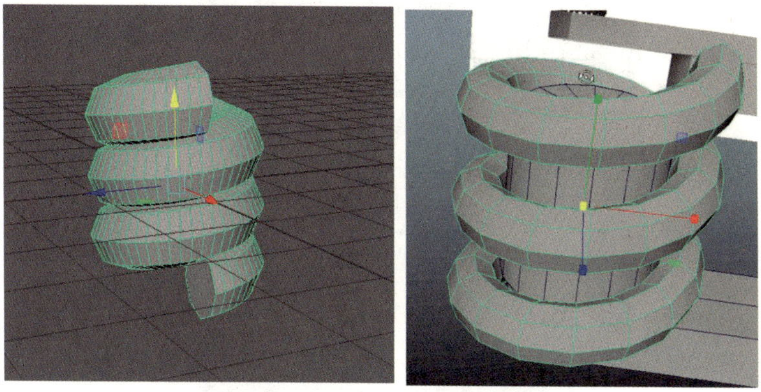

图 7-52 基于 Helix 调整

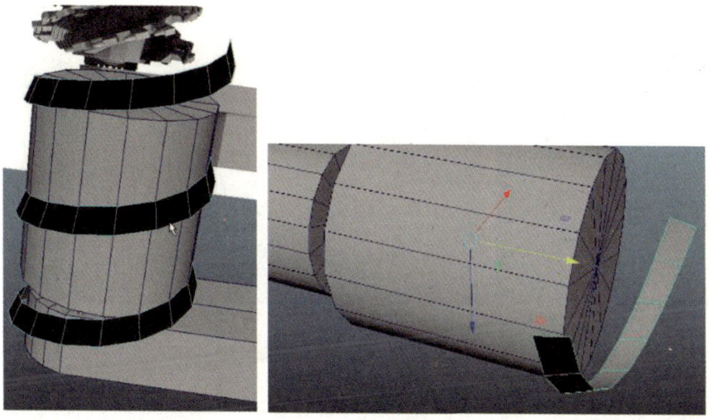

图 7-53 删除面

(6) 选中面和圆柱单独显示，命令选择界面如图 7-54 所示。

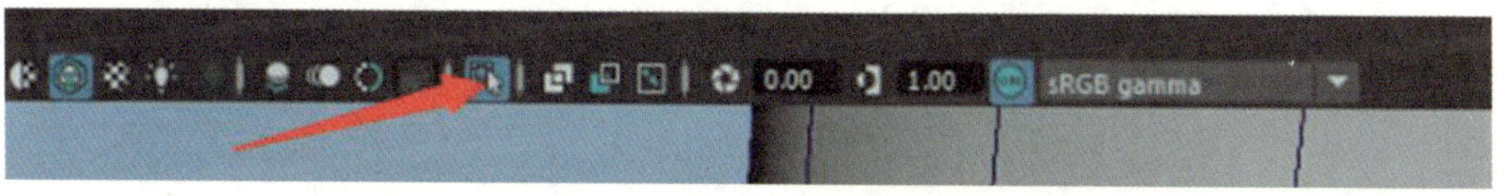

图 7-54 单独显示

(7) 选择靠近模型的边线，进行挤压，如图 7-55 所示。

(8) 删除多余的面，然后挤压面，调整后如图 7-56 所示。

(9) 切换到点模式，点击 Shift＋右键向上划点击 Merge Vertices，在 Merge Vertices 下找到 Target Weld Tool 松开，然后将模型两边的点合并，过程如图 7-57 所示。

(10) 创建方盒，根据视图加线删面。选择中间的线，Shift＋右键向下划，找到 Bridge 松开，接着双击选择缺口环线，按住 Shift 向下划找到 Fill Hole 后松开，过程如图 7-58 所示。

(11) 选择图中的两条线，利用 Shift＋右键向下划找到 Bevel Edge，根据视图进行调整，最终效果如图 7-59 所示。

(12) 接下来创建一个圆柱，根据视图调整线段，加线调整摆放，如图 7-60 所示。

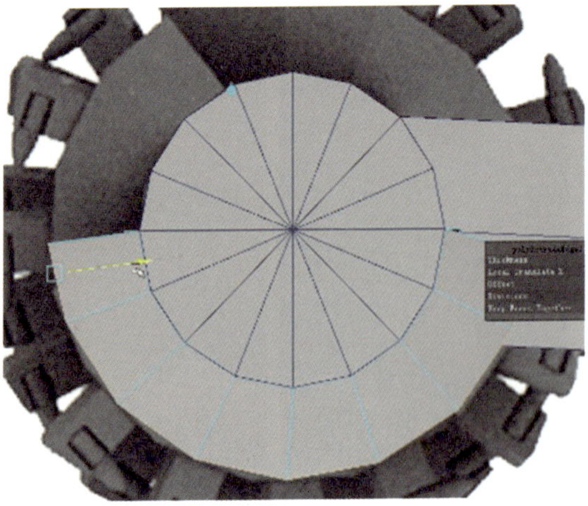

图 7-55　挤压

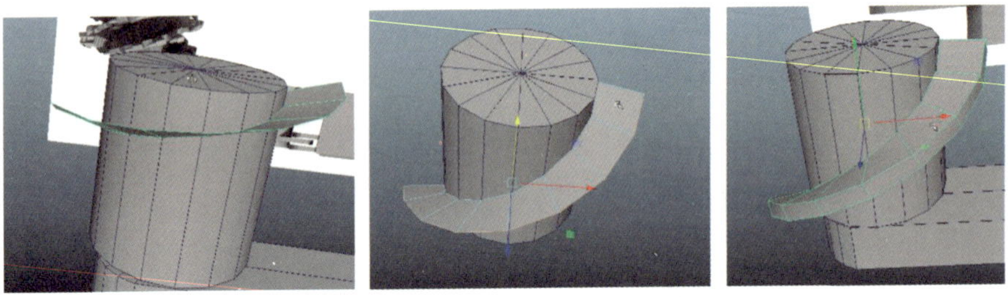

图 7-56　挤压并调整面

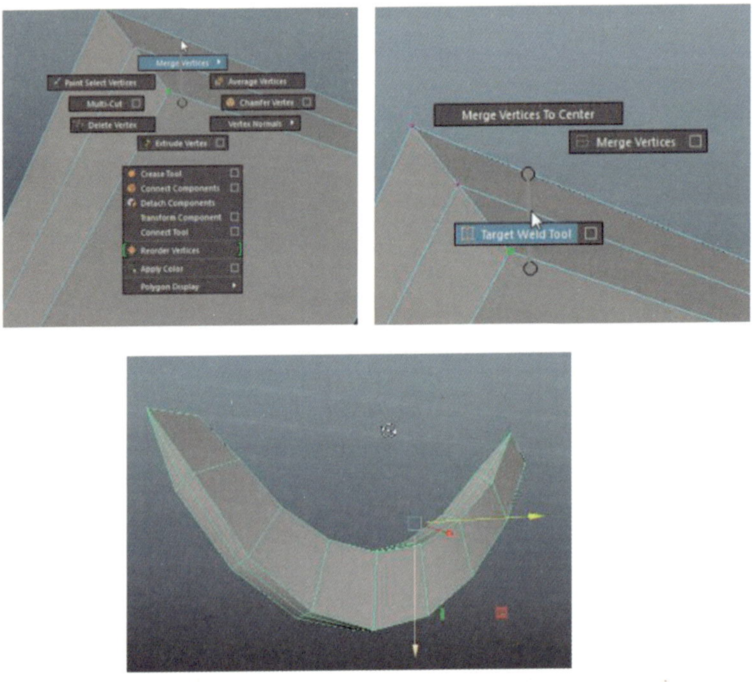

图 7-57　点焊接

图 7-58　桥接与补洞

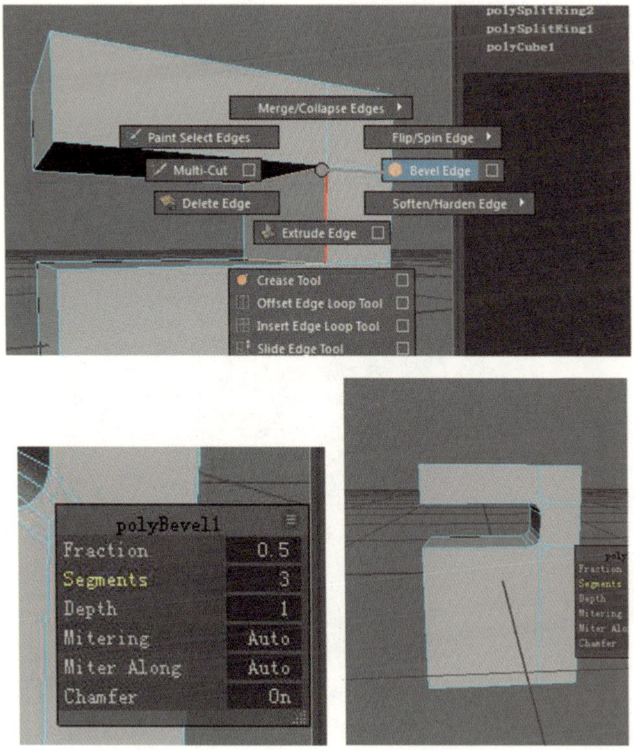

图 7-59　倒角

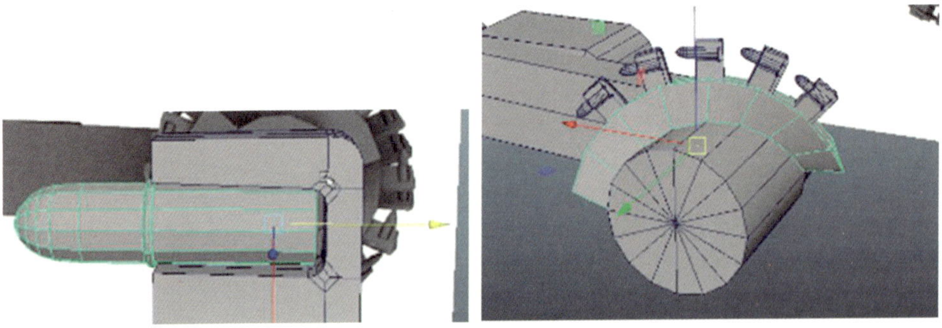

图 7-60 制作钻齿

(13) 选中叶片部分，切换到线模式，选择短边线，Shift＋右键向下划找到 Insert Edge Loop Tool，点击后面的小方块。

(14) 继续选择叶片，点击线，根据视图调整、修改，选择面进行挤压，如图 7-61 所示。

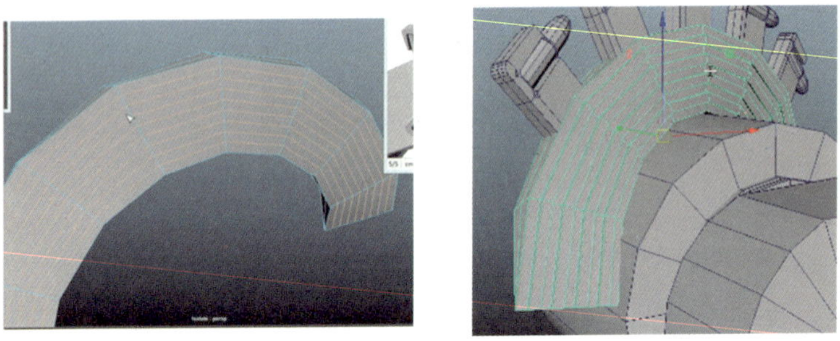

图 7-61 调整叶片

(15) 将所有模型组合在一起，将坐标吸附到轴上，旋转并复制，如图 7-62 所示。

图 7-62 模型合并

(16) 将前面所创建的所有模型组合在一起,对称复制,并调整得到最终模型,如图 7-63 所示。

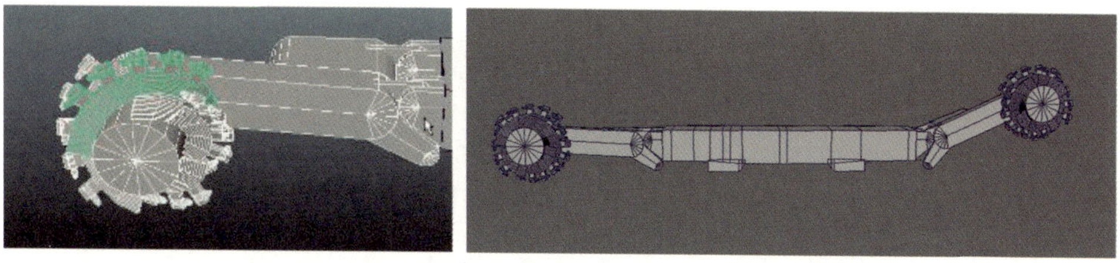

图 7-63　合并复制

7.3.2 采煤机模型贴图

(1) 选择需要画贴图的部分(图 7-64),以 obj 格式导出文件,如图 7-65 所示。

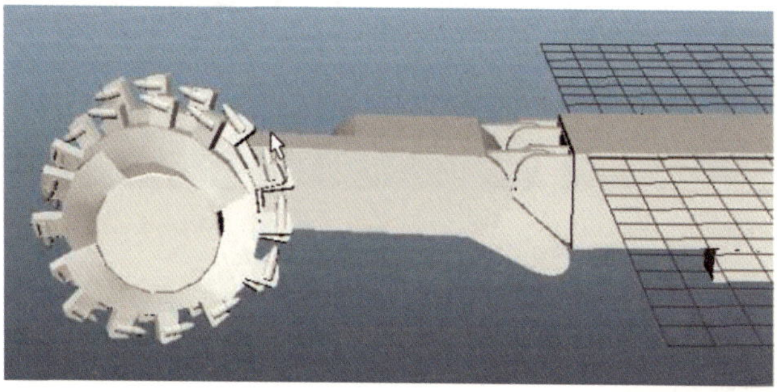

图 7-64　选择模型

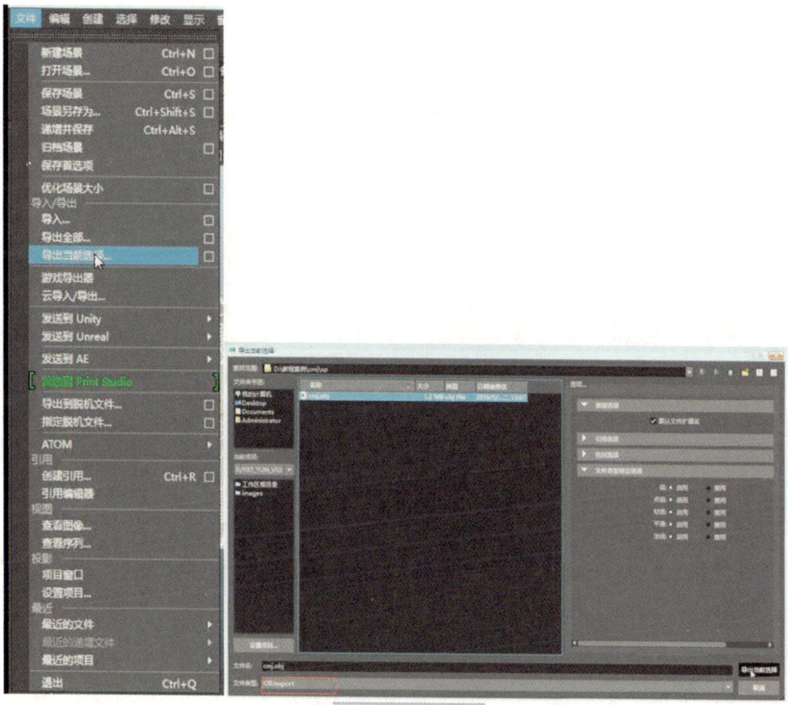

图 7-65　模型导出

(2) 打开 Substance Painter 软件(绘画贴图软件),新建并选择上一步导出的 obj 模型,如图 7-66 所示。

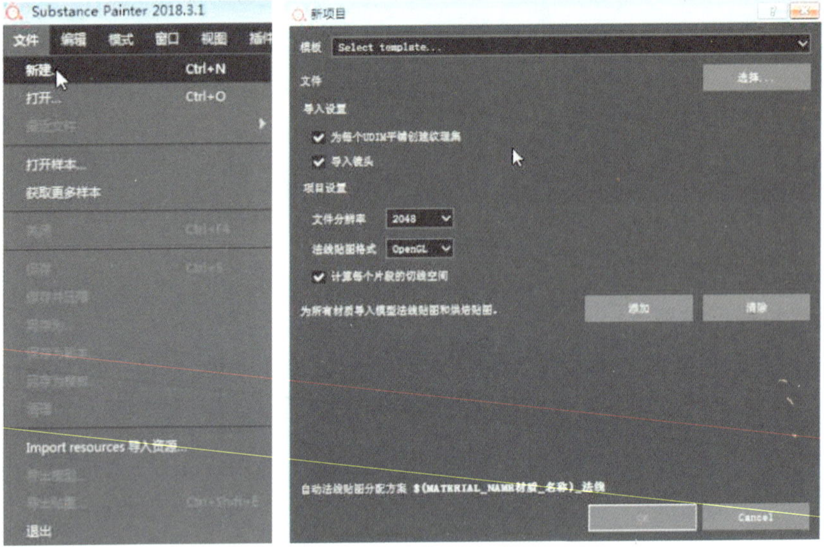

图 7-66　Substance Painter

(3) 导入模型后,修改文件分辨率为 2 048×2 048,修改法线贴图格式为 OpenGL,如图 7-67 所示。

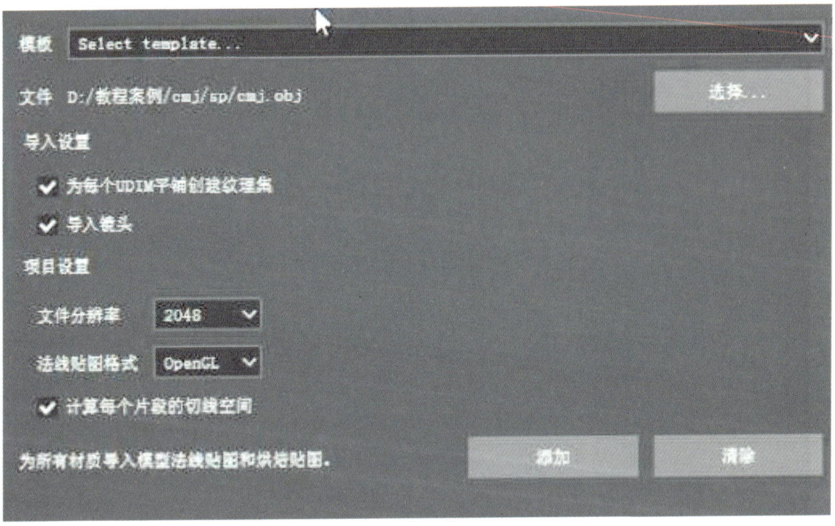

图 7-67　导入模型

(4) 画贴图之前,需要先给烘焙场景,再设置选项修改输出尺寸为 2 048×2 048,然后点击烘焙所有纹理集,如图 7-68 所示。

(5) 在智能材质标签下,选择一个合适的材质球拖到右边的图层,如图 7-69 所示。

(6) 如图 7-70 所示,调整颜色,分别设置 base color、metallic(金属度)、roughness(粗糙度)、normal(法线)。

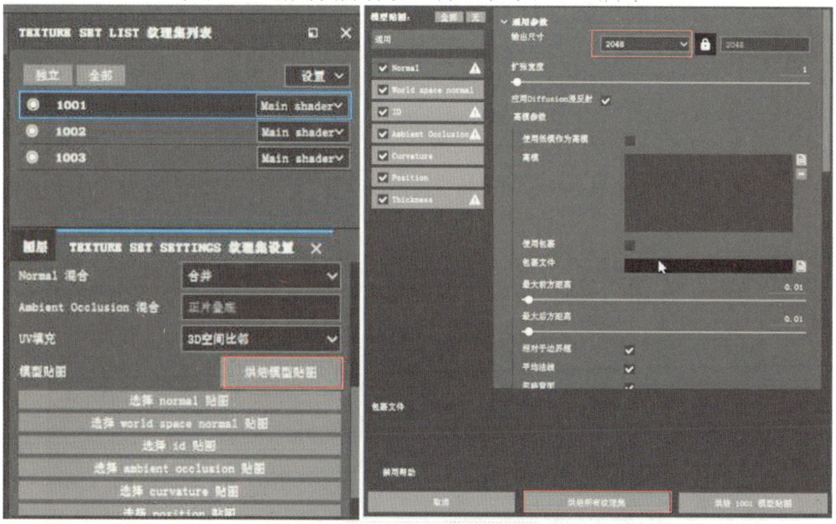

图 7-68　模型烘焙

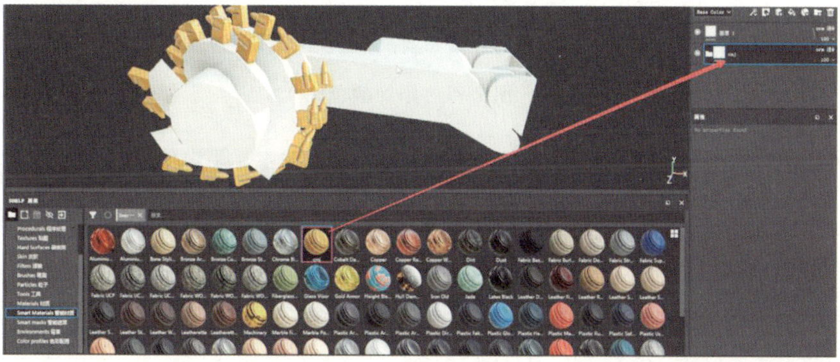

图 7-69　设置材质

图 7-70　调整颜色

(7) 制作物体之间的颜色脏迹过渡效果。点击添加填充图层并调整颜色(base color),如图 7-71 所示。添加黑色蒙版,点击添加生成器,如图 7-72 所示。

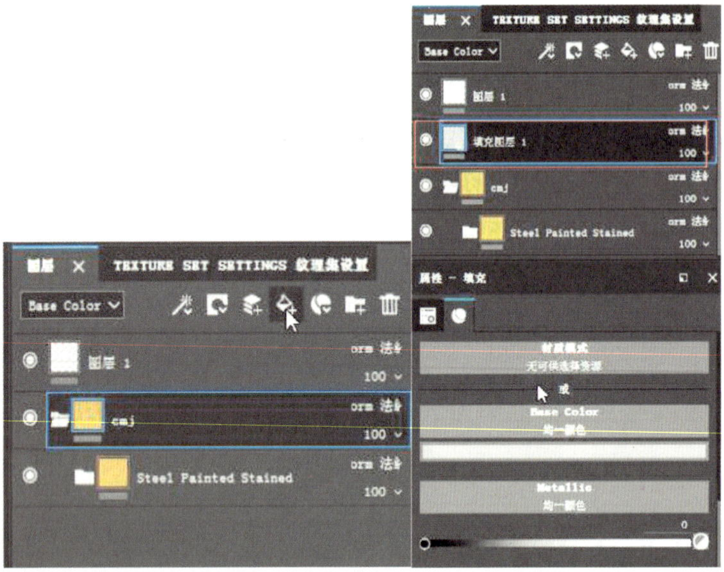

图 7-71　添加颜色

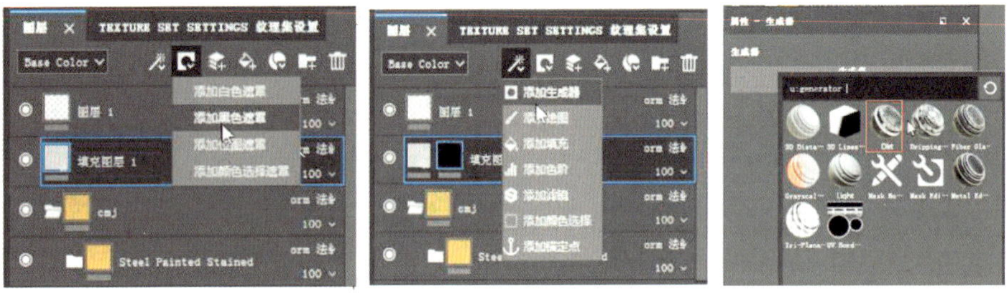

图 7-72　添加生成器

(8) 调整参数,滑动参数滑竿到效果合适为止,效果如图 7-73 所示。

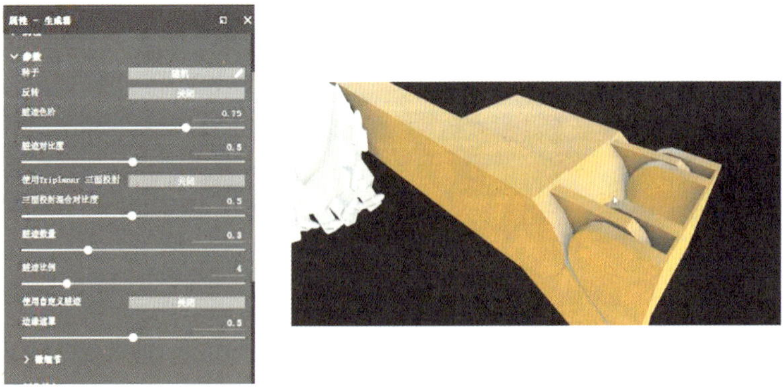

图 7-73　参数调整

(9) 添加一个带有锈迹的材质球，如图 7-74 所示。

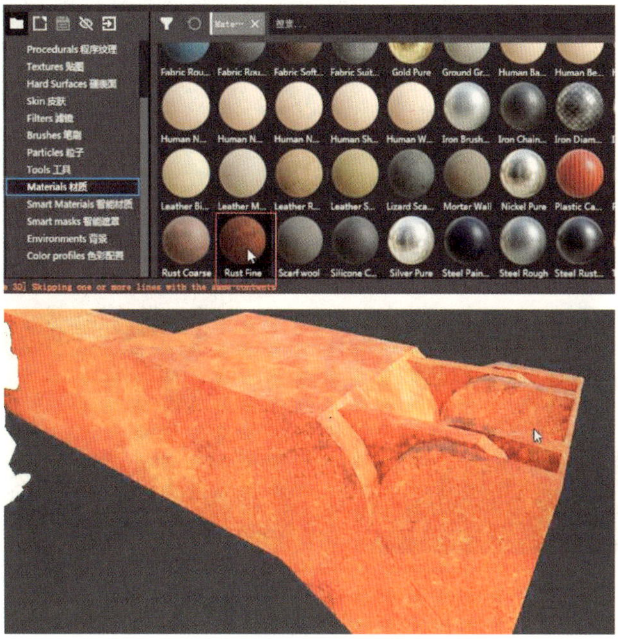

图 7-74　添加锈迹

(10) 添加黑色蒙版，选择一个智能遮罩，调整参数，最终效果如图 7-75 所示。

(11) 按住 Ctrl+G 键把图层打成一个组，然后单击鼠标右键给图层创建一个智能材质球，并把创建好的智能材质拖到 1002 层级里面，最终效果如图 7-76 所示。

(12) 复制一图层，并创建遮罩，选择几何体填充——进行模型填充，如图 7-77 所示。

(13) 选择需要填充的物体部分，并渲染，如图 7-78 所示。按住 Shift+鼠标右键旋转，可以改变光源方向。

(14) 导出贴图，如图 7-79 所示，配置选择 redshift(红移渲染器)导出。

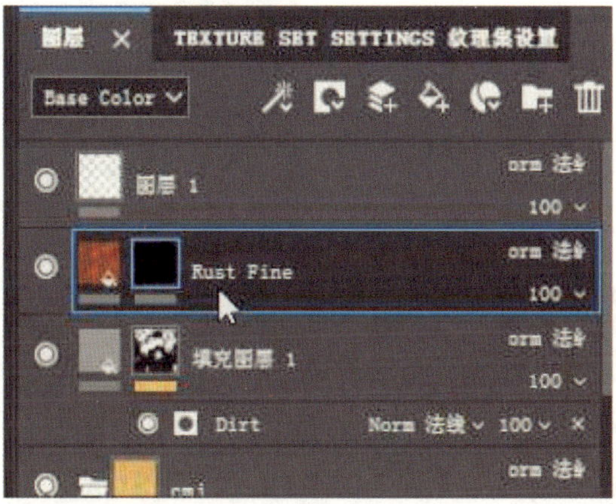

(a)

图 7-75　智能遮罩

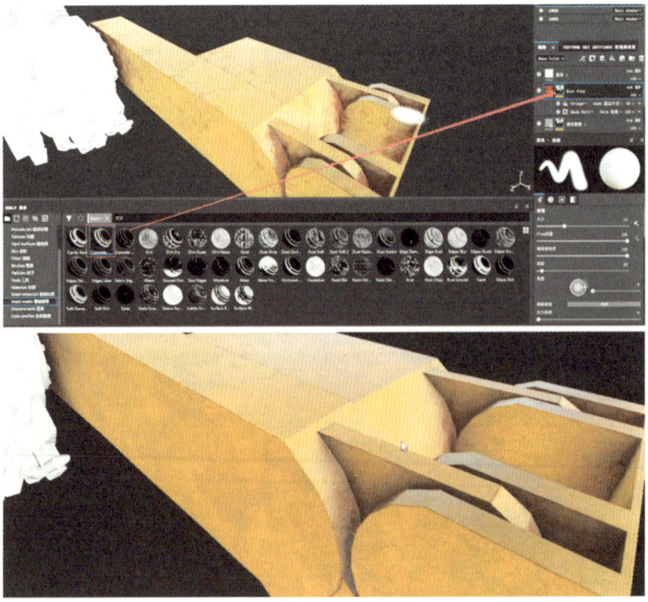

(b)

图 7-75(续)

(a)

图 7-76　创建智能材质

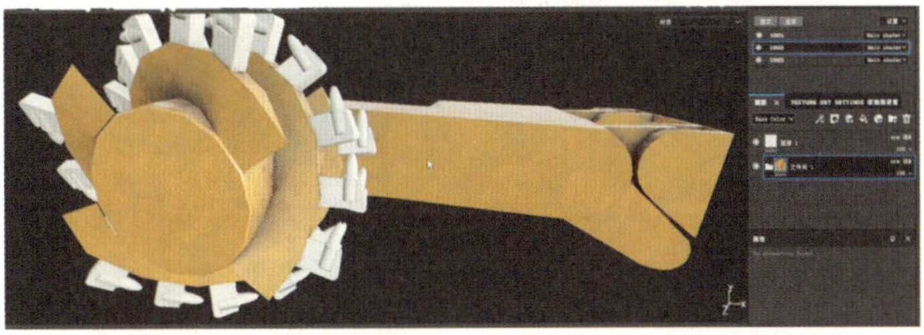

(b)

图 7-76(续)

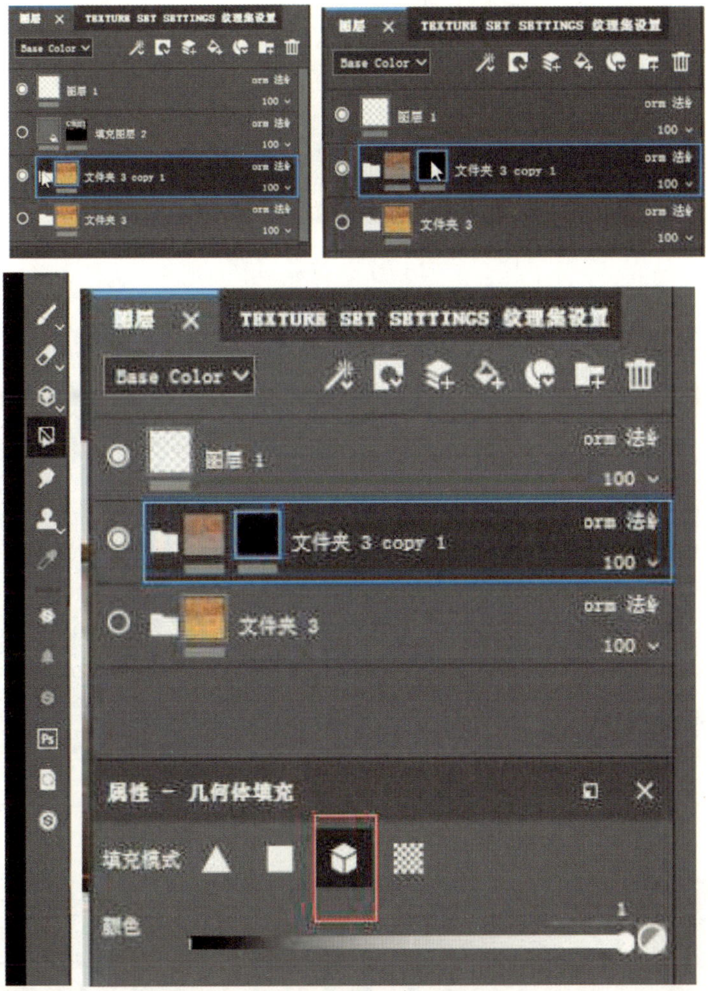

图 7-77 几何体填充

(15) 在 Maya 里打开材质编辑器,如图 7-80 所示。

(16) 创建材质球,并选择模型,如图 7-81 所示。

图 7-78　渲染

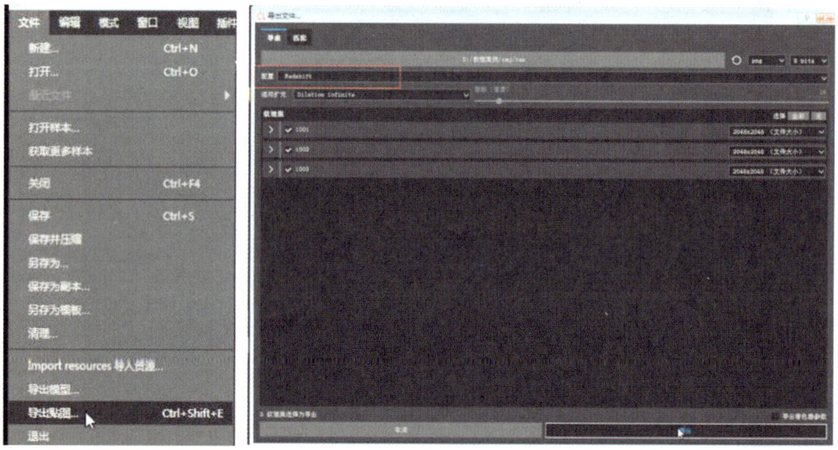

图 7-79　导出贴图

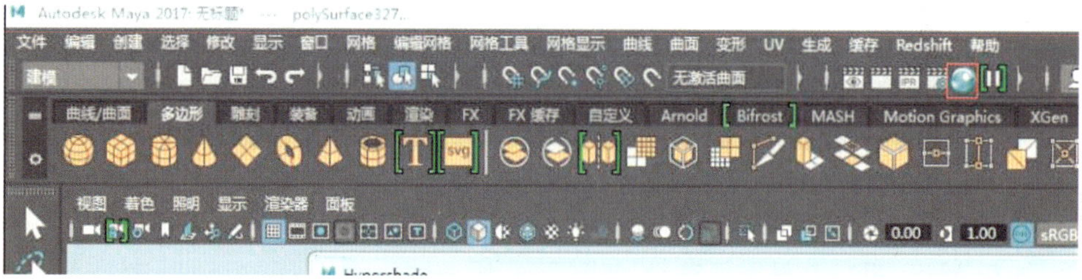

图 7-80　材质编辑器

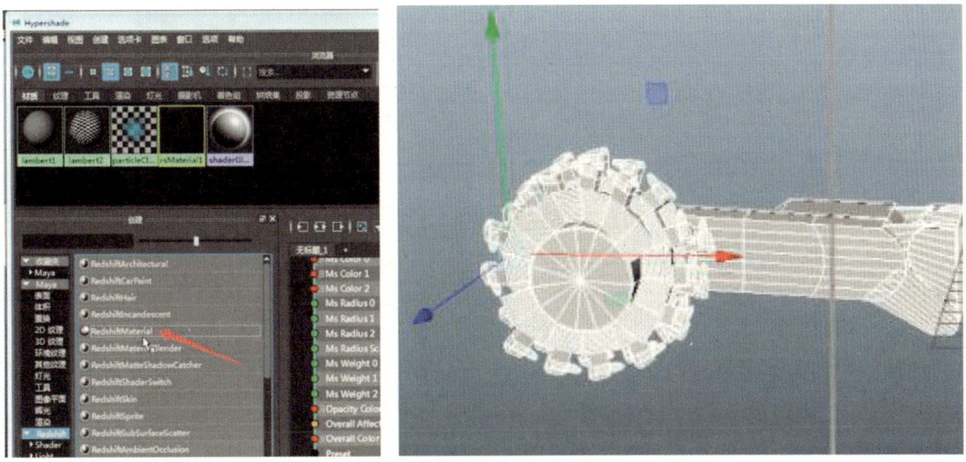

图 7-81　创建材质球

(17) 将鼠标放到材质球上,单击鼠标右键赋予材质球,选择材质球点击 Ctrl+A 弹出参数面板,如图 7-82 所示。

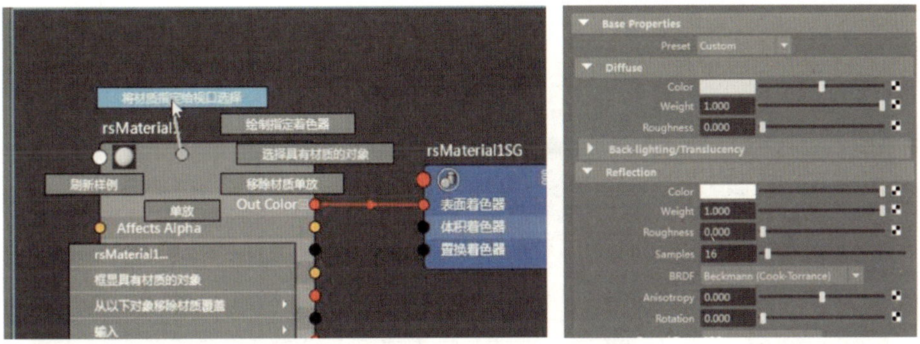

图 7-82　赋予材质

(18) 选择贴图,然后将其拖到编辑器中,准备连接贴图,如图 7-83 所示。

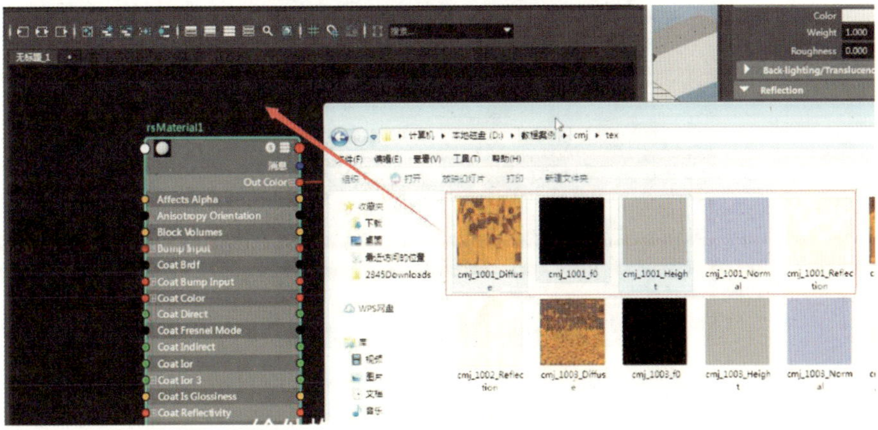

图 7-83　选择贴图

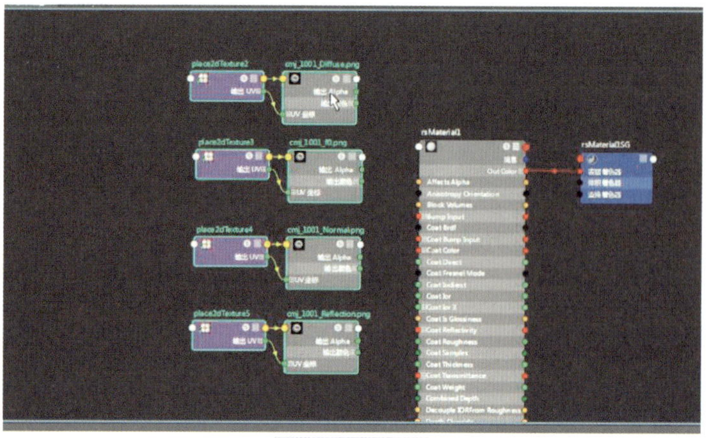

图 7-83(续)

(19) 选择材质球,然后将鼠标放到贴图节点上点击鼠标中键,将其拖动到右侧键属性栏的 Color(颜色),修改 BRDF 模式为 GGX,将 Fresnel type 模式改为 Metalness,如图 7-84所示。

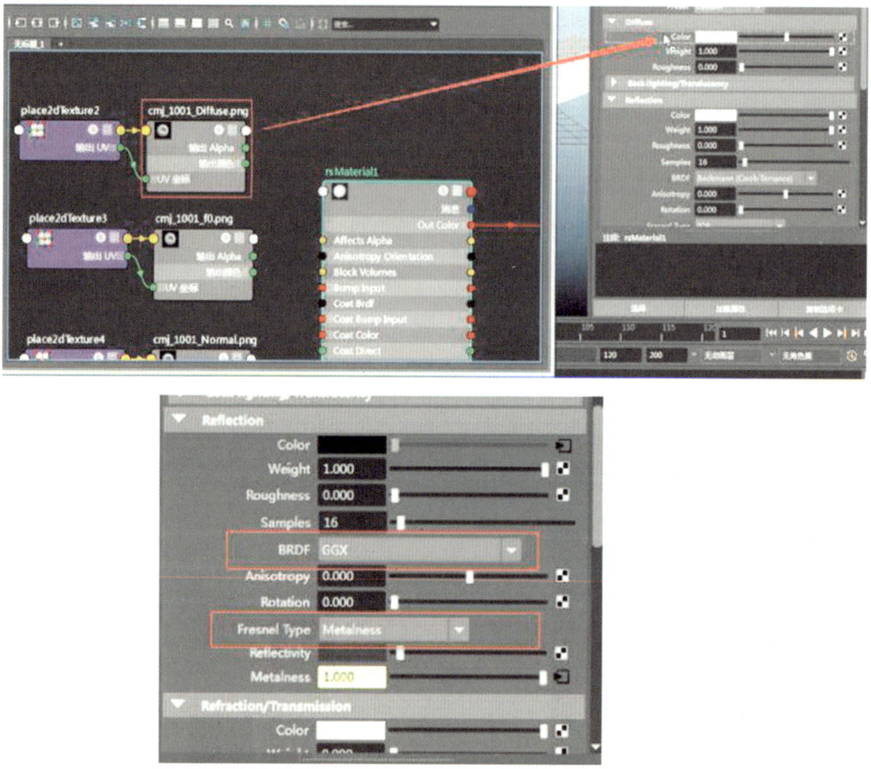

图 7-84　参数设置

(20) 将 4 张贴图分别连接,如图 7-85 所示。

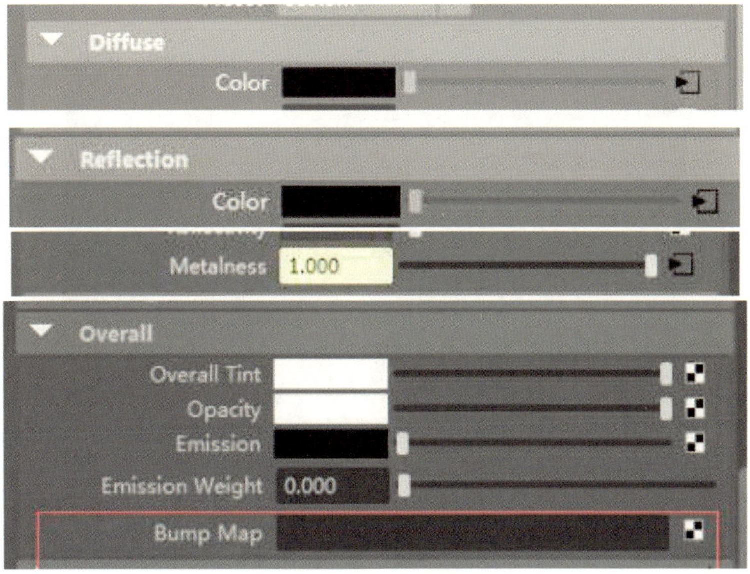

图 7-85　贴图连接

(21) 修改贴图的属性。将 UV 平铺模式改为 UDIM(mari),颜色空间改成 Raw,如图 7-86 所示。

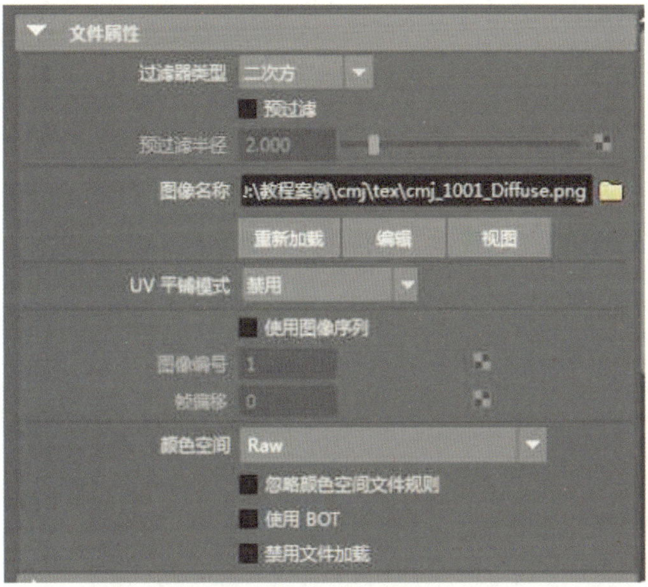

图 7-86　修改属性

(22) 创建一个 HDR,依次选中 Redshift→Lights→Redshift dome light,如图 7-87 所示。

(23) 创建平行光,并调整平行光参数,如图 7-88 所示。给 HDR 添加一张贴图,如图 7-89所示。

(24) 渲染后最终效果如图 7-90 所示。

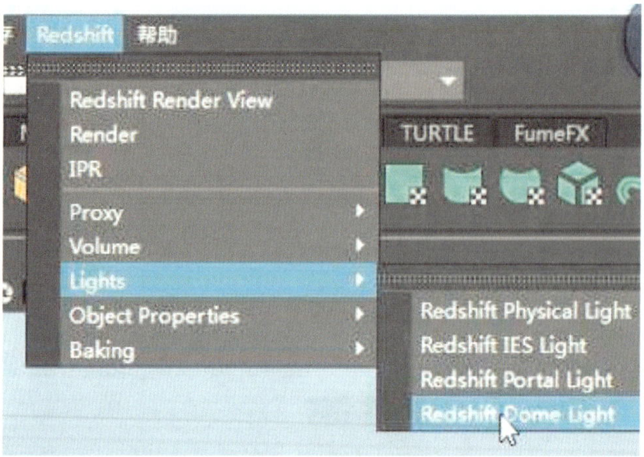

图 7-87　创建 HDR

图 7-88　创建平行光

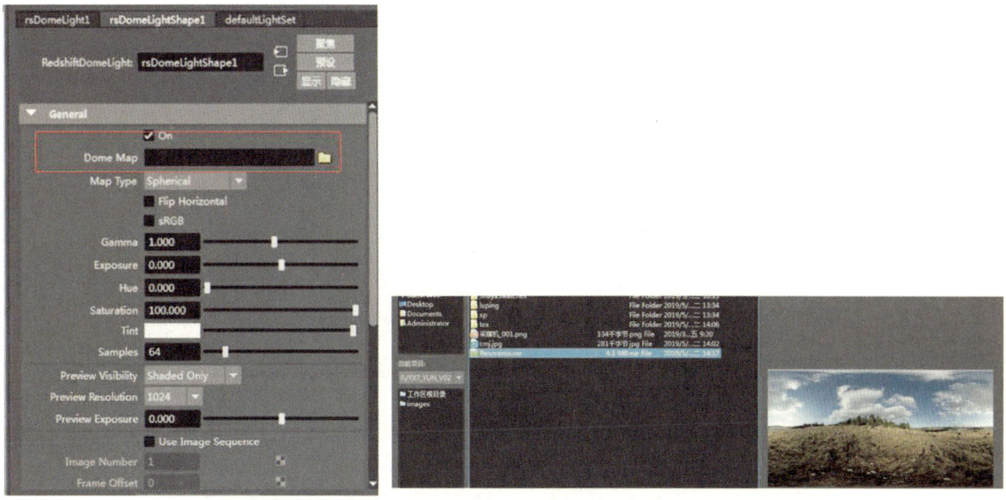

图 7-89　添加贴图

图 7-90　渲染

7.4　液压支架

液压支架是一种利用液体压力产生支撑力并实现自动移设来进行顶板支护和管理的一种液压动力装置，是综合机械化采煤不可缺少的配套设备。其主要用于水平面和小于等于10°的缓倾斜厚煤层沿底板一次放顶煤采全高开采的长壁综采工作面，也适用于急倾斜特厚煤层水平分层放顶煤综采工作面。图 7-91 是液压支架的实体图以及抽象出来的模型图。

在 Maya 中液压支架建模过程如下。

（1）首先将三视图导入 Maya 中，创建模型并根据视图调整模型大小。切换到侧视图，创建面片根据视图进行调整挤压，得到初步模型，如图 7-92 所示。

（2）根据视图继续进行调整，效果如图 7-93 所示。

（3）根据前面的实例建模步骤，增加一些细节并调整，如图 7-94 所示。

（4）切换到侧视图，创建面片，根据视图进行调整，如图 7-95 所示。

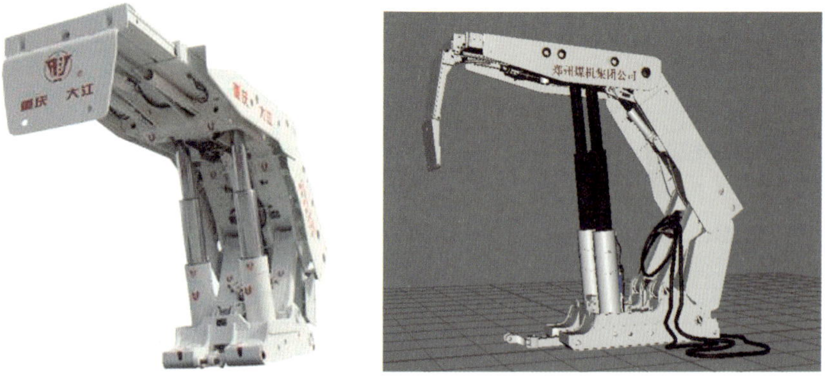

图 7-91 液压支架实体及模型

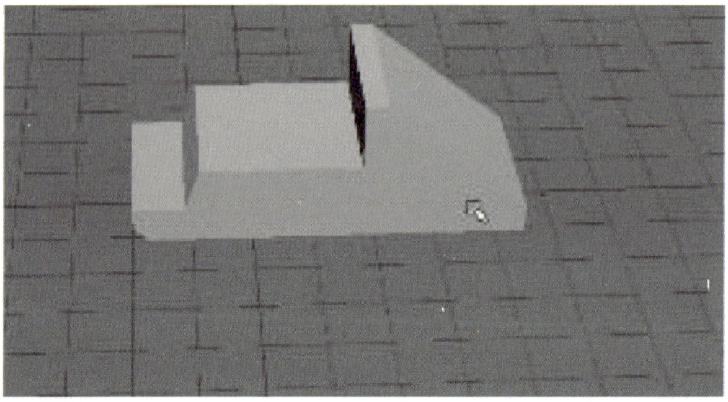

图 7-92 初步模型

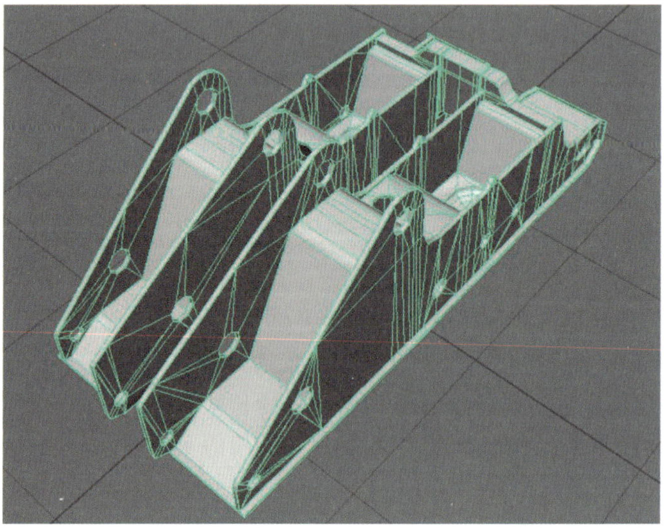

图 7-93 调整模型

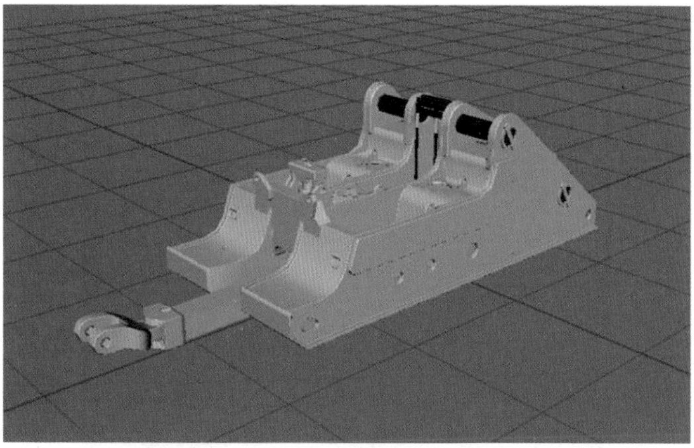

图 7-94　增加模型细节

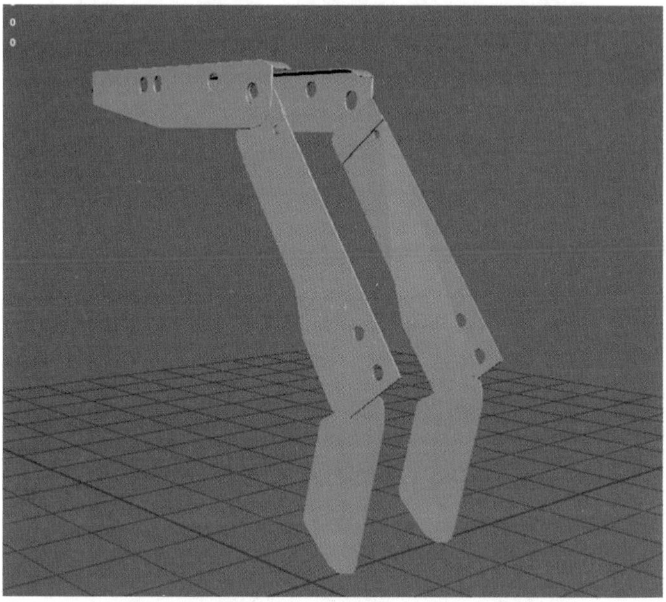

图 7-95　侧视图建模

(5) 创建液压支架的外壳，然后根据视图进行调整，如图 7-96 所示。

(6) 将之前创建的所有模型进行整合，如图 7-97 所示。

(7) 制作操作室里的管子，首先创建一个圆柱，删除部分的面，保留底面，接着切换到侧视图，创建一条弯弯曲曲的线(注意面的中心点，一定要在线的末端)，然后选中物体，右键选择面模式，如图 7-98 所示。

(8) 框选所有面、加选线，接着 Shift+右键挤压，如图 7-99 所示。

(9) 在右面的框内找到 Divisions，左键点住字母，左右拖动加线减线，如图 7-100 所示。

(10) 接着切回物体模式，在上面一栏里点击 Mesh Dispaly 里的 Reverse，如图 7-101 所示。

图 7-96　顶梁建模

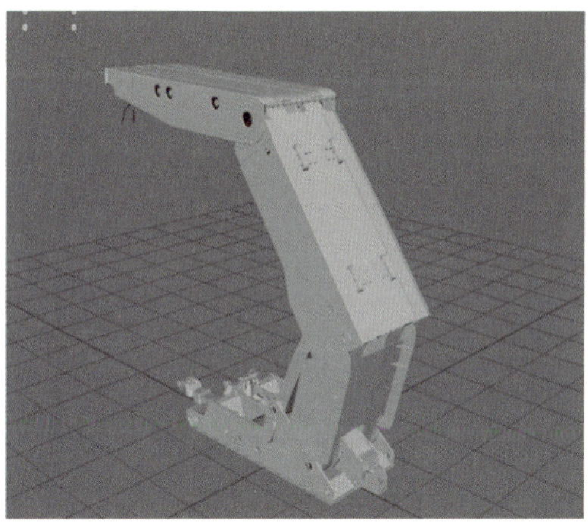

图 7-97　模型整合

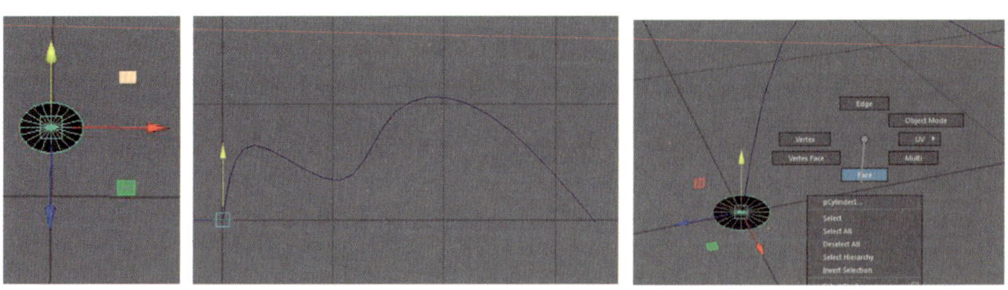

图 7-98　创建面及路径

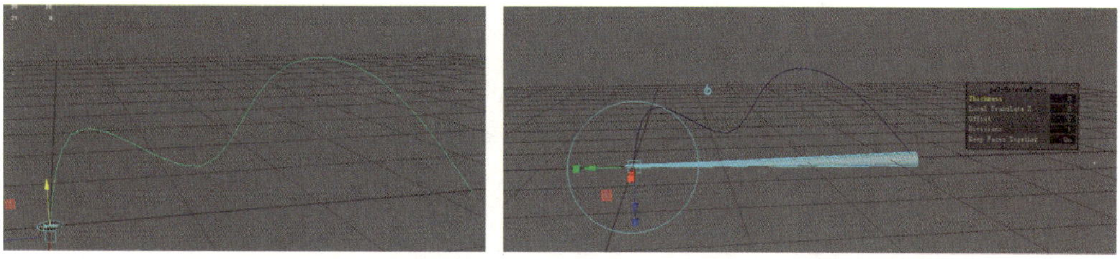

图 7-99　挤压

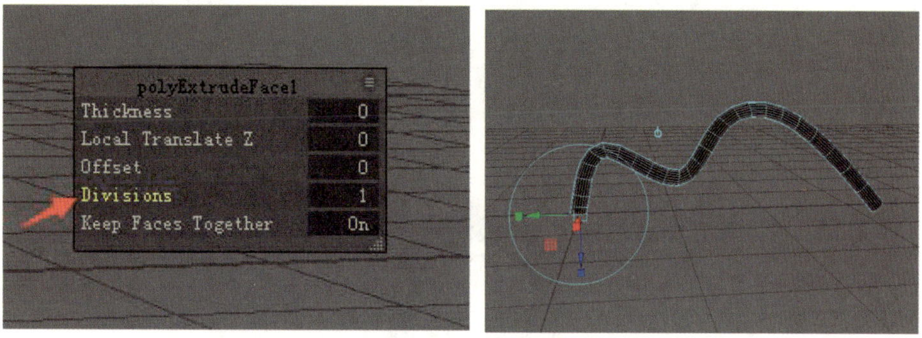

图 7-100　形成管线

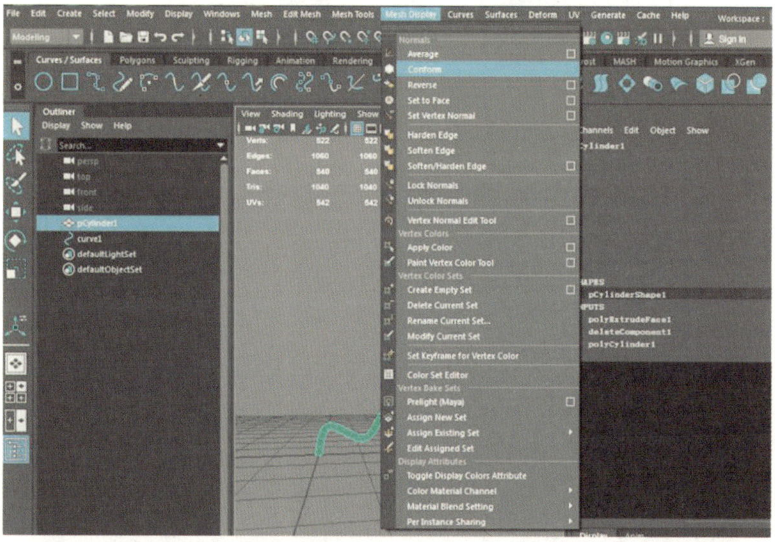

图 7-101　Reverse

(11) 将法线翻转,如图 7-102 所示。

(12) 根据上述步骤,将管子制作并摆放,如图 7-103 所示。

(13) 创建圆柱,并根据视图进行调整,增加细节,如图 7-104 所示。

(14) 使用 Ctrl+D 键复制立柱并摆放,如图 7-105 所示。

(15) 制作模型的最后部分,创建方盒并调整,如图 7-106 所示。

(16) 最终模型整合如图 7-107 所示。

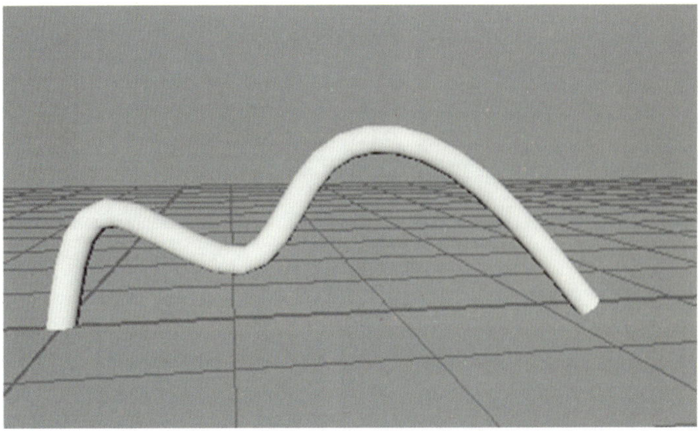

图 7-102 管线模型

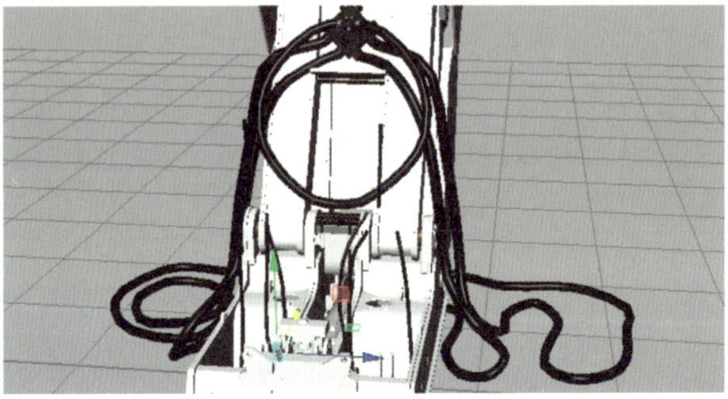

图 7-103 管线制造效果

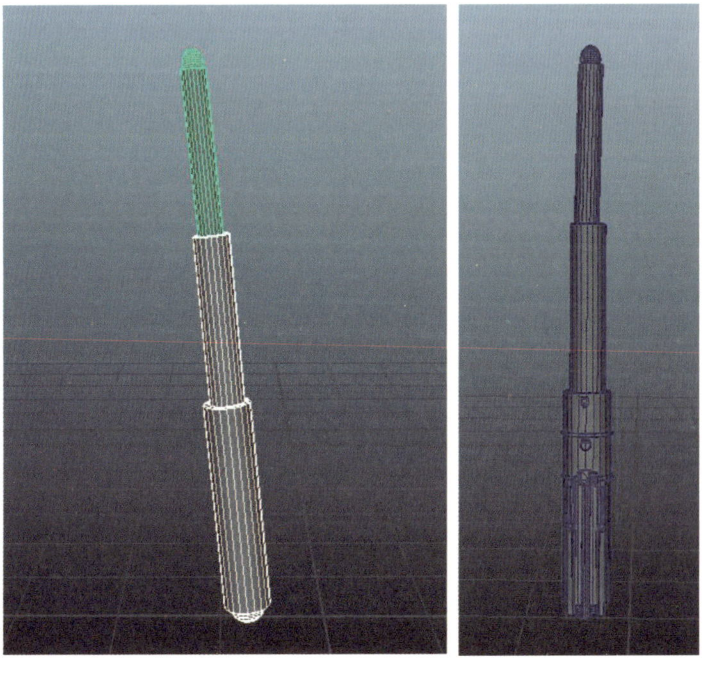

图 7-104 立柱建模

图 7-105 复制立柱

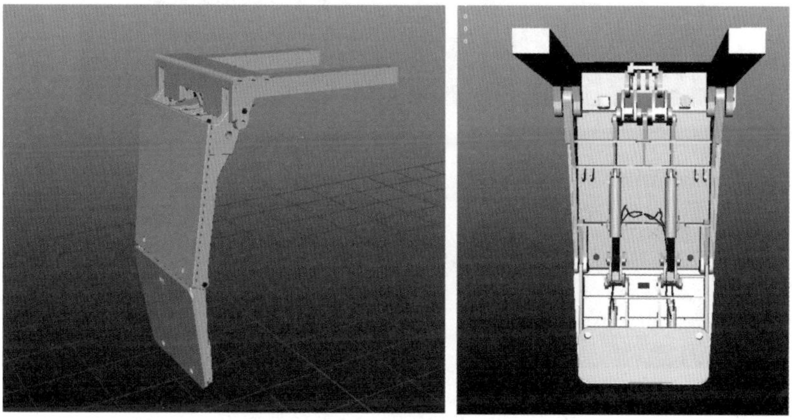

图 7-106 前梁建模

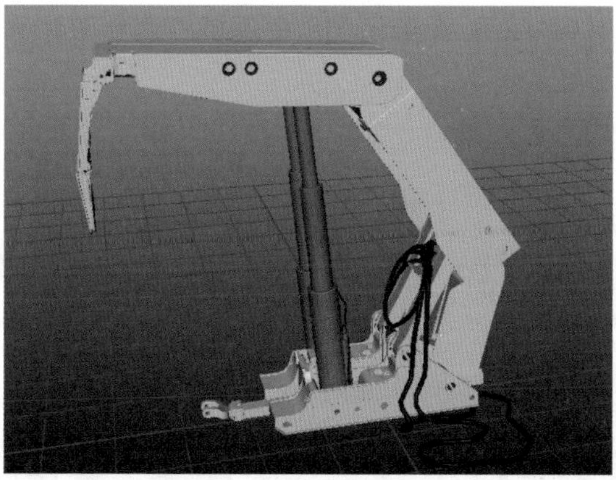

图 7-107 最终模型

7.5 液压钻眼台车

液压钻眼台车是隧道及地下工程采用钻爆法施工的一种凿岩设备。它能移动并支持多台凿岩机同时进行钻眼作业，主要由凿岩机、钻臂（凿岩机的承托、定位和推进机构）、钢结构的车架、行走机构以及其他必要的附属设备、根据工程需要添加的设备所组成。图7-108是液压钻眼台车实体图以及抽象出来的模型。

图 7-108　液压钻眼台车实体及模型

建模过程如下：

（1）首先将模型的三视图导入 Maya 中，根据模型调整图片大小及位置，如图 7-109 所示。

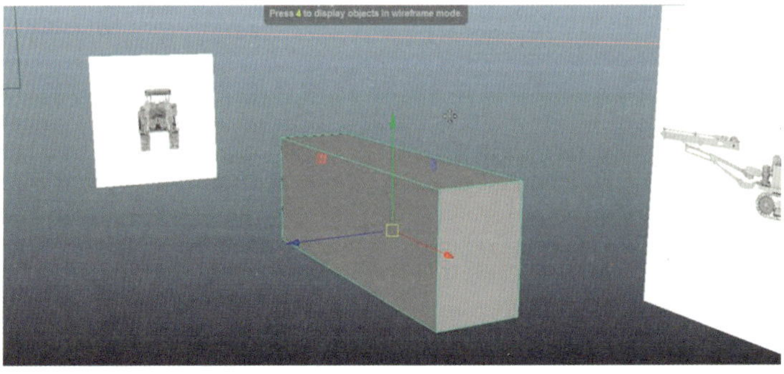

图 7-109　图片导入

(2) 将底座和履带的大体模型制作出来，效果如图 7-110 所示。

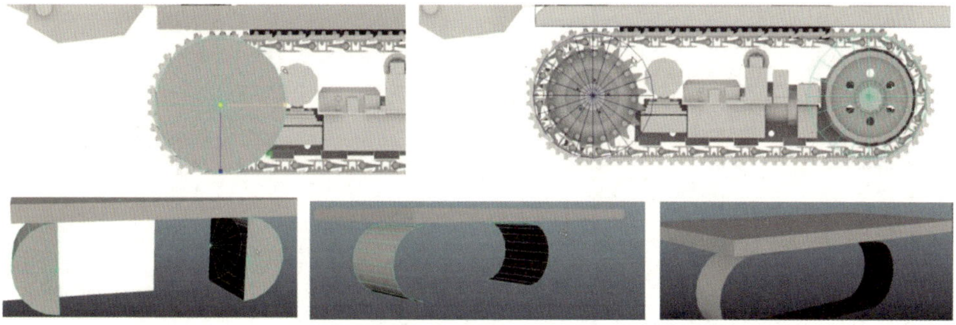

图 7-110　底座及履带模型

(3) 新建 box，根据视图调点、挤压，效果如图 7-111 所示。

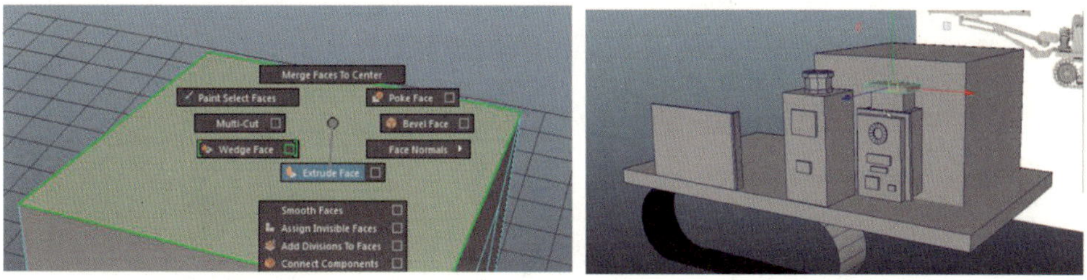

图 7-111　基于 box 建模

(4) 制作顶棚，创建 box，根据视图调点、挤压，如图 7-112 所示。

图 7 112　顶棚建模

(5) 对顶棚进行倒角，然后根据视图调整倒角段数，如图 7-113 所示。

(6) 倒角及最后顶棚效果如图 7-114 所示。

(7) 多次创建圆柱，然后根据视图进行加线、挤压，效果如图 7-115 所示。

(8) 制作滑道梁，通过创建圆柱并调整长度，如图 7-116 所示。

(9) 创建两个圆柱，删除面并连接两个边，然后补面，效果如图 7-117 所示。

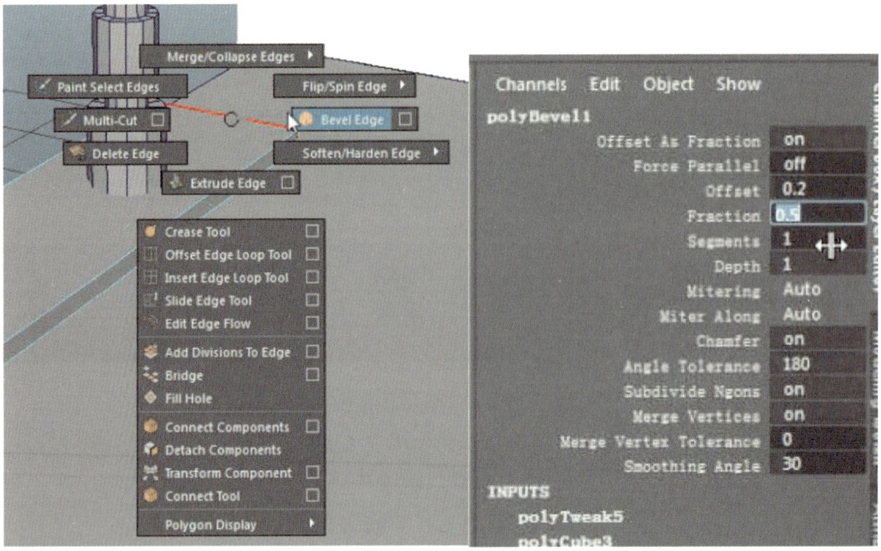

图 7-113　倒角设置

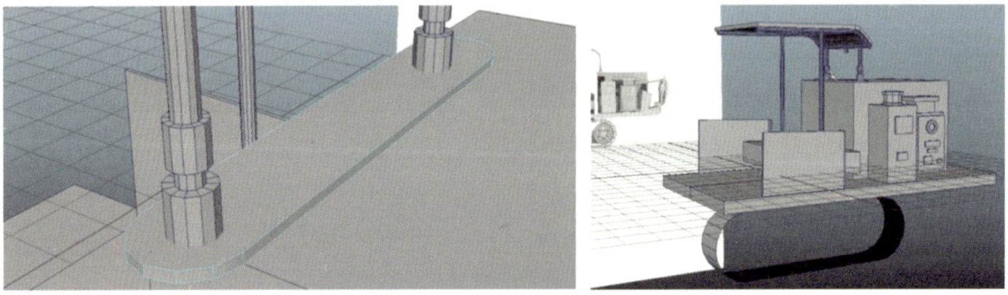

图 7-114　倒角及顶棚效果

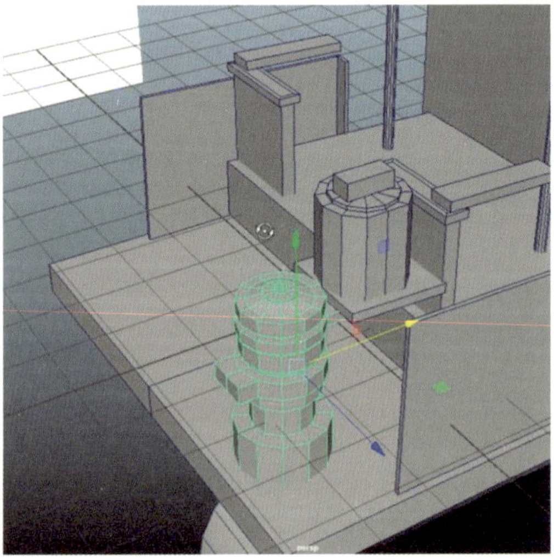

图 7-115　创建圆柱

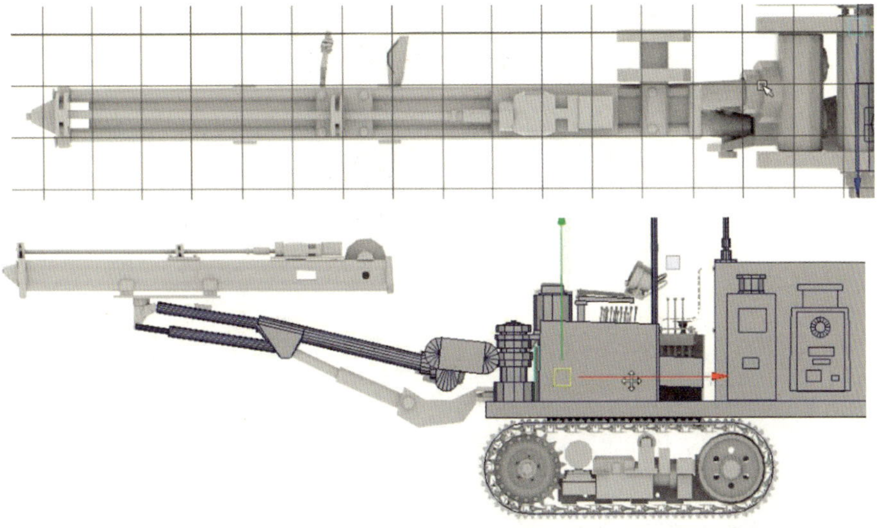

图 7-116 滑道梁尺寸

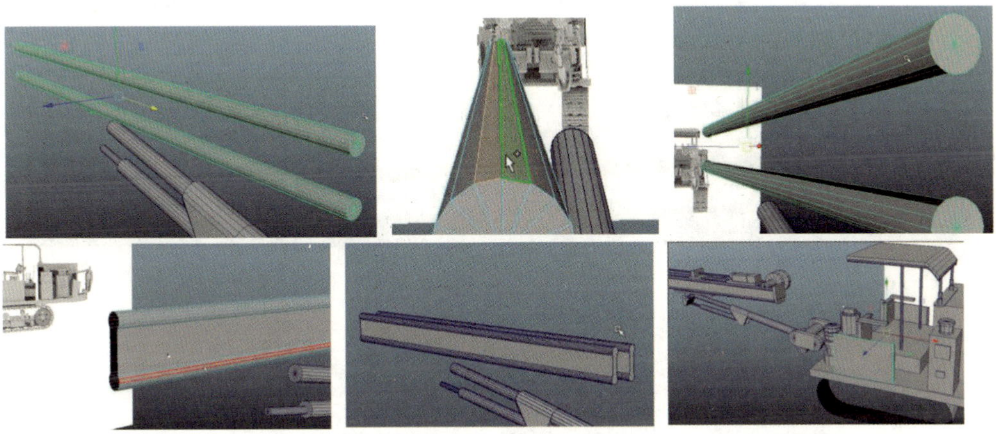

图 7-117 滑道梁建模

(10) 制作齿轮，新建一个圆柱，选中圆柱一半的面，提取面，如图 7-118 所示。

(11) 对圆柱的两个半圆面，根据视图挪动其位置，然后合并两个半圆连接面，如图 7-119所示。

(12) 对连接好的半圆面进行编辑，添加环线(Insert Edge Loop Tool)，并调整添加段数，如图 7-120 所示。

(13) 选中一圈线来生成曲线，完成效果如图 7-121 所示。

(14) 重置曲线上的点，调整数量，如图 7-122 所示。

(15) 创建一个定位器，并复制定位器名称，如图 7-123 所示。

(16) 创建路径动画(Mttach to Motion Path)，操作如图 7-124 所示。

(17) 打开后面的设置，把刚才复制的控制器名称粘贴到 World Up Object 后面，将 World up Type 设置成 Object up，如图 7-125 所示。

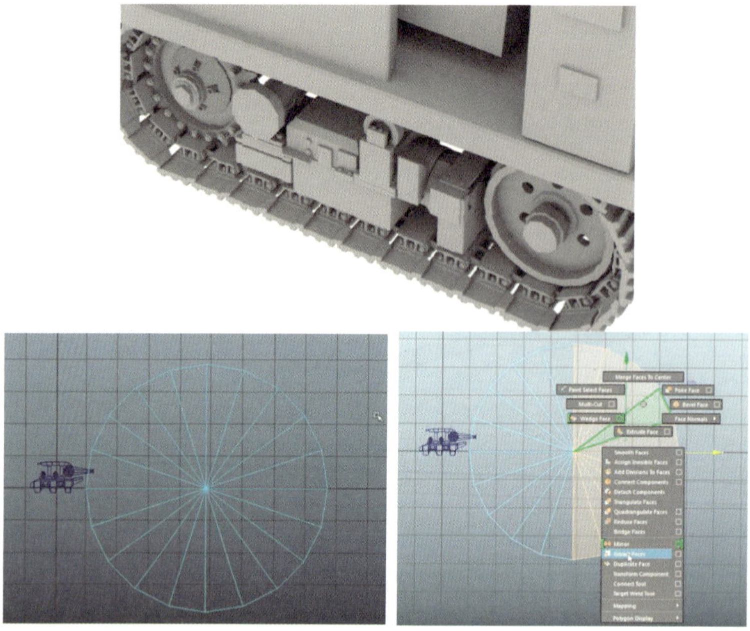

图 7-118　制作齿轮

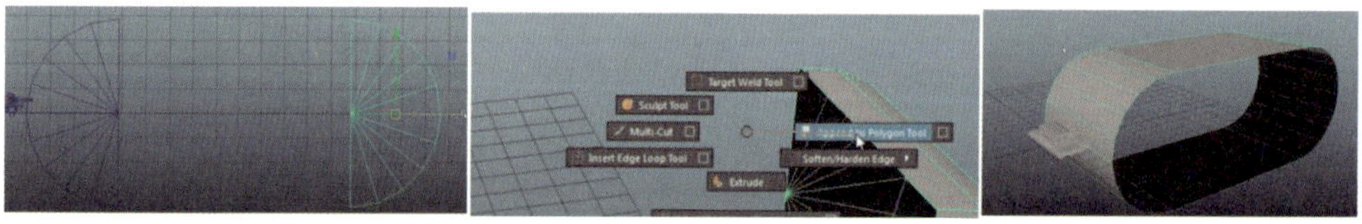

图 7-119　创建连接面

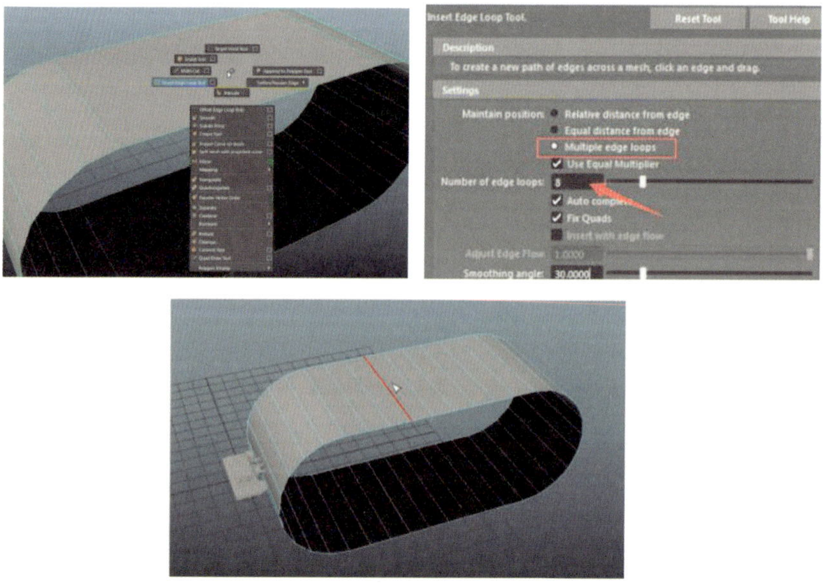

图 7-120　添加环线

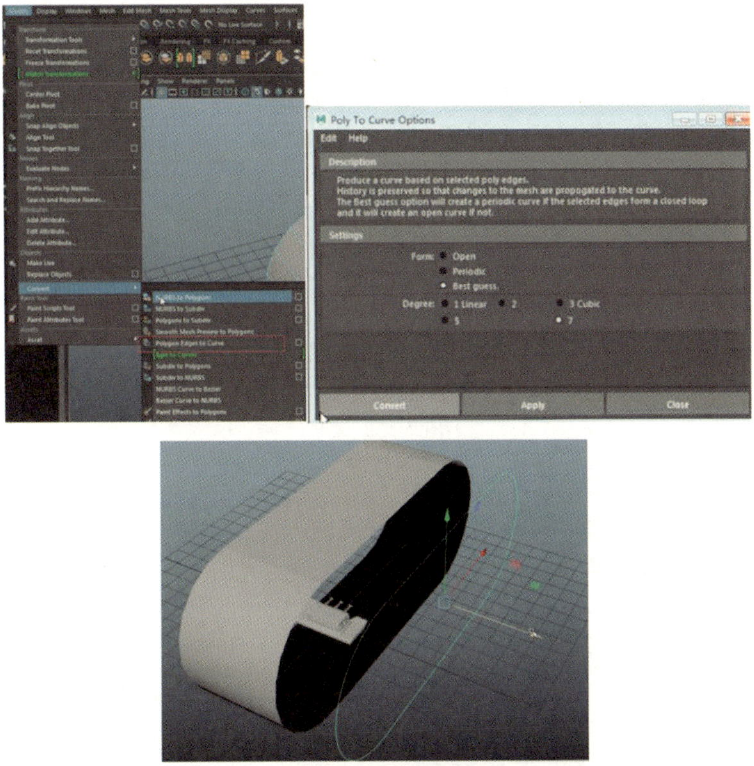

图 7-121　生成曲线

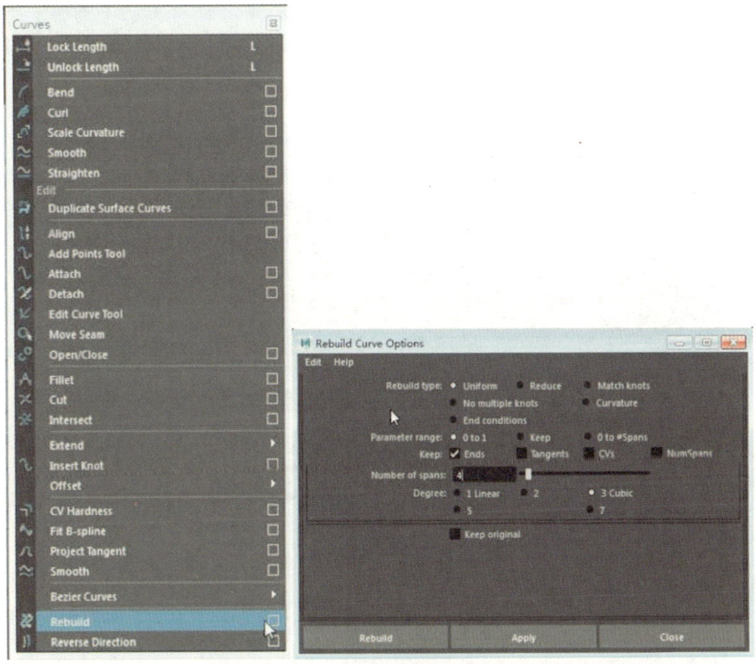

图 7-122　曲线调整

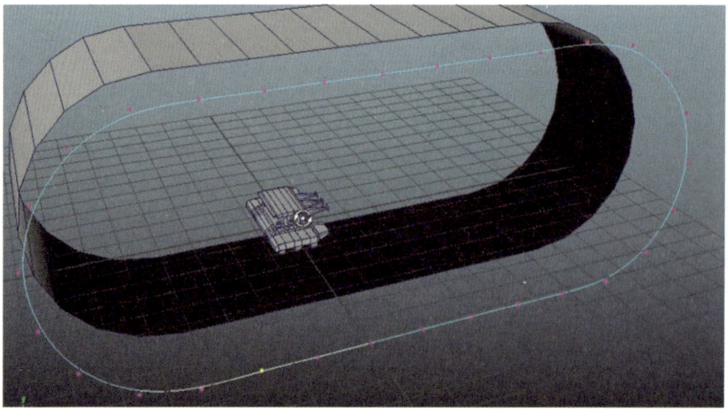

图 7-122(续)

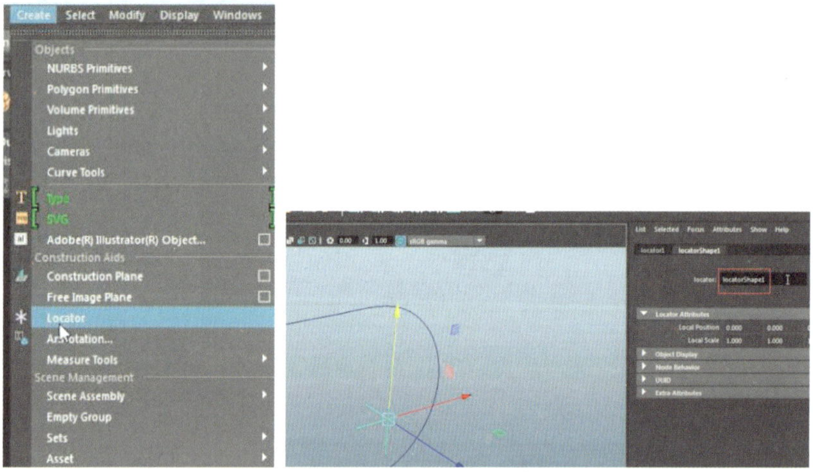

图 7-123　创建定位器

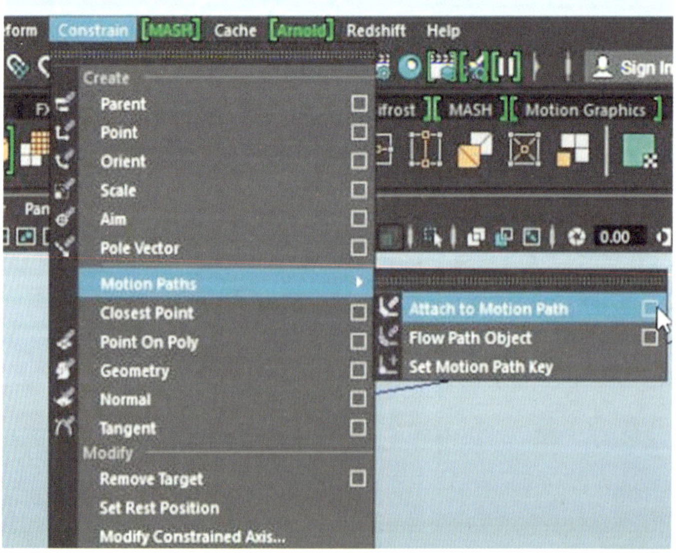

图 7-124　创建路径动画

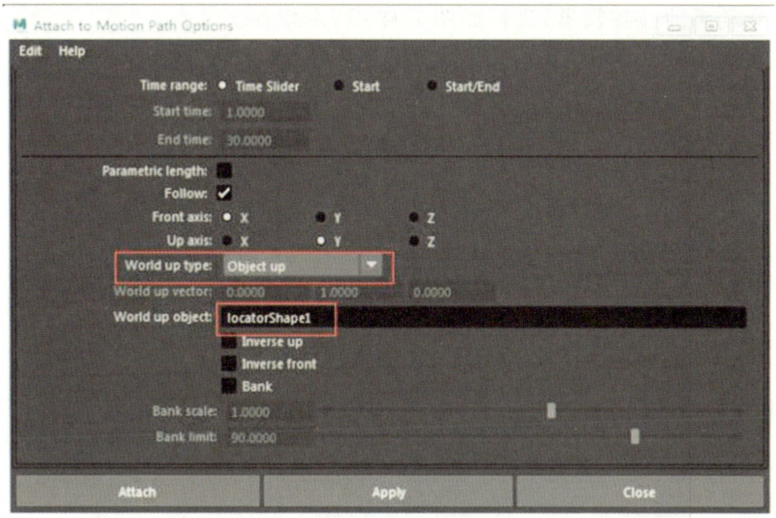

图 7-125　参数设置

(18) 然后选择齿轮和曲线，点击 Attach，如图 7-126 所示。

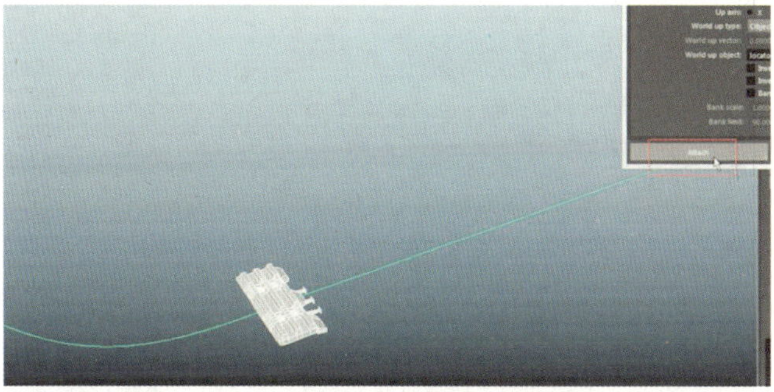

图 7-126　附加

(19) 调整参数，使齿轮朝向正确，如图 7-127 所示。

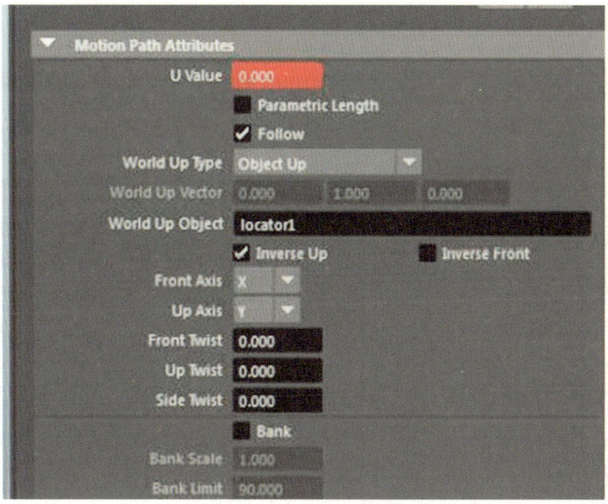

图 7-127　参数调整

(20) 打开动画曲线编辑器,进行如图 7-128 所示操作。

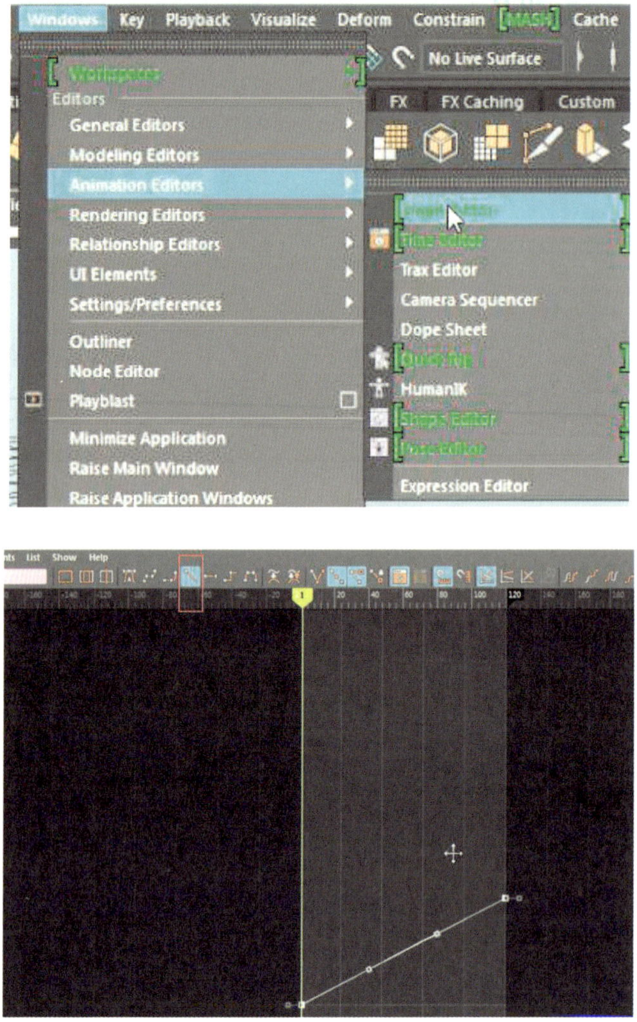

图 7-128　动画曲线编辑

(21) 选中齿轮创建动画快照(Create Animation Snapshot),并调整 increment 数值,如图 7-129 所示。

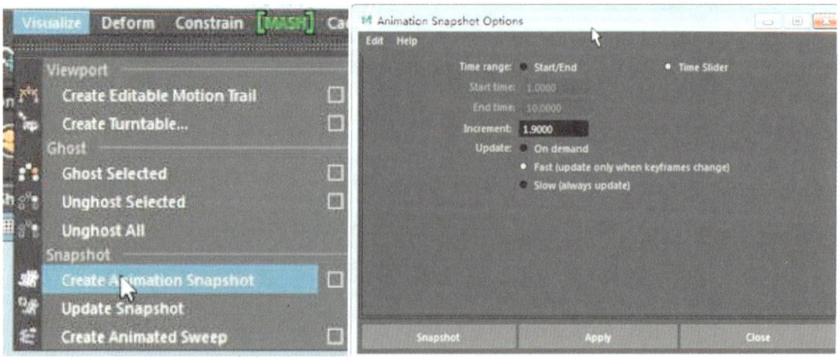

图 7-129　动画快照

（22）齿轮完成效果如图 7-130 所示。

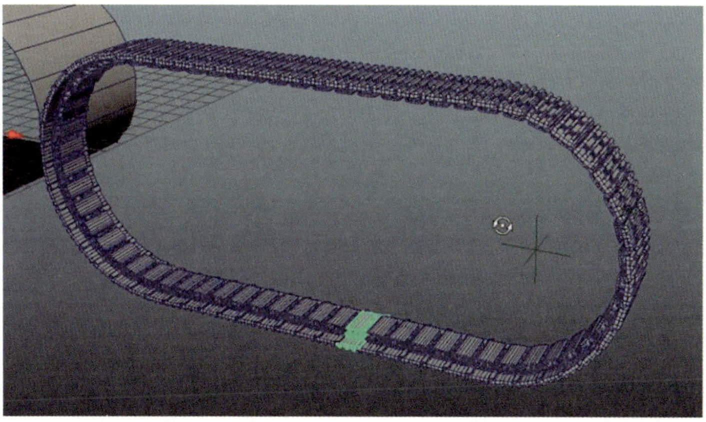

图 7-130　齿轮模型

（23）将前面完成的所有零件模型根据视图摆放至正确的位置，最终效果如图 7-131 所示。

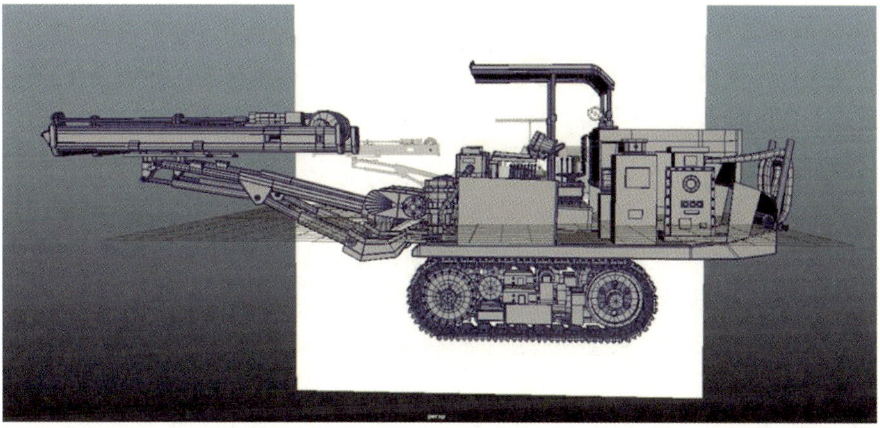

图 7-131　最终模型

8 采煤工作面生产系统开发案例

8.1 系统开发背景与需求分析

8.1.1 系统开发背景

随着计算机软、硬件水平的不断发展，虚拟现实技术被更广泛地应用在我国煤矿领域。在矿井生产系统中，机械化采煤工作面是现代化矿井最基本的生产单元，由于采煤工作面能见度低，事故时有发生。为满足相关专业学生对采煤工作面工作过程了解和实践的需求，拟利用虚拟现实技术生成综采工作面仿真系统，为教学训练和考核提供环境支撑，可极大地减少学生到井下实际作业的安全隐患。

8.1.2 软件需求分析

采煤工作面作业过程虚拟现实软件，需满足如下基本需求。

(1) 系统采用面向对象的仿真建模方法建立仿真模型。

(2) 3D场景需包括煤体、采煤机、刮板输送机、液压支架等。

(3) 可实现如下操作。采煤机：割煤前后滚筒操作；液压支架：降架、移加、升架、推刮板。

(4) 具备基于仿真计算数据的采煤工作面驱动，包括：顶煤切割平整率仿真数据可视化(范围：±10 cm)、刮板输送机进刀段倾斜度一致性仿真数据可视化和出煤量仿真数据可视化。

(5) 支持多通道沉浸式立体显示。

(6) 支持多节点安装(10个安装授权)。

(7) 支持物理属性模块，包含重力、碰撞检测仿真模块。

(8) 支持机构动力学与动态仿真，支持割煤效果动画、刮板运煤动画、滚筒及摆臂动画、移架和移刮板动画。

(9) 具备实时交互模块：支持漫游、飞行、行走、驾驶、6自由度轨迹球等交互模式。

(10) 支持操作前滚筒、操作后滚筒、操作液压支架及刮板输送机等的实时交互。

(11) 支持多视窗视图和定位。

(12) 支持装备零部件的装配关系和属性定义。

(13) 支持Pro/E、SolidWorks、UG、CATIA V5等主流CAD软件模型导入。

(14) 支持虚拟外设实时虚拟装配(包括数据手套、位置跟踪器)。

(15) 符合基于 OpenGL 三维图形的工业标准。

8.2 系统设计

8.2.1 总体架构设计

采煤工作面虚拟现实软件架构设计如图 8-1 所示。

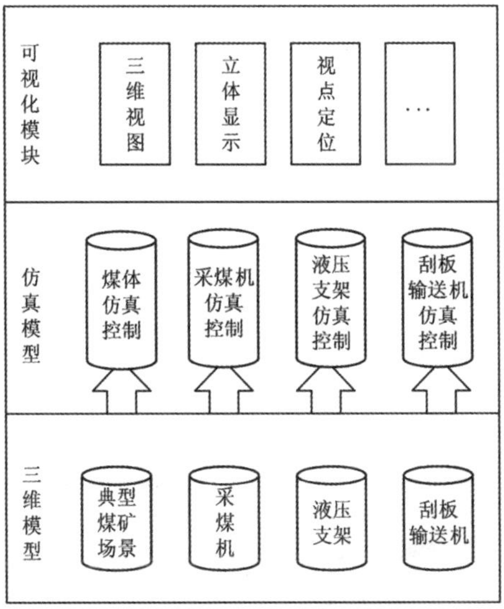

图 8-1 软件架构设计

由图 8-1 可知,软件采用三层架构设计,结构清晰明了。最下层为三维模型,模型制作时需遵循真实结构和选择相应比例,建模时尤其要注意模型零部件的层次结构关系,需满足通过脚本可控制所有三维零部件的要求。中间层为仿真模型层,通过面向对象的开发方式,实现对各个类别模型的操作控制功能,例如采煤机的移动,采煤机滚筒启、停等的操作控制。最上层为可视化模块,提供界面、三维视图等功能,即以图形方式展现采煤工作面的工作场景,并提供可交互的界面操作菜单。

8.2.2 操作流程设计

软件操作流程设计如下:① 初始状态:学生进入三维场景,场景包含煤体、采煤机、刮板输送机、液压支架;② 形成进刀路线:卸压降架→移架→升架支撑→推刮板,形成进刀段;③ 采煤机进刀,控制前、后滚筒操作;④ 推刮板输送机,移架;⑤ 反向操作至初始状态。

8.2.3 系统工作模式

(1) 自动操作模式

自动工作模式下,软件自动播放典型场景下的采煤工作过程,包括:

- 综采工作面全局场景:全局视点情况下自动播放整个采煤工作过程的动画;
- 液压支架工作场景:局部视点下观察液压支架卸压、移架、加压的动画演示;
- 采煤机工作场景:局部视点下采煤机采煤的自动动画演示;

• 刮板输送机工作场景：局部视点下刮板输送机的自动动画演示。

(2) 手动操作模式

手动操作模式下，通过界面提供的控制面板分别对采煤机、液压支架进行手动操作，这是对学生进行教学训练和考核的重要前提条件。软件支持通过外设对场景进行手动交互控制，包括键盘、鼠标输入或无线操作手柄。

手动操作模式下对采煤机、液压支架的操作必须严格按照操作流程进行，否则各个零部件之间的联动关系将会错乱，导致整个场景的错误显示。因此，需要通过适当的评价准则，对学生的操作过程进行指标考核，最后给出考核结果。

8.3 三维模型构建

8.3.1 建模前准备

根据项目要求和具体实施方案收集相关文本、图片、视频等相关资料(图 8-2)，并对资料进行研究分析，为制作煤矿采煤设备的模型奠定基础。通过对上述资料的分析掌握各个机械设备的模型结构、动作轨迹、工作流程、设备操作等，以便更准确地反映真实情况下的采煤过程。

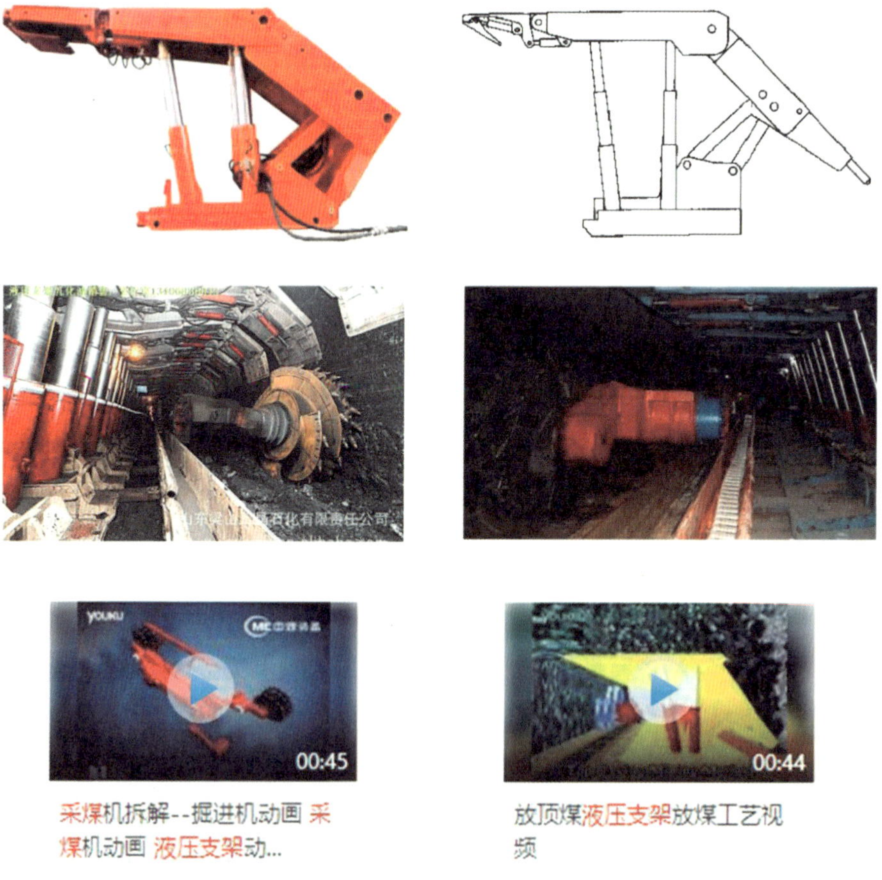

图 8-2　收集资料示例

8.3.2 模型制作过程

煤矿采集虚拟仿真模型包括液压支架、前后传送轨道、采煤机和环境模型。由于仿真模型需要展示机械运转流程，所以各机械零部件需合理拆分、命名、打组。

液压支架组包括：底座、支撑板、液压控制、联动部件以及各种液压柱。

传送轨道包括：前轨道、后轨道、传动液压等零部件。

采煤机包括：采煤机身、机臂和转头。

环境模型包括：岩石层、煤层、岩石块、煤块、矿道、传输带等结构模型(图 8-3)。

图 8-3 主要模型

以液压支架模型在 3D MAX 软件中的制作为例进行示范，操作如下：

(1) 将液压支架切面机构图导入模型制作软件 3D MAX(图 8-4)。

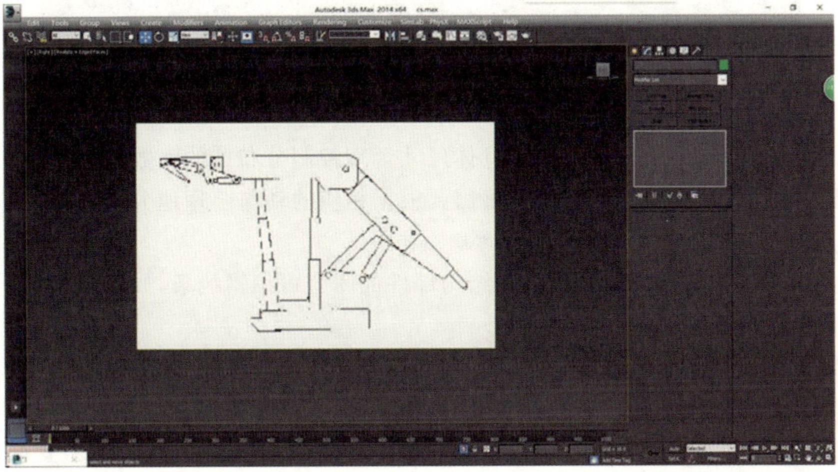

图 8-4 参照图导入

(2) 在正视图中按照结构图画线描出各个结构部件的闭合可编辑线条，挤出粗略模型(图 8-5)(注意：模型底部中心放于坐标原点)。

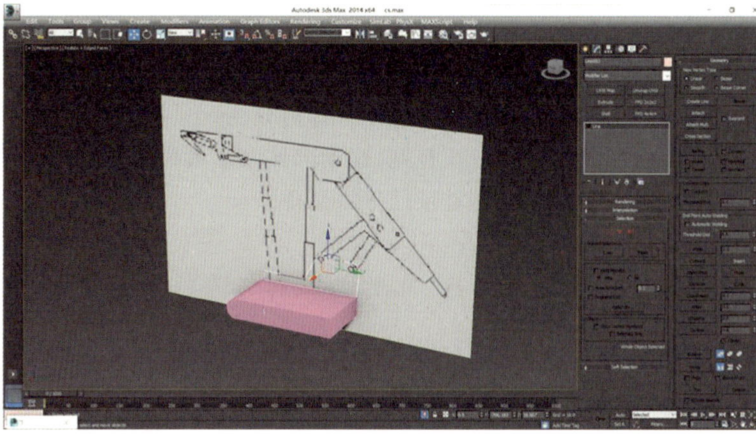

图 8-5　挤出模型示例

(3) 根据具体图片细化液压支架底座模型结构(注意模型布线要合理,多余的面要删除,一些不影响效果的结构可以贴图表现以节约模型数据量),如图 8-6 所示。

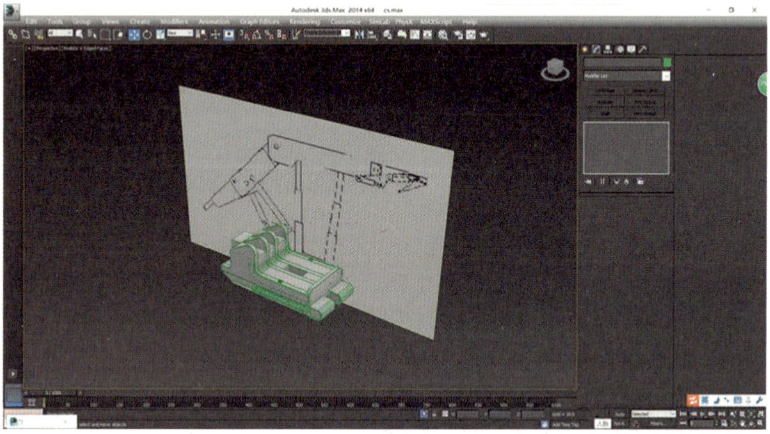

图 8-6　细化底座

(4) 制作液压支架立柱(根据模型具体尺寸合理控制分布柱的面数),如图 8-7 所示。

(5) 完善模型结构(液压部分的模型需要根据相应的动作合理地分离模型,为后续的模型烘焙和动画制作做准备),如图 8-8 所示。

(6) 在正视图中按结构图画线描出结构部件的闭合可编辑线条,如图 8-9 所示。

(7) 挤出粗略模型,如图 8-10 所示。

(8) 根据设备影像图片细化、完善模型结构(图 8-11),并制作可伸缩的液压结构模型,将其放到相应位置,为动画提前分好各级节点和打组(注意区分节点名字以便模型和后续程序的控制调用)。模型命名示例:ZGKD(单位:中国矿大)_YYZJ(设备:液压支架)_DZ(部件:底座)_001(模型序列号)。

(9) 按上述步骤,制作液压机的其他各零部件(图 8-12),命名打组后放到相应的空间位置。

(10) 仔细对照图像资料进行自检,进一步完善模型结构。

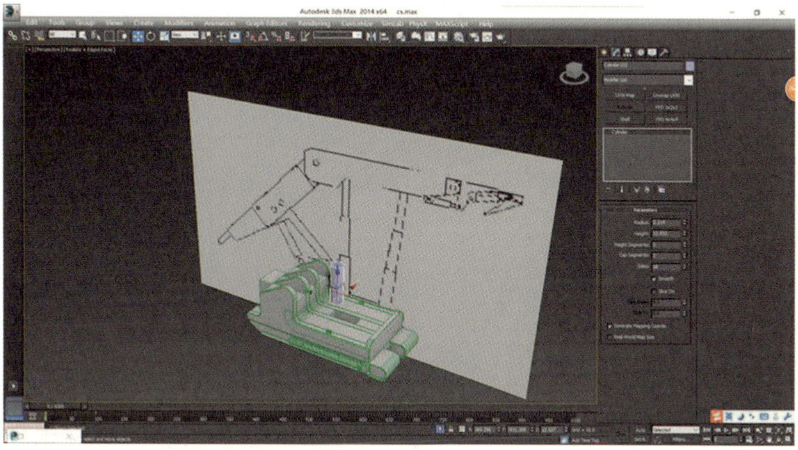

图 8-7 立柱建模

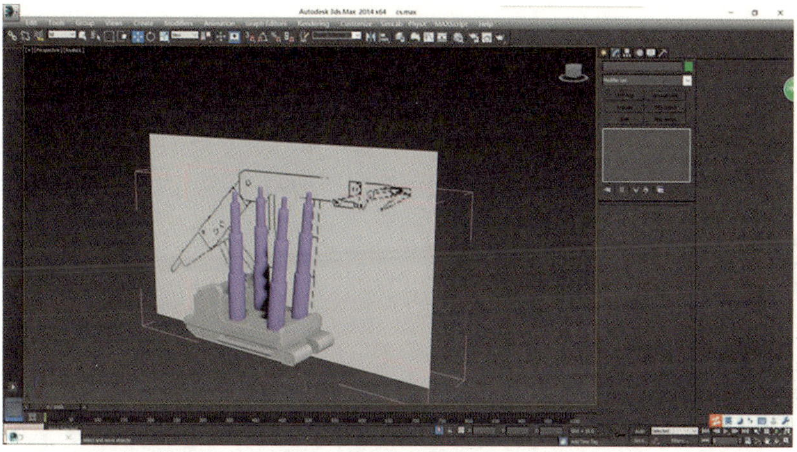

图 8-8 完善模型结构

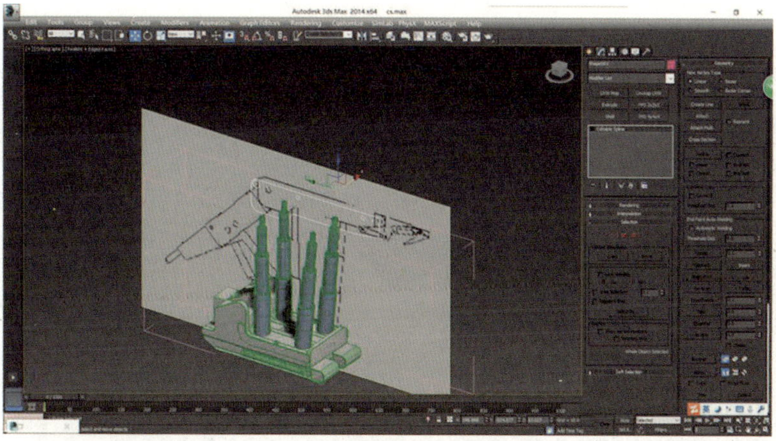

图 8-9 描绘顶梁轮廓线

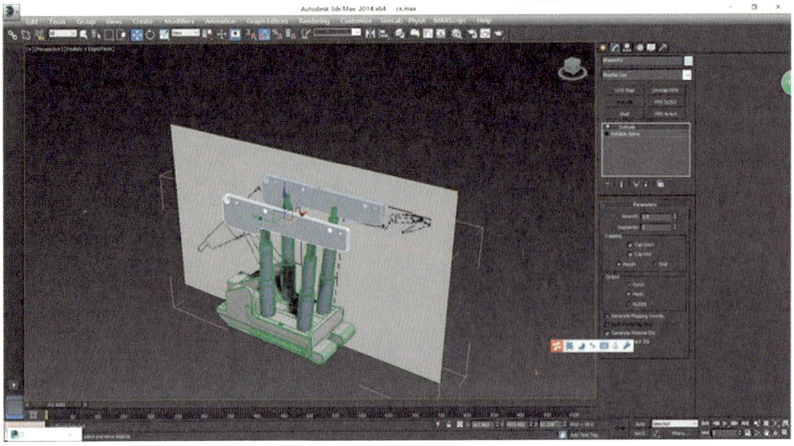

图 8-10　挤出模型

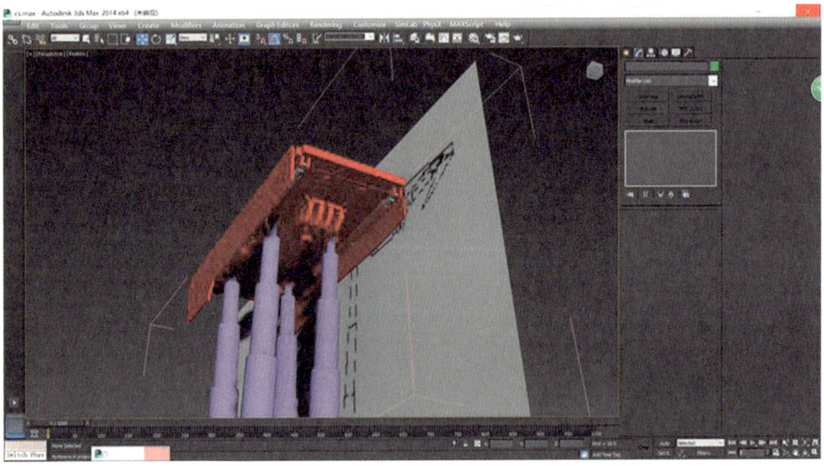

图 8-11　完善顶梁

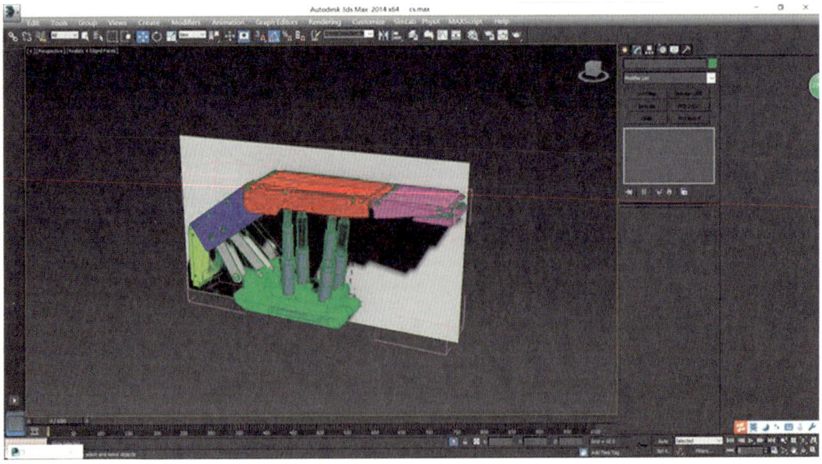

图 8-12　制作其他模型并摆放

8.4 模型贴图及烘焙

8.4.1 模型贴图

(1) 模型的复杂部分制作步骤如下：展 UV→导出 UV 线框图→导入 Adobe Photoshop 进行贴图绘制。

(2) 制作模型结构和机械设备所需贴图(需配备完整模型库，可供随时调用)，将贴图按系统要求命名。例如：ZGKD(单位：中国矿大)_YYZJ(设备：液压支架)_DZ(部件：底座)_001(模型序列号)_T(贴图)001(编号)。贴图尺寸要求为 $2^n \times 2^n$，如 512×256、1 024×512 等。人物模型展开 UV 图示例如图 8-13 所示。

图 8-13 人物模型展开 UV 图示例

(3) 对模型架构简单且贴图单一的部分可以利用 3D MAX 的 UNW Map 和 Unwrap UVW 功能来为模型贴上合适的贴图，如图 8-14 所示。

(4) 给特殊材质添加效果。常用的材质球效果有前景色、背景色、反射、折射、透明、半透明等，可在 Map 属性里添加，添加后可表现出玻璃半透明折射、不锈钢金属、颜色金属反光、木纹反光、塑料等各种质感，如图 8-15 和图 8-16 所示。

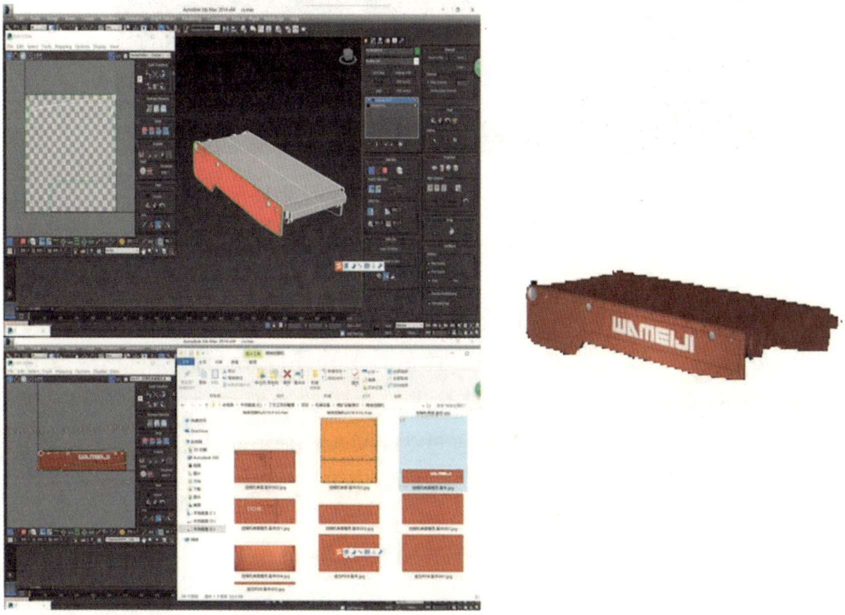

图 8-14 模型贴图

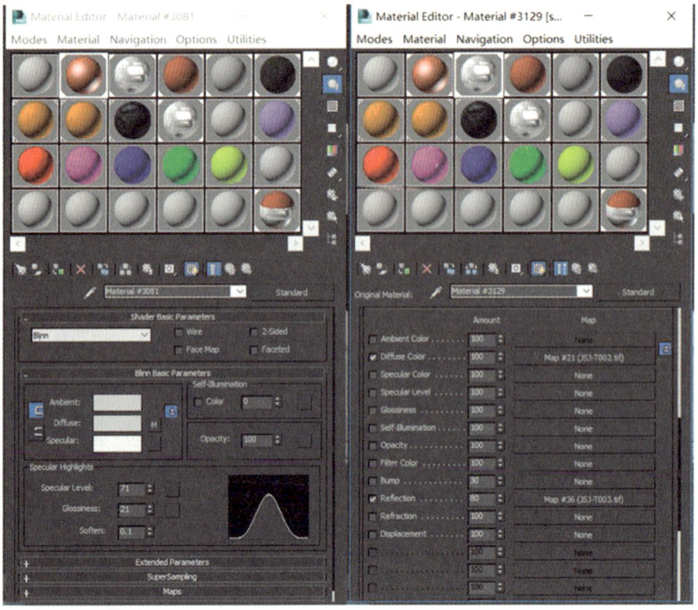

图 8-15　材质设置

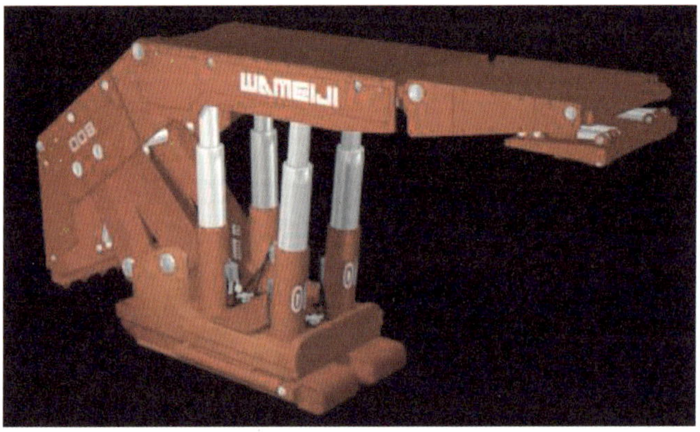

图 8-16　液压支架模型贴图完成效果展示

8.4.2　纹理烘焙

（1）模型去属性。由于模型经过不断移动、旋转、缩放、编辑等操作后带有各种属性信息，在相互整合、分离、烘焙后容易出现问题，且在后期程序调用控制和问题修改时也会出现错误，所以通常烘焙前需统一去属性。常规方法是新建初始模型，做好的模型合并，之后把初始模型删除，再重新规范模型坐标，也可通过 3D MAX 去属性插件统一优化。

（2）优化模型材质。去除 ID 重复贴图、无用贴图及附加信息以节约数据量。优化材质选项表如图 8-17 所示。

（3）展开第 3 通道 UV，如图 8-18 所示。

（4）打灯光。根据实际灯光情况和目标灯光阴影，在不同的空间位置布置各种灯光，同时设置灯光的属性参数以达到真实的光影效果（图 8-19）。

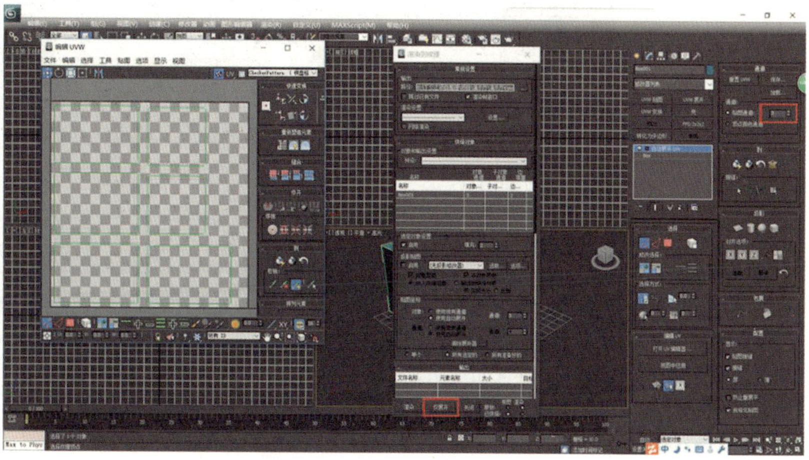

8-17 优化材质选项表

图 8-18 展开第 3 通道 UV

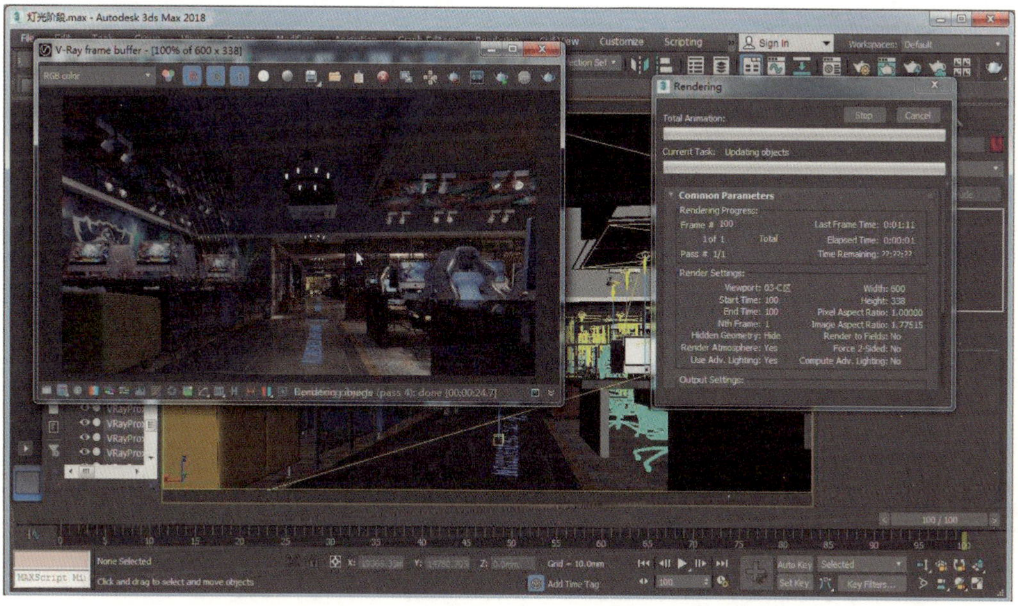

图 8-19 灯光设置

(a) 常用的灯光有天光(环境光)、目标平行光(太阳光)、目标聚光灯(锥形发散光)、泛光灯(点光),如图 8-20 所示。同时还有其他类型运用比较广泛但不是 3D MAX 自带灯管的灯光插件。

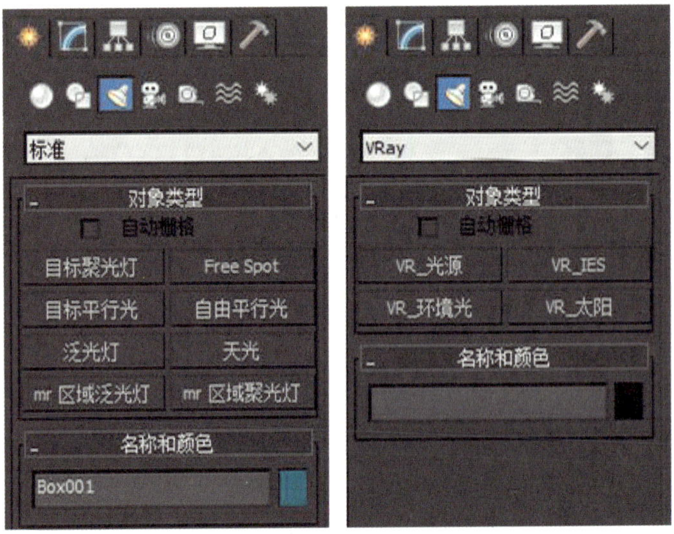

图 8-20　常用灯光

(b) 液压支架模型烘焙示范。先打主灯光，根据模型结构在上方添加灯光，由于液压支架的上方内槽有灯的模型结构，所以在此处添加一个泛光灯的点光源作为主灯辐射周围。之后在场景中添加一个天光使整个环境亮起来，使主灯照不到的地方不至于太暗。然后为添加的灯光设置好灯光颜色、灯光强度、辐射范围、灯光反射折射等参数。简单渲染后可查看大致效果，如未达预期效果再次调整参数以达到真实效果(图 8-21)。

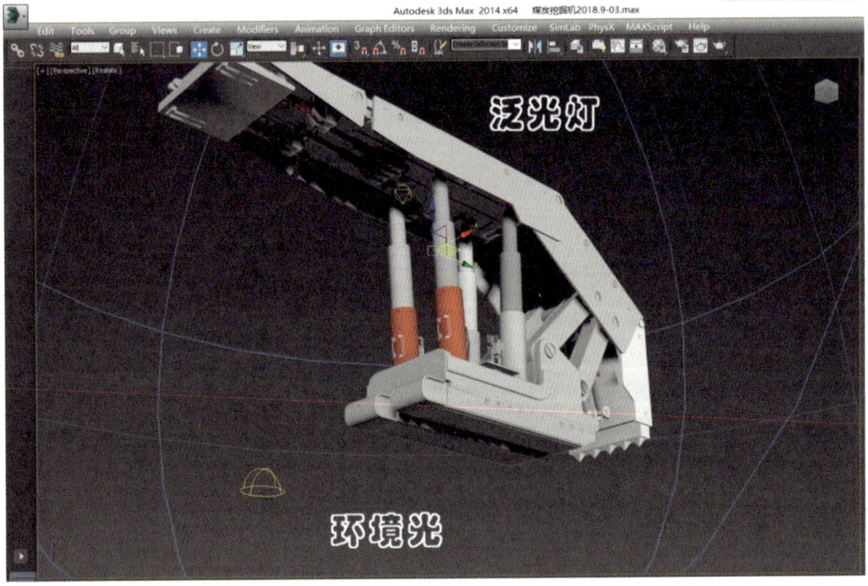

图 8-21　场景灯光设置

(5) 设置渲染参数(图 8-22)。添加渲染贴输出路径→烘焙贴图通道→添加烘焙光影贴图(LightingMap)→修改名称(模型名字＋THB)→设置贴图格式(TIF)→目标贴图位置(自发光:Self-Illumination)→贴图尺寸→自检所有设置属性→渲染。

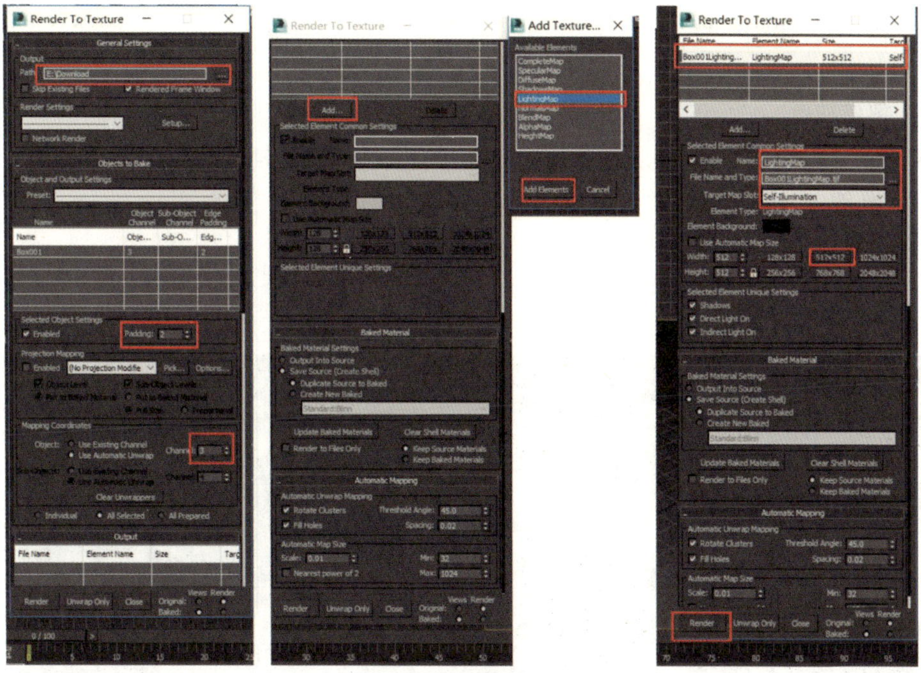

图 8-22　设置渲染参数

(6) 所有模型渲染后,查看烘焙贴图效果,对效果不佳的贴图导入 Adobe Photoshop 重新调整。烘焙贴图示例见图 8-23。

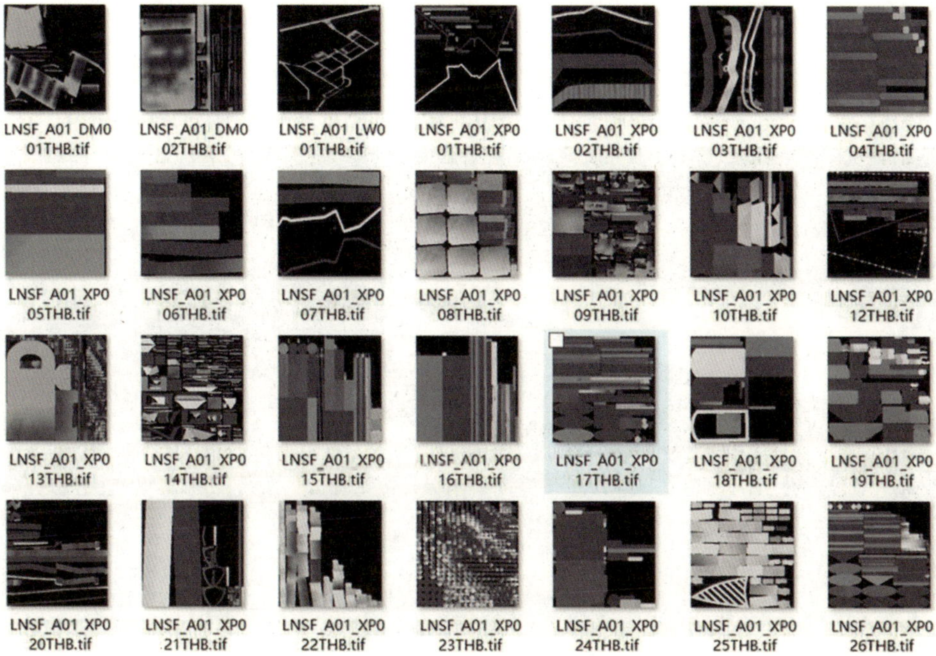

图 8-23　烘焙贴图示例

8.5 交互功能设计

8.5.1 创建动画

模型动画一般分为序列帧动画、轨迹动画、相机动画、骨骼动画等。

(1) 准备:将模型拆分、整合、打组、命名,调整轴向。

(2) 液压直接板撑开动画示例。

(a) 打开动画按钮(Auto)视图框变红。将时间轴调至合适参数(图 8-24)(如动画不是从零开始或者有其他模型也做动画时间轴,按需求可放在任何时间点作为开始动画点)。

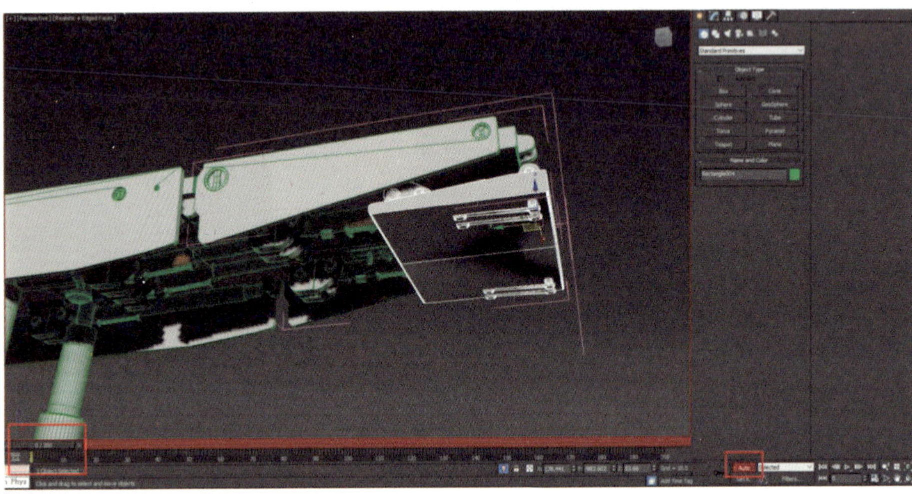

图 8-24 时间轴调整

(b) 选择需要添加动画的模型(组节点以命名优化好且坐标调至动转轴上),把 0 作为动画开始位置,点击关键帧按钮(动画开关按钮为左边钥匙图形按钮)记录关键帧(图 8-25)。

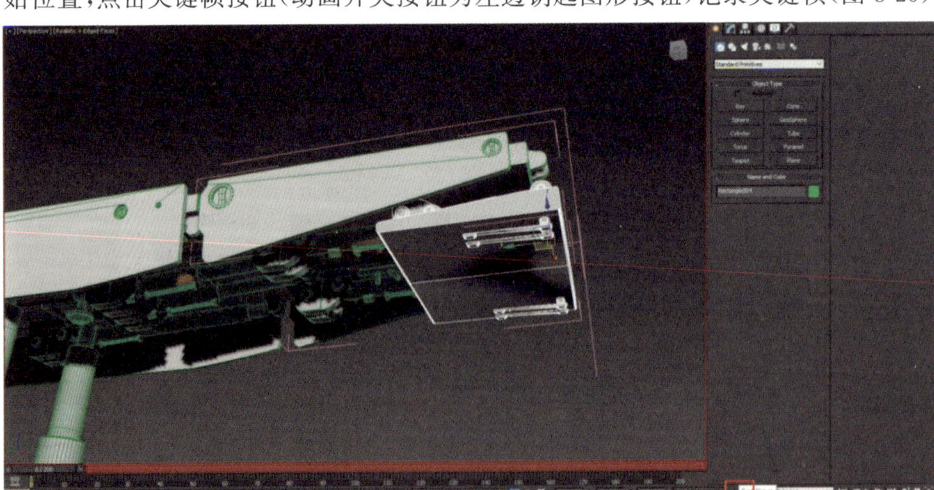

图 8-25 记录关键帧

(c) 开始0帧记录关键帧后，把时间轴调到150帧(这个动作需5秒完成，1秒约等于30帧)的位置，选择旋转功能，将模型所需轴向转动180度(根据系统需求设置参数)后点击记录关键帧(钥匙图形按钮)，拖动时间轴查看模型动画是否正确。也可以点击动画开关右面的动画控制按钮(快进、快退、播放、暂停等按钮)自动播放动画。自检没问题后关闭动画，至此该模型展开动画制作完成(图8-26)。

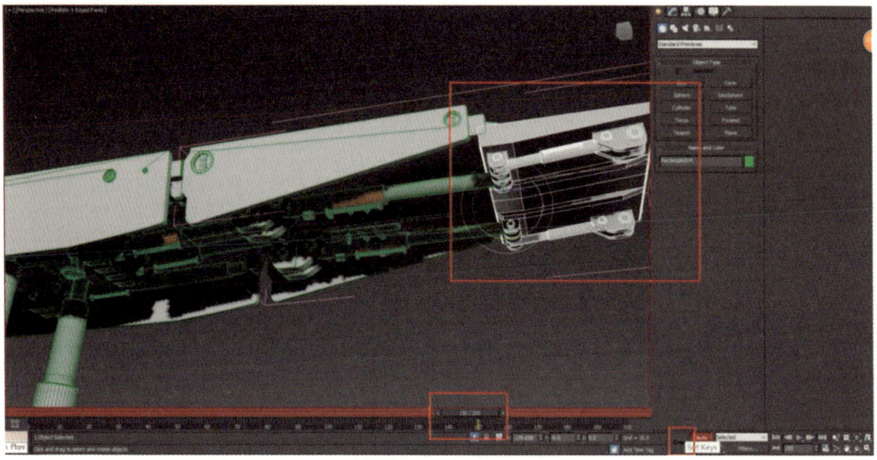

图8-26　动画制作

(3) 由于整个场景涉及多组模型不同时段间的动画，要求调整时间轴的范围。点击右下角红色方框内按钮，在弹出窗口设置时间轴长短后点击OK(图8-27)。

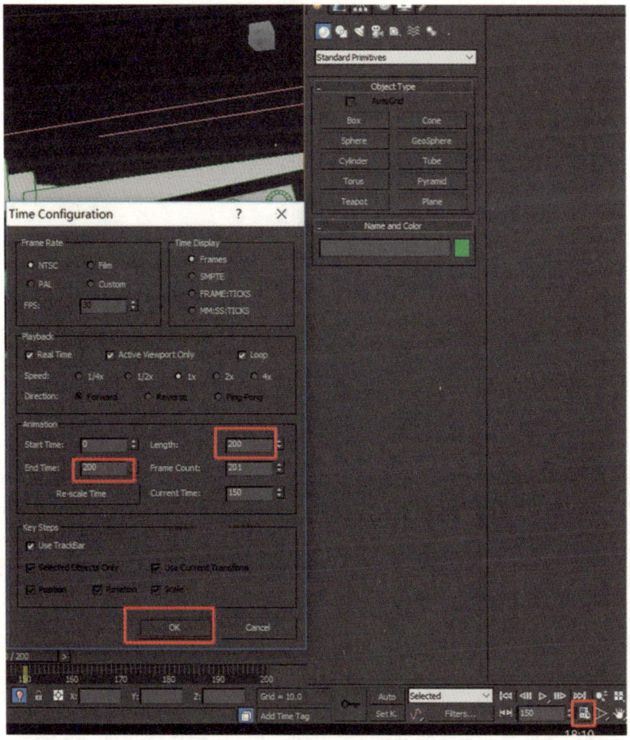

图8-27　时间轴范围调整

8.5.2 脚本编辑

本节以液压支架的仿真控制为例，介绍如何通过脚本代码，实现对液压支架的操作控制。

（1）加载模型，按照名称标识读取液压支架的所有模型。

三维模型构建时给场景中所有模型零部件进行了命名，在脚本中按照命名规则读取到指定名称的模型，并将液压支架 1—15 号分别读取出来，如图 8-28 所示。

```
void MineSceneManage::LoadSceneData(QString strIveFile, QString strVpFile)
{
    m_sceneNode = osgLMExt::ReadNodeFromFile( strIveFile.toLocal8Bit() );
    m_vpNode    = osgLMExt::ReadNodeFromFile(  strVpFile.toLocal8Bit() );
```

读取所有模型

分别读取液压支架模型节点，液压支架名称编号为：yayaji001-015。

```
        //搜索液压支架模型
        QList<Node*> presureHolders;
        foreach(QString strNameHolder, m_namePresureHolders )
        {
            Node* presureHolder = osgLMExt::FindChildNode(m_sceneNode->asGroup(),
                strNameHolder.toLocal8Bit().data());

            if ( !presureHolder )
            {
                VrMine_Error( QStringLiteral("未查找到液压支架模型 % 1...").arg(strNameHolder));
            }
            else
            {
                VrMine_Info( QStringLiteral("获得液压支架模型 %1...").arg(strNameHolder) );
                presureHolders.append( presureHolder );
            }
        }

        if ( !presureHolders.isEmpty() )
            m_pPresureHolder->Initial( presureHolders );
```

图 8-28 搜索液压支架模型

（2）创建液压支架控制类 CCtrlPresureHolder，并使用获取的液压支架模型初始化，如图 8-29 所示。

液压支架初始化的参数即为前一小节中获取的液压支架模型节点列表，分别编号 001—015，共 15 个液压支架，使用 QList 列表传入即可。

在初始化函数 Initial（图 8-30）中需要获取每个液压支架的模型动画回调对象 getUpdateCallback，可以方便地进行动画的播放、暂停等操作。第 111 行还获取了液压支架的原始位置矩阵，将其保存到成员变量中，便于复位液压支架的初始位置状态。

（3）液压支架对象类提供对其进行仿真操作的相关函数。

如图 8-31 所示，第 41、42 行为液压支架自动操作/手动操作设置，当 bEnabled 为 true 时是手动操作模式，需要通过操作面板或者操作杆外设进行液压支架的动作控制，当 bEnabled 为 false 时则会自动播放液压直接从推传送带→支架卸压→支架前移→支架加压的整个工作过程。

```cpp
/*!
 *@brief 液压支架控制。
 */
class CCtrlPresureHolder : public QObject
{
    Q_OBJECT

public:
    CCtrlPresureHolder(IGIS_Container* pContainer, QObject *parent);
    ~CCtrlPresureHolder();

    /*!@brief 初始化液压支架（1-15号支架）.*/
    void Initial( QList<Node*> holders );
```

使用图 中获得的液压支架 001-015 的节点列表来初始化。

图 8-29 液压支架控制类

CCtrlPresureHolder.cpp

CCtrlPresureHolder.Initia | foreach(Node* holder, holders)

(全局范围) | foreach(Nc

```cpp
}

void CCtrlPresureHolder::Initial(QList<Node*> holders)
{
    m_presureHolders = holders;

    //保存原来的动画回调（可能为空、非空）
    //保存初始的矩阵值
    foreach(Node* holder, holders)
    {
        m_presureStepNum.append(0);
        m_conveyorStepNum.append(0);

        RefCallback cb = holder->getUpdateCallback();
        m_presureCallbacks.append( cb );

        MatrixTransform* mat = dynamic_cast<MatrixTransform*>(holder);
        if (mat) m_presureMatrixs.append( mat->getMatrix() );
        else m_presureMatrixs.append( osg::Matrix() );
    }

    m_apTimeUpdate = new ApTimeUpdate( holders );
    ((ApTimeUpdate*)m_apTimeUpdate.get())->SetIndex(m_index0, m_index1);

    m_assitGroup->setUpdateCallback( m_apTimeUpdate );
}
```

每个液压支架的模型动画，可以进行动画的播放控制。

图 8-30 初始化函数

第 45 行为手动操作模式时，设置当前操作的支架组，index0 为起始支架编号值，index1 为结束支架编号值，可以同时操作一组支架。

第 49—52 行分别提供了 4 个函数，分别是液压支架的 4 个分解动作的执行函数，对应

```
/*!
 *@brief 开启动画控制。
 */
void SetEanbled(bool bEnabled);
bool GetEnabled();

/*!@brief 操作的支架号。*/
void SetIndex(int index0, int index1);
void GetIndex(int& index0, int& index1);

/*!@brief 四个规定动作。*/
void PushFrontOneStep();      //1推传送带
void DownPressureAction();    //2支架<卸压>
void MoveSelfOneStep();       //3移架操作
void UpPressureAction();      //4支架<加压>
```

图 8-31　仿真动作函数

手动操作模式下当前操作的一组支架。

8.5.3　交互设计

在本虚拟仿真场景下模拟采煤过程中采煤机、刮板输送机和液压支架的三机配合操作，通过键盘、手柄等操作采煤过程，并使用指标对操作效果进行评价。

(1) 场景内容元素

包括煤体、采煤机、刮板输送机、液压支架等。

(2) 交互内容

采煤机：割煤前后滚筒操作。

液压支架：降架、移架、升架、推刮板。

(3) 交互操作评价指标

指标 1：顶煤切割平整率，±10 cm。

指标 2：刮板输送机进刀段倾斜度一致性。

指标 3：出煤量。

(4) 动画：割煤效果动画、刮板运煤动画、滚筒及摆臂动画、移架和移刮板动画。

(5) 交互：操作前滚筒、操作后滚筒、操作液压支架及刮板输送机。

8.6　发布输出

软件发布输出时，需要将应用程序的配置文件、插件库、插件资源以及依赖的诸多第三方库(Qt、OpenSceneGraph)一并打包发布，一般使用开源的打包工具 Inno Setup 进行打包并发布成可执行程序安装包，如图 8-32 所示。

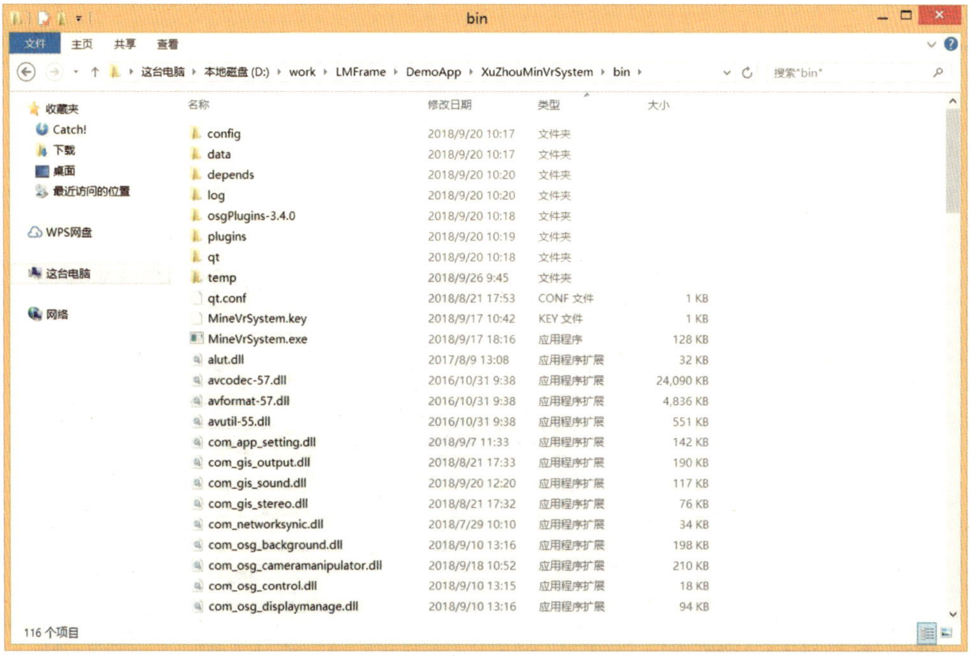

图 8-32　程序目录

使用 Inno Setup 工具进行打包，脚本如图 8-33 所示，更多设置请参考 Inno Setup 的使用说明。

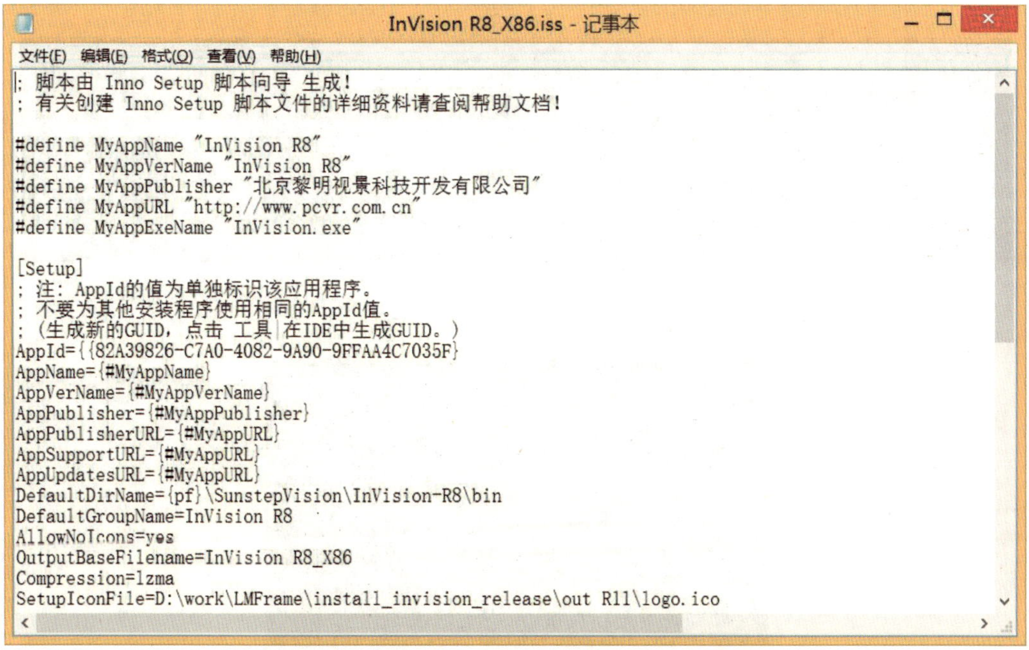


```
; 脚本由 Inno Setup 脚本向导 生成!
; 有关创建 Inno Setup 脚本文件的详细资料请查阅帮助文档!

#define MyAppName "InVision R8"
#define MyAppVerName "InVision R8"
#define MyAppPublisher "北京黎明视景科技开发有限公司"
#define MyAppURL "http://www.pcvr.com.cn"
#define MyAppExeName "InVision.exe"

[Setup]
; 注: AppId的值为单独标识该应用程序。
; 不要为其他安装程序使用相同的AppId值。
; (生成新的GUID, 点击 工具|在IDE中生成GUID。)
AppId={{82A39826-C7A0-4082-9A90-9FFAA4C7035F}
AppName={#MyAppName}
AppVerName={#MyAppVerName}
AppPublisher={#MyAppPublisher}
AppPublisherURL={#MyAppURL}
AppSupportURL={#MyAppURL}
AppUpdatesURL={#MyAppURL}
DefaultDirName={pf}\SunstepVision\InVision-R8\bin
DefaultGroupName=InVision R8
AllowNoIcons=yes
OutputBaseFilename=InVision R8_X86
Compression=lzma
SetupIconFile=D:\work\LMFrame\install_invision_release\out R11\logo.ico
```

图 8-33　打包脚本

8.7 系统应用

8.7.1 软件界面

软件界面如图 8-34 至图 8-38 所示，主要包含四个部分：操作菜单、系统日志、煤矿视图、按钮控制。

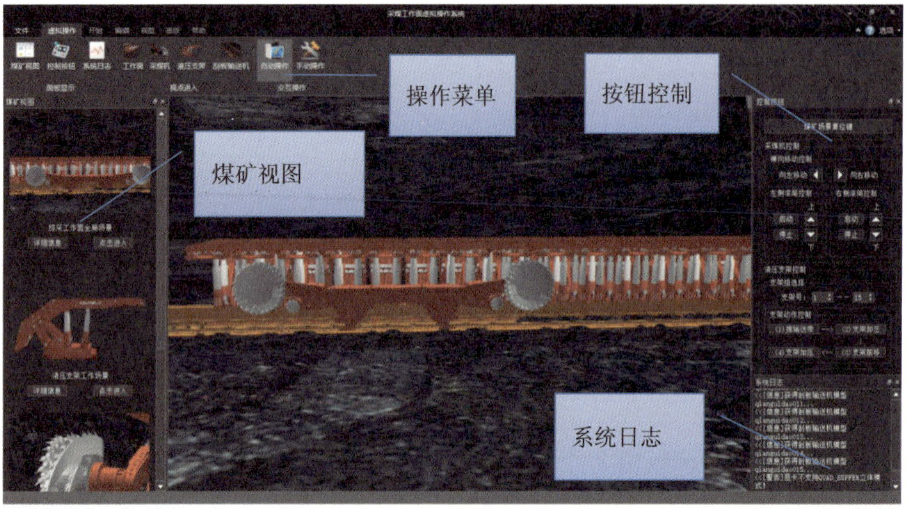

图 8-34　软件界面

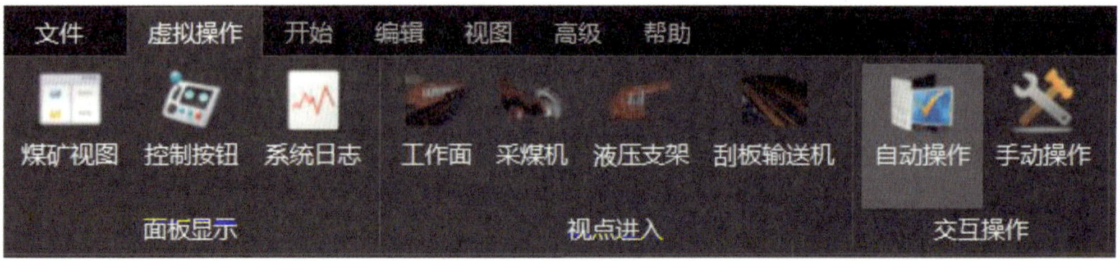

图 8-35　操作菜单

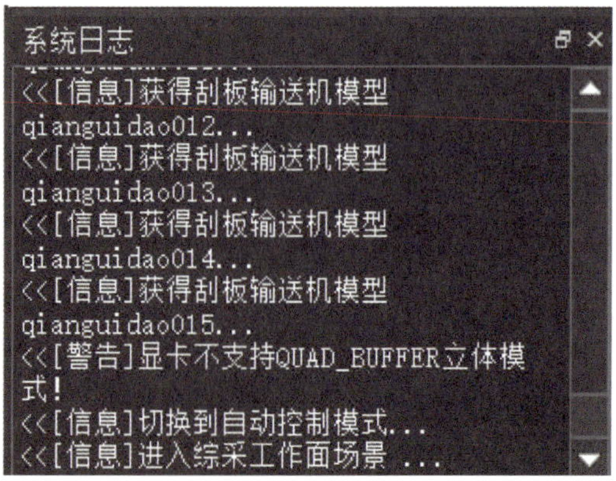

图 8-36　系统日志